新时代空巢老人

宋小英　邓　和　主编

天津大学出版社
TIANJIN UNIVERSITY PRESS

图书在版编目(CIP)数据

新时代空巢老人 / 宋小英, 邓和主编. — 天津：
天津大学出版社, 2019.1（2020. 9 重印）
ISBN 978-7-5618-6357-2

Ⅰ. ①新… Ⅱ. ①宋… ②邓… Ⅲ. ①老年人－社会
问题－研究－中国 Ⅳ. ①D669.6

中国版本图书馆CIP数据核字(2019)第024633号

出版发行　天津大学出版社
地　　址　天津市卫津路92号天津大学内(邮编:300072)
电　　话　发行部:022-27403647
网　　址　publish.tju.edu.cn
印　　刷　廊坊市海涛印刷有限公司
经　　销　全国各地新华书店
开　　本　185mm×260mm
印　　张　14.25
字　　数　350千
版　　次　2019年1月第1版
印　　次　2020年9月第3次
定　　价　35.00元

观察　叙述　思考

守望晚霞,凝视夕阳。我国已然进入了老年社会,老年问题已引起社会的普遍关注。相关的报道与书籍或为纯学术性的研讨,或为政策性的调查,确罕有新闻性的报道与故事性的描写相结合的著述。宋小英女士与邓和先生所编著的《新时代空巢老人》却将田野调查式的观察、新闻式的叙述及学术性的思考融为一体,而自有其阅读的流畅性与触发思考的价值。

养老观念、养老方式、医疗保障、心理健康、经济保障、政策期待……都是与老人相关的一系列普遍问题。这既关乎社会,又关乎家庭,更关乎每一位老者或即将成为老者的成人。本书实际上就是关注在新时代如何为老人养老以及将来我们自己如何养老的问题。通过阅读,希望给读者带来一定的启发。

本书开篇第一章便是对养老观念的解读。这里的"观念"不是通过抽象的理论来诠释,而是讲述含有"思想意义"的故事,如"从'养儿防老'到'养老防儿'"来传达和讨论传统观念的变迁与现实冲突的问题。融故事性与思辨性为一体,便是本书的特色之一。

多元化的养老方式,是解决老年人生活如何照料问题的办法。以往的观察多为乡村,而本书所叙述的重点则在城市。其中,"夕照品质生活""青城山抱团养老记"等,是通过新闻采写、情景再现予以叙述的。文章用对话加描写的笔法,生动鲜明地展示了人物的性格以及对养老方式的选择、养老经济供给、生活照料和精神慰藉等。

比如,"金窝银窝不如自己的狗窝"结尾是这样叙述:

> 另一个拄着拐杖的爷爷,毫不客气地揭底道:"说是拿东西,其实是找个借口回家一趟吧!"
>
> "金窝银窝不如自己的狗窝嘛!"
>
> "狗窝回不去,看一下也安心。"这句话似乎产生了共鸣,老人们安静下来,有的抬头遐想,有的低头沉思,有的直愣愣地发呆……
>
> 远处隐隐约约传来隆隆雷声,天上乌云飘移,地上树叶被风刮起沙沙作响。护理人员纷纷来到老人们身边,推轮椅的,搀扶的,跟随的,照顾着老人往电梯公寓方向走去……

流畅而生动的笔调所展现的场景，把老人的内心渴求与现实无奈刻画得入木三分。这种蕴涵理性的写实手法，正是作者所擅长的叙述方式，亦为宋小英女士长期从事新闻记者职业所训练与陶范出来的，亦是本书的一大特色。

本书不仅是一本关于空巢老人的特写报告，还是一本有“问题意识”的田野调查。因此，在章节及体例设置上均有总体情况概述，在特写文章之后，亦有综述与评论来对文章进行梳理与提升。

比如，“从‘养儿防老’到‘养老防儿’”文尾这样写道：

> 在中国人的传统观念里，房子就是家，没有房子就没有家。哪怕房子闲置，那也是家的象征。城乡老人一般都有一套属于自己的房产，这就是他们的栖息地，也是精神家园，一旦失去房子，就失去了生活根基。骨子里的传统观念让老人们多多少少相信养儿防老，因此宁愿自己受委屈，也不肯卖了房子给自己养老，而是留给或孝敬或不孝敬的儿女，有的甚至早早地把房子过户给儿女。殊不知，今天与过去养老的情形发生了很大变化。过去农耕时代，落后生产力导致人们祖祖辈辈困居在一方土地上，繁衍往复。而今天已经进入现代科技时代，人们的观念、生活空间和养老方式均发生了巨大变化。城镇化的发展使大量人口涌入城市，“四二一”的家庭格局动摇了家庭养老传统模式的根基，养儿已经难以防老。因此，老人们要认清当前的新形式，养老要靠自己，如果不把握经济的主动权，外国文学作品《高老头》中的悲剧将不可避免地在身边上演。

在这里，老年人的经济保障与管理应成为老有所养最核心的经济问题。这些具有评论特质的文章，将“问题意识”的思考引向了解决问题的路径，这正是作者对于老年社会问题所进行的学术性思考，也是本书的理性和深度所在。

美国社会心理学家马斯洛的需求理论，提出了人类的两大需求：一类为基本需要，包括生存、安全、爱与归属的需要及尊重的需要；另一类为发展需要，包括求知、理解、审美等自我实现的需要。作者对于社会各界不同学历、不同经济收入的老人进行分类访谈，其叙述的对象既有属于普通阶层的老人群体，亦有作为社会名流的老人群体。对于前者的访谈偏重于安全、爱与归属，对于后者的访谈则偏重于尊重、自我实现的需要。在“时装模特的人生 T 台”一文中，通过对老年模特奉献社会，实现自我价值，从而获得了满满自信的心理描写，展现了宋女士捕捉生活细节的观察与叙述能力，具备了跨界社会学与心理学的视阈，从而对于老年社会问题有了较深入的探讨。

作为一位资深的新闻记者，又跨界成为大学教师的宋小英女士，具备了自觉的学术视野与意识。因此，她在做新闻观察与调查时，亦将其作为一种学术田野社会调查。在关于老人“自尊、自助与自爱”与“尊老、助老与爱老”的章节中，宋小英女士在其采访、口述与评论相结合的记述与议论里，有意识地嵌入了对相关理论的引述与探讨。

本书的另一作者邓和先生曾有在省级政府机关主管医药、在高校从事管理的工作经历。在本书中，他从经济学的视域对人们特别关注的医疗保障问题，提出了制度性改革中的挑战与对策。在“破解养老护理人才奇缺的‘三板斧’”一文里，作者有着颇具广度与深度的洞察和见解。在“他山之石”中，邓和先生把笔触伸向国外，以辑录的方式将当今世界各国的养老观念、养老模式聚珍荟萃，从而让从事养老服务工作的创业者、管理者与关注养老问题的读者有所启迪，有所思考。

白云自远，沧海相亲。我们有理由相信，《新时代空巢老人》因其阅读性、问题性及思考性，不仅是对城市老年社会现状的真实写照，更是一本预备进入城市生活的养老手册或指南。

是为序。

谢天开

二〇一九年初春于

四川大学锦城学院

目　　录

第一章　观念文化

一、概述

当前,我国已经迈入老龄化社会,跨入21世纪,我国老年人口已经达到1.3亿,占总人口的10%左右,2018年,我国60岁以上人口已达2.5亿。我国老龄化已呈现出“高速,高龄,基数大,差异大,社区养老社会化水平低,自我养老和社会养老意识差”的特征。养老的社会问题,颇令人关注。几千年来,我国的养老观念也随着社会的变迁而不断变化。

早在农耕时代,生产方式主要是以一家一户为单位,经济上自给自足,生活上以宗族为纽带维持家庭伦理秩序,对老人的赡养也是以宗族和家庭为核心。在封建时代的家庭中,父母及长者掌握了生产资料的支配权、生产方式的指挥权、劳动成果的分配权以及丰富的劳动经验,因而客观上形成了支配一切的权威。晚辈不仅在经济、生活方面要依赖长辈,甚至在人格和言行方面也必须服从。在以血缘关系组成的结构性的家庭中,长辈的权威不断扩大,并向社会渗透,从而形成了“尊老、养老、敬老”的“孝”文化以及相应的社会制度、政治制度和机构,“三纲五常”“君臣父子”的宗法制度,以孝治家、以孝治天下成为统领社会的总纲和国策,“孝”成为衡量一个人道德修养的标尺。在家里不孝敬父母,在庙堂不忠于君,轻则背上不孝之名,重则性命不保。忠孝成为中国人根深蒂固的观念。在这种政治、文化背景下,千百年来以家庭为核心,养儿防老、血脉相传、家族延绵、生生不息、代代相传成为中国社会亘古不变的养老观念和养老方式,一直沿用到20世纪末。

随着我国社会形态转型、经济体制转变、城镇化发展、计划生育国策的实施,导致了利益关系和价值取向的多元化,对社会架构、经济形态、家庭结构、养老观念产生了很大影响,并使其发生了根本性的变化。

从社会形态方面看,我国正处于由农业社会向现代化社会转型的阶段。在农村社会转向城市社会、农业社会转向工业社会、世俗社会转向法理社会这一过程中,工业生产的高效率、规模效应带动了传统农业人口向城市集聚,从而改变了传统社会结构,产生了新型生活组织和社会关系。特别是在产业转型过程中,带来了就业人口由农业向工业、服务业转移,由农村向城市转移,从而打破了人们依赖的以传统血缘、地缘为纽带的生产、生活闭合关系。原来几代同堂的传统大家庭,宗族成员、长辈与晚辈之间的人身依附关系和家庭养老模式，由于家庭养老功能的削弱，也不可避免地解体，代之而起的是跨越时空的崭新家庭。同时家庭结构和家庭经济结构也发生了深刻变化，这就从根本上动摇了沿袭千百年的以家庭养老的基础。

从家庭结构看，以长辈为核心的血缘结构性大家庭、复合型家庭，向以夫妻关系为中心的“四二一”或“三口之家”的小家庭、核心家庭转变。产生家庭结构小型化变化的原因，一是家庭成员减少，二是代际关系由几代同堂的复杂关系变为三代、两代同堂的简单关系。在“四二一”家庭中，作为承上启下的“二”，夫妻大多为独生子女，承担着为双边父辈养老、养育下一代的责任。这就在客观上减少了家庭养老的经济资源、照护的精力资源，使家庭养老的基础进一步动摇。

从家庭经济结构看，在“四二一”家庭中处于中层、且多为独生子女的夫妻，面临着养老抚幼两副重担。

在有些家庭中，作为“四”的祖辈如果有固定或稳定的经济来源，那么养老的经济资源主要依靠自己，其面临的主要问题是晚辈对长辈的日常照料和精神慰藉的精力资源短缺，也就是说，独生子女照料双边父母的精力极为有限。

而另一些家庭，作为“四”的祖辈，特别是农村人口，如果没有固定或稳定的经济来源，那么养老的经济资源主要就得靠子女，同时也面临着晚辈照护的精力资源短缺问题。

近年来，随着妇女就业率的提高，夫妻、子女异地打工，使本来就紧缺的家庭日常照料和精神慰藉资源越发减少，而养老的经济成本和精神慰藉需求却越来越高。科技、医疗卫生事业的发展，为老人寿命延长提供了保障，“四二一”家庭的中间层长期维系着因家庭转型衍生的具有养老、工作、经济和快节奏方式等多方面压力的生活，愈发使家庭养老有难言的苦衷，难以长期承载养老之重，家庭养老功能客观上在渐渐地弱化。人们陷入困惑，于是思考着：为什么家庭养老如此沉重？继而对传统家庭养老观产生怀疑和动摇。因此，在家庭经济、人力资源有限的情况下，作为中间层的夫妻，本着对子女不可推卸的养育责任，自然会把经济、精力的天平向抚育下一代倾斜。因此，“四二一”家庭的职能由“抚老育小”转变成以抚育第三代为重心和中心的格局。“顾小难顾老”现象也就较为普遍，老人在家庭中难以获得有质量、有尊严的生活，从而易产生家庭矛盾。家庭养老模式与家庭经济格局变化不相适应的种种矛盾突显，继而演化成为社会问题。因此，沿袭了千百年的家庭养老传统模式就此灰飞烟灭。

从养老观念看，经济基础决定上层建筑，社会经济形态、经济结构的变化，造成了家庭结构的小型化，重构了家庭经济关系，动摇了家庭养老的基础，也动摇了“养儿防老”的传统观念，更动摇了子女长期守在父母身边尽孝、照顾老人生活、养老送终、报答父母养育之恩的家庭伦理关系。随着工业化、现代化、城市化和市场化的发展，民工潮卷走了父母身边的子女，劳动者的就业地点频频变化、流动性加大，供养者与被供养者的时空距离不断加大，子女为父母尽孝、提供赡养也受到了客观条件的限制。因此，随着家庭养老传统模式的打破，“养儿防老”的传统观念也随之瓦解。

那么，今天的老人如何养老？靠谁养老？

近年来，国家大力支持发展养老产业，极大地影响着社会养老观念的转变。民政部等11部委颁布了《关于加快实现社会福利社会化的意见》（国办发〔2000〕19号），鼓励民间资本进入养老服务业，尤其鼓励社会机构养老、社区养老、基地养老以及异地养老等新兴养老方式的发展，并针对养老产业的发展制定了优惠政策，鼓励社会民间力量开办各类养老机构。这使人们逐渐接受由政府、社会主导，家庭、个人参与的养老模式，养老的观念也由单纯靠子女逐渐转变为靠政府、社会、家庭和自己共同养老。

说到养老院人们自然想到低矮潮湿的屋子，城市“三无”人员、农村“五保户”、城市低保户等经济困难以及生活半自理或不能自理的老年人。然而，今天的养老机构在环境、设施和服务方面已今非昔比，入住养老机构的老人很多为有儿有女、甚至多子女的老人。这一翻天覆地的变化，正是养老观念变化的重要标志。

走入新时代的老年人群，特别是一、二线大城市低龄、健康的老年人，经济上独立自主，生活衣食无忧，有独立住房，对社会化养老的需求越来越旺，观念上已发生了巨大变化。一是对子女的依赖性正在减小，生活赡养和精神慰藉靠自己；二是角色变化，他们不再愿意扮演“家庭保姆”的角色，而是纷纷考虑“照顾好自己”，开始关注自己的健康和生活安排，他们走出家庭的狭小范围，为社会献余热、做公益，读老年大学，游山玩水，参加各种文体活动；三是经济上独立，不再依靠儿女，也不再“为子女攒钱”，更多地考虑自己养老规划和储备，有的早已经选好自己心仪的养老机构；四是养老观念由“温饱型”转变为“精神享受型”。其中，有一定经济条件、文化程度较高的老人关注生命质量，对养老生活的品质、健康质量有了更高的需求，追求享受高品质生活。他们正引领着中国社会养老观念的转型。老年人群观念的变化，也得到了绝大多数晚辈的理解和支持。

当然，仍有很多老年人按照传统习俗，一方面为年迈的父母养老，另一方面力所能及地在精力上、经济上为子女分担养育孙辈的压力。即便如此，他们的观念仍然是“赡养父母，靠自己养老”“帮儿不靠儿”。

今天，越来越多的老年人人格独立，经济自立，社会养老的观念正渐渐被世人所接受，老人们正从容地迈向新时代。

二、养老不靠儿子，靠谁

（一）卖山货老夫妇的养老观

2018 年初春，笔者在青城山踏青时，见路边有一位老妇正在家门口摆摊卖野菜、鲜竹笋、菌子等山货，便上前饶有兴致地拿起一把水灵灵的野菜问道："这叫什么？怎么卖？"

"艾蒿。一元一把。"

笔者买了两把。后又来了两位妇女也买了几把，还挑了一些菌子离开。老妇的老伴，一个瘦小的老大爷从屋子里又拿出了一些野菜和山货，堆满货摊。

见笔者给他们带来了生意，夫妇俩很开心，老大爷热情地指着摊上的东西说："这些都是我自己种的，有的是山上采的。"

"没有看见你的地在哪里啊？"

夫妻俩不约而同地朝身后的棚户平房指了指说道："那不是我的地吗？"

笔者从门口往里面张望，后门外有一片地长有绿色秧苗，再打量这房子，旧瓦房、泥墙，四壁已呈灰黑色了，墙上贴的画已经发黄，并落下一半，有气无力地吊在墙上，屋里光线很暗，一派农村老屋的破败景象。

在闲聊中得知，他们的宅基地和农田已被国家征用，正等待拆迁，迁入统一的安居房。

笔者问道："以后打算在新房子那里养老了吧？"

夫妻俩笑眯眯地点头道："是啊！"

"会不会去养老机构养老呢？"笔者试探性地问道。

老大爷头摇得像拨浪鼓似的，老年妇女连声说道："不会，不会。"

"为什么呢？"笔者刨根问底道。

"钱哪儿够呀？"老大爷瞪大眼睛反问，又伸出大拇指比画着说道："我曾经去养老院打过零工，才晓得生活费 80 元一天哪！"

"那以后动不了，怎么养老呢？"笔者穷追不舍。

"靠儿子嘛！"老人一脸自豪。

"为什么要靠儿子呢？"笔者问道。

"那我靠谁呢？"老大爷反问道。

见我不语，老大爷慢慢地说道："我们农村，就是小的养老的。以前我奶奶瘫痪在床上动不得，我爸每天出去种地，上山采菌子、药材拿出去卖，然后给奶奶医病；我妈每天伺候奶奶吃饭，端屎端尿，洗洗涮涮，还要带我弟弟妹妹，每天忙个不停，直到奶奶去世。"

这时有人来买菜，他找给零钱后继续说道：“我们慢慢大了，日子好些了，我父亲和母亲也老了。我们兄弟几个就轮流照顾，我是老大，照顾得多些。”

“兄弟姊妹有没有给你们生活费呢?”笔者插话道。

“农村人，哪里有啥子钱给你呢?”老大爷反问，继而说道，“父母在哪家，哪家就管完。”

“那以后你也这样吗?”笔者推理道。

“我不靠儿养老，还能靠谁呢?”老大爷像是回答，又像自问。他继续说道：“我们农村人不像城里人有退休金，我们只能靠土地养老。哪天动不得了，就没得生活来源了。”他看着前方那片农田，心里似乎充满了对老年生活的期盼：“现在土地被国家征用了，赔偿我们房子，以后我和老伴儿就与儿子分开住。能动的时候做点零工补贴家用，动不得的时候，就只能靠儿子了。”

“靠儿子，不怕儿子媳妇嫌弃吗?”笔者冷不丁地问。

老人一怔，半晌才说道：“自己都动不得了，有什么办法呢?”

老伴插话道：“我们有收入，他们不得嫌弃哦!”

“什么收入?”笔者狐疑。

老大爷解释道：“现在我和老伴儿每月各有 1 500 元的社保。就算儿子媳妇嫌弃我们，也不会嫌弃这 3 000 元吧？这也是一笔收入嘛!”

“儿子媳妇不会嫌你们钱少吗?”笔者步步紧逼地问道。

“他们出去打工才 100 多元一天呢!”老年妇女接过话茬补充道。

（二）客栈门前老婆婆的养老观

后来与他们告辞，笔者继续徜徉在青城山脚下。“大姐，住店吗?”循声望去，只见一位身材瘦小，但精明干练的 50 多岁的男子坐在客栈门口招呼笔者，他身边还坐着一位白发苍苍的老婆婆，笔者便停下脚步打量这客栈。这家客栈白墙灰瓦的院墙围着一幢三层楼房，白墙红瓦，在青山绿树的映衬下，很是清爽洋气。

在与他们聊天中得知，这家客栈是老婆婆女婿的亲戚开的，她女儿女婿的客栈与这里仅一墙之隔。见我无意住店，男子便招呼其他客人去了。

“老人家高龄多少?”

老婆婆狡黠地反问我：“你看呢?”

笔者打量着老婆婆，满头银发愈发衬得皮肤黝黑，说话时露出了几颗牙齿。笔者说：“70 岁吧?”

老婆婆伸开大拇指和食指，手举过头顶很自豪地笑着说：“86 了!”这有些出乎笔者的意料。

原来,老婆婆有两个女儿,都在做生意。现在与开客栈的大女儿住,平时可以帮着女儿做一些轻活儿,比如择菜、扫地、招呼客人等。

“为什么不去养老院养老呢?”笔者问道。

“贵。饭还不好吃。”老婆婆连说了两个理由,继而又绘声绘色地说:“那里吃大锅菜,我在家里吃小炒,香!”

“以后动不得了,谁照顾你呀?”笔者担忧地问道。

“女儿女婿呀!”老婆婆连想都没有想,脱口而出。

“假若你生病住医院了,他们一边要忙着招揽生意,一边又要去医院照顾你,他们忙哪头啊?”笔者预设情景说道。

老婆婆想了一下说:“我住一会儿医院,就回家养嘛!”

“住院时间不由你决定啊!就算住院时间短,那些天他们两头照顾,回家还要管孩子,压力大,又操心,好累啊!万一累出病来,谁来照顾你,谁来照顾生意呢?”笔者分析道。

老婆婆若有所思,良久才抬起头,眼睛直视着我,一边点头,一边小声地说道:“是有点累。”

笔者继续说道:“如果在养老机构,你的一日三餐不用操心;你病了,有人照顾你。这样女儿女婿就可以专心做生意、教育孩子,不会那么累了。”

老婆婆沉默了。

见我们聊得热闹,一旁的中年男子忙里偷闲也加入进来。开朗的他自我介绍道:“我是在外闯荡的人,老了回来帮儿子。”

笔者惊讶地问道:“帮儿子?这是你儿子开的客栈?”

“是。”男子干净利落地肯定道。

“那儿子给你多少月薪?”

“给啥子钱哦!都是一家人,再说我有社保收入。”

“哪里够养老呢?”

“养老?那肯定靠儿子!不靠他,靠谁?”他毫不迟疑地回答后又招揽客人去了。

(三)田间农耕婆婆的养老观

傍晚,笔者在田坎边看见一个60来岁的婆婆蹲在小溪边洗锄头,便与她聊起天来。得知她家里还有一个78岁的公婆(这里指丈夫的妈),尚能下地种庄稼。公婆有三个儿子,自己是大儿媳妇。三兄弟每家每年管公婆4个月。公婆在哪家住,哪家就包吃住。如果遇到生病或者花销特别大,就三兄弟分摊。她和丈夫每年要孝敬老人5 000元。

婆婆有两个儿子，都在城里打工。老大在一家汽车修理公司修理汽车，一个月挣四五千元；老二在电信公司架设宽带，一个月挣七千多元。

“以后怎么养老?”笔者问。

她脱口而出：“跟着儿子嘛！农村老人都是这样的。”

“他们回来伺候你？还是你去儿子家养老?”

“我哪儿都不去!”

“那怎么办?”

老人家不语，良久说道：“我和老头子买了社保，一年有 1 万多元的收入，还有地租给别人种，一年要收 1 万多元的租金。这就差不多够我们生活了，不够的话娃娃们再补贴点嘛!”她慢慢直起腰，扛起锄头，边走边说道：“我们农村养老只有靠儿，跟着他们要求不高，有啥吃啥。”她的身影渐渐远去，融入暮色。

笔者陷入沉思：老人家现在尚能自立，一旦失去劳动力，那弱不禁风的经济能力，何以支撑？况且更多农村老人没有收入！谁伺候他们于榻前？“养儿防老，养老靠儿”虽被农村老人奉为天经地义，然而“父母在，不远游”的古训却没有被那些跨上 21 世纪城镇化发展“高铁”的年轻人带走。眼下，中国农村老人已过亿，并还在逐年增多，其养老寄托于子女，在城市安家的子女同时肩负抚幼与养老以及个人职业发展等方面的压力，其养老能力和赡养父辈的实际意愿可能相悖，代际“违约”现象也许会发生。显然，“养老靠儿”的传统观念与现代社会难以协调。政府应尽快完善养老制度，建立农村“以地养老”的方式，以“土地流转”作为农村老人养老资金的来源，别让最淳朴、奉献社会一辈子的老人无奈地去依赖儿女，从而陷入毫无尊严的尴尬境地。

三、今日我养老，他日谁养我

在城市生活的老人中，有一个特殊的老年群体，人们鲜有关注。他们 60 岁左右，父母年逾古稀，仍相伴左右，或躺在病榻上，需要照顾；他们的子女 30 岁左右，正处于生育或养育幼子阶段，急切需要他们的帮助。这群老人面对“上老下小”都需要他们帮助的家庭情况，自己虽已跨入“老人”之列，但仍不能安享颐养天年的清闲生活，还需肩负起家庭重担。笔者把这群老人称为“夹心老人”（笔者年纪已达老龄，但还肩负着照顾高龄父母、养育孙辈的义务）。随着社会发展，医疗水平和生活条件得到了持续、明显的改善，中国人均寿命逐步延长。据国家统计局透露，2017 年中国人口平均预期寿命达到 76.7 岁，反映出中国人口质量良好的发展态势。

老人的寿命延长，需要社会及家庭照顾的时间、精力以及财力投入也成正比地增加。

图 1-1 相扶相携 林雪 摄

首先,从社会角度看养老金保障,社会生产力水平决定着社会福利事业的发展水平。社会生产力越发达,财力越雄厚,社会福利事业的发展水平就越高,养老基金的积累就越雄厚。反之,则越薄弱。众所周知,世界发达国家的福利已经趋于完善,而我国尚在完善中。由于各国的文化、社会经济制度和意识形态不同,三方责任分担的比例也有所不同。我国国情正由计划经济体制下国家和企业包揽包办的社会福利向着政府、社会和个人共同承担部分资金的方向发展,而且个人缴费的比例正逐步提高。其次,从社会角度看,当前社区已经或正在建立老人日间照料中心(对老人白天托管),但由于观念、经济等种种原因,效果并不理想。因此,在我国社会福利机制及设施建设滞后的情况下,照顾老人的重担更多地落在了家庭这个细胞核上。

(一)敬老爱幼的敬女士

敬女士的母亲今年百岁,身体仍然硬朗,思维敏捷。她两年前来到青城山一家养老机构,呼吸到这里富含负氧离子的空气,见到更多同龄人和充满活力的弟弟妹妹们,特别是最适合老年人的一日三餐,心情愈发愉快,身体也愈发康健。敬女士姊妹三和一个弟弟均已退休,他们便担负起在养老机构轮流陪伴母亲的责任。能够在自己年逾花甲之时,在空气良好、免除一日三餐等杂务劳顿的养老机构与百岁母亲朝夕相伴,真是人生少有的福气,不仅自己充满幸福感和自豪感,而且还羡煞旁人。但任何事情都有两面性,年满 77 岁的敬女士道出了自己的难处:百岁的母亲,年满 80 患病的丈夫,临产的女儿,都需要自己照顾,但自己往往顾此失彼,心里不安而焦急。幸而有姊妹可以轮流照顾母亲,心里稍有宽慰。

(二)不愿让独生女儿吃苦的杨女士

“我对照顾老人体会太深了! 同样是付出精力和体力,照顾老人与照顾孙辈的感受完全不同。”杨女士从几个方面说起了照顾老人和小孩的感受。一是对排泄物。同样是与屎尿打交道，心情是不同的。杨女士先后照顾过母亲和公婆两个老人，大人身患疾病，排泄物是恶臭的，感觉是恶心的；小娃娃的排泄物没有恶臭的气味，俗话说“喝童子尿可以治病”嘛，洗尿布的感觉是能够接受的。二是面容。被照顾对象的脸，一个满脸皱纹，加之被病痛折磨而扭曲、痛苦；一个白嫩嫩的，表情天真、呆萌。照顾人的心情前者是沉重的，后者是充满希望的。三是照顾者的心情。孔夫子说过，能够给老人吃饱穿暖不算孝敬，做到长期和颜悦色才是孝敬。做到这点很难：在照顾老人的过程中，由于老人年高体衰是自然规律，让照顾者的付出看不到曙光和成就；有的老人或因性格、或因喜欢支配人，总是事情不断，让照顾者得不到休息；照顾者也会有焦躁、抑郁的情绪，难免挂在脸上，因此随时保持和颜悦色是有难度的。在照顾小孩的过程中，看着自己的辛苦付出换来孩子的成长，心里充满了希望和成就感；小孩子一般不会支配照顾者，只能哀求，照顾者掌握主动权，对调皮的孩子还可以教训、小“处罚”，这种主动的态势让照顾者精神愉悦，心情自然就好。两相比较，杨女士认为，同样是辛苦，更愿意照顾小孩子。

正是由于自己的亲身体验，杨女士才不愿意让自己的独生女儿再吃自己吃过的苦。因此，她有意今后到养老机构终老。

“夹心老人”多出生于20世纪40至50年代，几十年的生命历程伴随着共和国建设的艰难曲折和困苦，他们深受中国传统文化“孝道”的教育，赡养父母责无旁贷，心甘情愿；把养育独生儿女及孙辈视为己任，无怨无悔。这些“夹心老人”在为父辈养老送终、为晚辈“扶一程”中散发着自己的余热。然而，这番苦心，这番“鞠躬尽瘁”，是否能得到儿女的理解呢？

据杨女士观察，很难。她讲述了自己对女儿的观察。女儿4岁前是公婆带的，女儿对奶奶的感情很深。奶奶年迈生病住院后，女儿常去看望，每次都抱着奶奶亲，抱着奶奶拍照。但奶奶喜欢吃的山楂片，女儿却一次也没有买过。自己和丈夫照顾孙女，出力还贴钱，女儿对此也含含糊糊。有一次半夜，丈夫突发阑尾炎，他们舍不得叫醒女儿开车送医，两人悄悄打车直奔医院，事后女儿也未主动表示来医院照顾父亲。

（三）燃烧自己成就他人的龚女士

与杨女士经历类似，龚女士照顾孙子、儿子成为她们夫妻俩退休后的全部生活，甚至驻扎在儿子家，24小时全天候。然而，一次龚女士突然扭伤了腰，需要住院治疗，但此时儿子在外出差，媳妇要上班。龚女士的丈夫只好一边带孙儿，一边到医院照顾。龚女士夫妇不愿影响儿子、媳妇工作，但儿子、媳妇也没有请假回家照顾老小的意思，他们认为：“爸妈扛得住。”龚女士只好请来自己的妹妹帮助自己。

通过这件事,龚女士夫妇很有感悟:当我们鞠躬尽瘁地为心肝宝贝们付出时,他们未必能够体会我们"燃烧自己,成就他人"的一番苦心,甚至认为我们乐此不疲,理该如此。遥想,当龚女士们迈进古稀、耄耋之年时,也许已经老眼昏花,身体失能,难以自理。那时谁来照顾他们颐养天年?在我国家庭普遍为独生子女的现实情况下,在社会养老制度尚未完善的国情下,不禁忧从中来:今日我养老,他日谁养我?

四、从"养儿防老"到"养老防儿"

(一)名人之后文太太养老记

文老太太尽管七十有六,但名人之后的大家之气仍从她的居家氛围和举手投足中不经意地流露出来。居家,整洁无瑕,墙上的字画与书架上的书籍交相辉映,凉台上的盆栽翠竹在阳光照射下透着绿色的清凉;出门时,一丝不苟的发髻,熨烫妥帖的衣服,风格协调的首饰和手袋绝对是标配,加之腰身挺得笔直,步履从容,优雅的气质吸引着路人不免多看一眼。

一天早上,突如其来的脑梗打碎了她的生活。她被送到医院,被抢救过来后还没有完全恢复,血栓又流窜到腿部,导致她行动不便。之后,四个女儿经商量后把她送到了一家医养结合的养老机构疗养康复。

此时,文老太太躺在病榻上,看见各色的药瓶、水杯、碗筷杂乱地放满床头柜,拖鞋被人踢得左一只、右一只,忙把眼睛移向天花板,直勾勾地望着,一语不发,眼里充满了恼怒又无可奈何的神情。

如果说眼前的凌乱撞击着她心里的品质生活,尚可忍受,那么在得知女儿卖掉了自己唯一的养老房子的瞬间,如同十级大地震降临自己的世界,山呼海啸,地动山摇,天旋地转。文老太太眼里淌泪,心里淌血——这辈子,养老院就是自己的家了!

文老太太是宋朝抗元名将文天祥的后代,20世纪50年代大学毕业,与先生在一家银行工作,辗转多地后定居广安。他们有四个女儿,一家人日子虽然不十分宽裕,但幸福美满。后来丈夫患病,文老太太以女性的坚韧和柔弱的肩膀撑起了这个家。女儿们一天天长大,一个个成家立业,终于苦尽甘来。如今四个女儿有三个在外地,一个在成都。亲友、邻居无不羡慕地对文老太太说:"有四朵金花给你养老,好福气哦!"

前些年,文老太太拿出仅有的积蓄,与在成都的三女儿一起买了一处房子,母女共有产权。从居家环境到户型朝向,文老太太都十分满意。从装修设计到居家装饰,再到阳台的花草栽培,无不浸透她的心血,仿佛精心打扮将要出阁的女儿。幸福的日子刚刚开始,脑梗便如魔鬼刮起一阵妖风，席卷着她精致的生活，抛向空中又狠狠地摔进洪流，汹涌而去……

文老太太住进医院后，尚在工作、各有家室的女儿们得知她将长期卧床时，便商议等母亲出院后，便把她送进一家医养结合的养老机构慢慢疗养。女儿们认为，母亲在这里可以得到 24 小时医养结合的照顾，三顿吃喝均有营养配餐，环境优雅，四季如春，她们也会穿插来看望母亲。从医疗到护理，从亲情到环境都得到了兼顾。

然而，文老太太的想法是康复后回到家里，继续自己悠闲的品质生活，优雅到老；哪怕迎接死神，也要从家里归西。但不曾想自己这一病，不仅丧失了基本的自理能力，而且丧失了自己如何养老的决定权。女儿们作出了与自己的愿望完全相反的决定——卖掉成都的住房，入住养老机构。

文老太太躺在病床上，一声声叹息：人说养儿防老，而今“我的养老，自己却做不了主”。一向自立的文老太太悔不当初：身体尚健时，没有作出进退自如的财务安排，没有把如何养老的权利紧紧握在自己手中。女儿们虽然一片美意，但眼下的养老方式不是自己内心所要的，这成为她一生莫大的遗憾。她慢慢明白，时代在变，自己的观念也应随之而变：当今养儿不防老，养老要防儿，防儿不按自己的心愿办事。

两代人对养老的理解不同，现实的客观条件让文老太太晚年的美好梦想、诗意的生活如花瓣飘飘付流水，那流水好似文老太太眼里的泪，心里的血……

（二）养儿防老的黄爷爷

年逾 90 的黄爷爷如今在两个女儿处轮流居住，靠女儿养老，这并非他所愿。

黄爷爷生活在湖南农村，早年分家时，父母就把房产分给了他们兄弟四个，三个妹妹连一片瓦都没有，这在村子里十分正常。到了黄爷爷这辈，当儿子成年后，他自然早早地就把自己唯一的房产全部给了儿子，两个女儿连一块砖都没份儿。黄爷爷说：“女儿是要嫁人的，儿子才是给自己养老送终的。”

黄爷爷的儿子进城打工后，积累了点钱便与人合伙跑运输，北上南下。由于交友不慎，嗜赌如命，自己被判刑，老婆跑了，家也散了。黄爷爷在老家无所依靠，只好到城里投靠女儿们，但女儿们也有孩子要抚养，加之黄爷爷不时生病住院，女儿们出钱又出力，这给女儿们的家庭增加了沉重的负担。

家里的亲戚与黄爷爷说起这事，就怪他当初不该把房子早早地给儿子，应该留给为自己养老的人。每当这时，黄爷爷便闷不作声，有苦也只好往肚里咽。

黄爷爷始终不明白，祖宗遗训“养儿防老”，怎么到今天就不行了呢？

（三）老成都人焦大妈

焦大妈70多岁，在医院伺候摔断盆骨的母亲，说起独生儿子便一肚子怨气。

焦大妈夫妇是老成都人，在成都共有三套房子，分别自住、赠予儿子和投资。焦大妈夫妇把房投资用于出租，租金用来供家里的日常花销和养老。儿子有了小孩后，焦大妈夫妇出力、贴钱，自不必说。儿子认为父母出租房收益太低，于是说服父母将房子抵押给银行，把贷款拿到朋友处投资吃利差，收益大幅提高。后来朋友生意不景气，收益也慢慢降低，但银行的贷款必须按时归还，儿子焦头烂额，焦大妈夫妇也忧心如焚，悔不当初。但自己不救儿子，谁救？焦大妈夫妇咬咬牙，最后只得拿出攒下的养老钱去给儿子填"窟窿"，然后收回房子，并决绝地告诫儿子：从此别打房子的主意，除非我们死了！

在中国人的传统观念里，房子就是家，没有房子就没有家。哪怕房子闲置，那也是家的象征。城乡老人一般都有一套属于自己的房产，这就是他们的栖息地，也是精神家园，一旦失去房子，就失去了生活根基。骨子里的传统观念让老人们多多少少相信养儿防老，因此宁愿自己受委屈，也不肯卖了房子给自己养老，而是留给或孝敬或不孝敬的儿女，有的甚至早早地把房子过户给儿女。殊不知，今天与过去养老的情形发生了很大变化。过去农耕时代，落后生产力导致人们祖祖辈辈困居在一方土地上，繁衍往复。而今天已经进入现代科技时代，人们的观念、生活空间和养老方式均发生了巨大变化。城镇化的发展使大量人口涌入城市，"四二一"的家庭格局动摇了家庭养老传统模式的根基，养儿已经难以防老。因此，老人们要认清当前的新形式，养老要靠自己，如果不把握经济的主动权，外国文学作品《高老头》中的悲剧将不可避免地在身边上演。

五、我吃过的苦，不能让女儿吃

（一）看望朋友的熟人庞女士

初夏的青城山，清凉宜人。笔者在青城山"老易养"养老机构散步，迎面遇到了熟人庞女士。她60开外，专程从成都来这里看望患病的朋友，并小住了几天，正准备回去。她快人快语、颇有感慨地说："我朋友患病出院后住这里两年多了。每天不用自己买菜做饭、打扫卫生，还有工作人员照顾，还有好多同龄人和娱乐项目，心情好、空气好，这些恰恰是朋友居家养病缺少的条件。她来这里后，身体恢复得很好。以后我把钱攒够，也要来这里养老！我们这代人经历过照顾老人、病人的辛苦，不能再让娃娃吃这些苦了！”

庞女士是家里的大儿媳妇，20 世纪 90 年代为了照顾住院的公婆，丈夫及兄弟姊妹全部总动员。从每天轮流买菜做营养餐到送饭到医院；从给老人擦洗身体、换洗衣服到接屎端尿；从督促吃药到辅助治疗护理；从抬上背下（那时医院少有电梯）接受各项检查治疗到排队划价取药、取报告单，无一不是家人亲力亲为。有时候，老人或因病痛折磨不思茶饭，甚至无端骂人，我们当儿女的只能忍着，克服体力上的透支，和颜悦色地安慰老人，直到她情绪舒缓。那时兄弟、弟媳和妹妹们都还在上班，每家都有孩子需要照管，有的妻子身体不好，还有杂七杂八的事情需要处理，但大家都把照顾母亲看得高于一切，心甘情愿地忍受个中滋味尽心尽力，责无旁贷地放下杂务尽孝。庞女士说，幸好我们这代人是多子女，还可以轮流照顾老人；现在大家都只有一个娃娃，他们自己都忙不过来，还需要我们帮忙，哪有精力来照顾我们！再说他们会照顾人吗？我们也不愿意看见他们顾首不顾尾的难受劲儿！

（二）入住养老机构的唐先生

“悠悠岁月，欲说当年好困惑……”一阵手风琴乐曲从湖面上传来。沿着曲廊漫步循声而去，声音从湖畔那一排古色古香的房子里传来。透过窗棂的格子一瞧，一位 70 多岁、满头银发的老人正醉心弹奏，时而低头看乐谱，时而微闭眼睛、摇头晃脑，完全沉醉在她的音乐世界里。奏完一曲，老人抬起头来与笔者目光相遇，我们聊起了手风琴。

老人姓唐，这一手好琴声竟然是她退休后自学的，这让笔者很意外。老人来自四川成都市，退休赋闲多年。这琴是女儿读中学时给她买的，她成家后，琴和自己都闲下来了，惺惺相惜，便成了故友。来“老易养”养老机构后，以琴会友，找到知音，十来个人组建了老人手风琴协会，自己被推选为负责人，每天定时来这里合奏，其乐无穷。

“怎么想到来这里养老的呢？”老人回答笔者的提问时说道，独生女儿在绵阳工作，一般周末才能回到成都看望我。我在家孤独无趣，听说在青城山脚下有个好山好水的好地方——“老易养”养老机构，包吃包住，服务人性化，性价比很高。过来一看，果然如此，尤其是有这么多同龄玩伴儿，就不想走了。再说女儿现已身怀六甲，以后她会越来越忙，我们身体会越来越弱。我们照顾过自己的父母，辛苦得很，现在条件好了，我们哪忍心拖累她呢！

老人歇了一口气继续说道，20 世纪八九十年代，我父母生病住院时，都是我们兄弟姊妹几个 24 小时轮流守候在病榻前。那时大家工资都低，不像现在流行请护工照顾，家家户户都是兄弟姊妹上阵，有的姊妹少，照顾不过来，亲戚朋友也参与进来，轮番照顾。尤其是夜间需要治疗和照顾的病人，家人可就惨了。医院不提供床位给陪伴家属住，家属就上演一台五花八门的好戏。如果病人身体瘦小,家属还可以同挤一张床;有的趴在病床边打盹儿;有的在病榻侧放个“马架子”(简易躺椅);有的借来两个凳子搭个木板,往上一躺;还有的深夜趁医生查房少,去蹭空病床睡,一旦被护士发现会被骂得恨不得钻床底下。这些陪伴家属不管怎样睡,都有几个共同的特点:一是和衣而睡,睡不踏实;二是别想睡囫囵觉。照顾输液的病人,要盯着输液瓶和管道看是否还有液体,是否在正常流动;有的要定时给病人量体温,有的要侍候病人解大小便,有的要观察仪器的数据并记录;有的要安抚呻吟的病人。

(三)忠孝难全的刘女士

唐姓老人的话勾起了在一旁出神的刘女士的回忆,她接过话茬儿说道,那时候家家户户都是姊妹两三个到六七个,自己是少有的父母高龄得女的独生子女家庭。成家立业有了自己的独生子后,父母渐渐衰老,疾病缠身,二老几乎每年都要轮流住院一两次,这时最为考验自己。特别是有一年,自己尚处在生育后的哺乳期,恰逢母亲住院。幸好父母都在家里排行老大,曾经帮助祖父母照顾弟妹,祖父母过世后又接过养育年幼的弟妹的重担。现在哥嫂生病,弟妹都念哥嫂和姐姐姐夫的恩情,伸出了援助之手,轮流到医院伺候,才帮自己渡过了照顾母亲的难关。刘女士一脸忠孝难全的内疚。

(四)艰辛照顾老人的李女士

李女士在一家养老机构担任管理工作,之所以来这里,与她照顾家里老人的经历有关。李女士和丈夫先后照顾了父母、公婆四个老人,往往第一个老人还未痊愈,第二个便患病住院,每6年就有一个老人去世。在20余年照顾病人的过程中,她体会到照顾老人,尤其是照顾生病的老人相当艰辛。

一是体力的付出。照顾病人在体力上的付出,用“丫头抱酒坛子,累不着,醉不着”来描述比较恰当。照顾病人虽非重体力劳动,但会慢慢地消耗人的体力,让人感觉不比做重体力劳动轻松。刚刚入院的重症病人往往需要24小时观察、输液,病人一方面承受病痛的折磨,一方面心理需要亲情呵护,需要家属24小时照顾。有的病人比较娇气,有的心理依赖性特别大,有的焦虑,其表现就是不断发出指令,要照顾者不断为自己服务,达到让其关注自己的目的。李女士描述了在医院照顾母亲的情景:母亲患肺心病,需要24小时输液。除了随时关注输液管里的液体是否流畅、流速是否均衡、病人的反应外,还要观察仪器的运行情况,照顾病人吃三顿饭,常常还要一勺一勺地喂病人吃饭,叮嘱其按时吃药和接大小便。有时候刚协助医生检查、治疗完,母亲就要喝水,然后又要方便,还不小心弄脏了裤子,为她换完裤子和床单后,还没有来得及洗,母亲又叫她把窗帘拉开,刚坐下休息,母亲又说太热,要拉上窗帘,一会儿说要看电视,一会儿又说太吵要关上。到了晚上,李女士就趴在母亲脚下睡觉。有时候刚迷糊睡着,母亲就说要方便,不能下床时,就用便盆接,然后倒便、洗刷等;若能下床,则提着输液瓶扶她去卫生间。半夜医生对重症病人查房次数多,一会儿量体温,一会儿加输液的液体,甚至开药,要求家属立即去取药……日复一日,琐琐碎碎不起眼的杂事,如同蚂蚁啃噬面包,一个月后李女士体重骤降近10斤,她脸如白纸,眼袋鼓起。

二是心理压力。俗话说:“病来如山倒,病去如抽丝。”李女士盼望母亲早日康复,一来母亲少受折磨,二来双双得到解脱,但往往事与愿违。长期的消耗战使李女士情绪低落,脾气见长。回家休息时,因为丈夫炒菜盐放多了,推碗、摔筷子的事情时有发生。类似这样的小事引起家庭争端的频率越来越高。

有关研究表明,家属在照顾亲人的过程中,对病人的康复起着不可替代的特殊作用。但照顾者长期超负荷的疲劳也给他们带来了严重的心理压力,甚至损害,比如产生抑郁、焦虑的情绪。这不仅不利于照顾病人,还会影响照顾者的心理健康。医院常见的“病人未愈,家属已倒”的现象就是佐证。

李女士正是有了这份体验,深知个中滋味,才知道护理不易,才有了让子女解脱的愿望。她打算以后自己不能自理时,就去养老机构终老,不让子女受折磨。“这些苦我们都经历过了,不愿意让娃娃再尝试了。”“娃娃们压力大,忙得很,不想再给他们添麻烦了。”在“老易养”养老机构中,在更多老人的聊天中,这样的话常常飘入耳际……

六、养老不靠儿女,靠未雨绸缪

与老人们聊到“养儿防老”的话题,他们几乎都有一个共同的想法:不给儿女添负担,但各自却有不同的养老规划。

(一)大学教师张教授

年满82岁的张教授曾经在大学任教。老年失伴,今又再婚。他与前妻育有一双儿女,均在国外工作,儿子最近作为人才引进回京工作。说起养老,张教授说道:“孩子们有事业、家庭,自顾不暇,少给他们添麻烦就是体谅。他们平时常关心问候,逢年过节更没少孝敬;我买第二套房,儿子就给了40万元。之所以再找个老伴,还是想靠自己养老。我们住房、经济方面完全有保障。我生病住院,都是老伴细心照顾,从不让儿女来,都过好自己的生活。”张教授平淡的语气中,透出自信和理性的父爱。

（二）中学教师苟女士

曾在中学任教的苟女士生性好强，虽然养了两个女儿，但不相信养女儿就没福气。她和先生节衣缩食重点培养，女儿双双考上大学，小女儿就读于美国耶鲁大学，并获得了奖学金，已定居那里。50 多岁的苟女士患乳腺癌后，小女儿接她去美国治疗，她担心医疗费太高而婉拒；大女儿把她接到家里，请专人照顾。见女儿忙工作，带孩子，还操心自己。她说："谁的女儿谁心疼。我不能用我的病耽误她最好的年华。我们老两口有住房，有退休金，有医保，能自理，何必拖累她们呢?"于是她搬回自己家，打算与老伴慢慢走完人生。

（三）有计划的罗夫妇

罗先生夫妇年过花甲，祖祖辈辈都是四川人，夫妻俩从重庆定居于成都已经半个多世纪了。他们觉得居家养老最好，有 100 多平方米的大房子，居家环境不错，购物、交通也很方便，当医生的儿女还不时来探望。对将来不能自理时谁来照顾的问题，他们认为，现在锻炼好身体，就不愁不能照顾自己，至少可以缩短不能自理的时间。

（四）热爱运动的袁老师

袁老师夫妇年过七旬，经济和身体条件都不错，虽然居住在闹市，购物、交通、就医十分便捷，但他们还是在一家养老机构预订了床位。其养老安排是现在能够自理，就好好享受生活。袁老师喜欢运动，每天锻炼的时间达 3 个小时以上，跳绳、爬楼、散步、器材训练是每天的必备功课，他身上的胸肌、三角肌连年轻人都自叹不如。袁老师的妻子喜欢旅游，有时候两人同行，有时候他妻子邀约亲友同行。他们计划将来不能自理时，就到养老机构去。

（五）买房养老的刘女士

与他们情况类似的年满花甲的刘女士夫妇早年就买了商铺和住宅，做好了孩子教育和养老规划。她说："我外公、外婆和母亲都是相当自立的人，帮助亲友历来不图回报，更不指望依靠他人。我从小就耳濡目染，靠自己的观念早已根深蒂固。房子是保值增值的东西，我认为靠它养老靠得住。儿子孝顺，那是锦上添花而已。"已有孙子的刘女士夫妇目前已在一个风景区找好心仪的养老机构，平时去度假，晚年去养老。

（六）观望中的薛老师

从教师岗位退休的薛老师夫妇已经70有余，均有稳定的退休金，儿孙也早已经自立，不用他们操心。近年，他们夫妇在省内外看了不少养老机构，并已经在气候不同的地方下单成为会员。他说："趁我们走得动，到处看看哪里的养老机构条件好又合算，早点定下来才安心。现在养老机构才开始起步，价格还不算贵，早定早受益。"

（七）舞蹈演员傅婆婆

从北京东方歌舞团退休的舞蹈演员傅婆婆是重庆人，她老伴是浙江人，均在北京工作并定居。他们一直都在寻找中意的养老机构，入住北京一家养老机构后，并不太满意。于是他们到四川一眼看中了青城山脚下的"老易养"，便立即成为会员。连续两个春天，都如候鸟一般飞来。她说："我们冬天住北京，春夏到四川。不靠儿女，给彼此自由。"

（八）已做好规划的廖先生

廖先生夫妇年逾花甲，女儿在澳大利亚定居后，也给他们办了绿卡。老两口的养老计划是现在能够走动时，就两边各住半年，既享受国外良好的环境，又享受国内的亲情。说到将来不能走动、自理时定居哪里，廖先生不无纠结：按理说，应该去澳大利亚挨着女儿，那里的社区和养老机构能给予老人很好的照顾；但不足的是缺乏故乡故友的亲情和友情，易产生孤独感。在哪边养老是选择问题，但对养老已经切实做好了安排，这才是廖先生夫妇的明智之举。

（九）已入住养老机构的蒋伯伯

蒋伯伯退休前在攀枝花一所重点中学教书，妻子袁阿姨在攀枝花一家大型国企所属的医院做护士。两人都是成都人，到攀枝花当知青时结为连理。尽管在攀枝花待了40多年，他们退休后还是愿意回到故里养老。特别是袁阿姨脊椎出现病变后，已经难以料理一日三餐，蒋伯伯也不擅长。两人看好青城山"老易养"机构后，成为首批会员。他们已经在那里生活了四年，吸引他们的亮点是国家5A风景区的环境，机构对服务人员职业化的管理，规范化的服务，良好的交通条件和合理的价格。同样看好这个地方的还有来自外省的以及成都市的好几千位老人。

七、快乐老人的幸福晚年

题记：

我们不是因为年老而停止玩乐，而是因为停止玩乐才会变老。

——席乐

起伏的草坪，奇异的花卉，湛蓝的天空，绵柔的白云，天地间锦绣般的美景，呵护着小朋友和中年人心中的至爱——爷爷奶奶、爸爸妈妈。鹤发童颜的老人或漫步，或相依静坐其中，享受着晚年幸福快乐的时光。

这是泰康人寿继北京燕园、上海申园、广东粤园、湖北楚园之后，精心绘制的又一作品——泰康之家·蜀园。这些幸福的老人如何与美丽的蜀园相识和牵手的？笔者不禁好奇，走近他们，倾听他们的故事。

我们，曾为祖国、为人民建功立业，

更为社会和家庭做过无私的奉献。

……

啊！不知什么时候，你变成了外婆、我变成了奶奶。

啊！不知什么时候，“爷爷”“外公”的称呼总回荡在耳畔。

岁月匆匆，我们老了，青春已不在。

……

谁来照料我们的晚年生活？

谁来安排我们的一日三餐？

深夜突发急病，谁能及时把我们送到医院？

……

循着朗朗诗歌声，笔者来到一间具有落地玻璃窗的大房间，看见很多白发苍苍的老人正捧着手上的诗歌，在一位领读的带领下认真诵读着。

领读的长者看上去70来岁，头发花白，身材清瘦，穿着蓝色格子衬衣。

休息时，一直站在门外、身材同样清瘦的女士给领读的先生送上一杯中药，看着他喝了下去。

笔者与之交谈得知，这是一对夫妻。先生姓罗，79岁；女士姓周，77岁。20世纪末，为祖国科研事业兢兢业业奉献了一辈子的两位高级工程师，分别从中科院等科研机构退休，侍奉老人，飞美国、赴京城与儿女团聚，会亲友、旅游、读书成为他们生活的主旋律，转眼间自己也成为需要被照顾的老人了。

图 1-2 泰康·蜀园的老人们朗诵诗歌 李佳叡 摄

春节期间，两个儿女飞回他们身边，一起来到泰康之家·蜀园参观。见二老对蜀园“一见钟情”，儿女果断下单，二老成为全球高端养老社区之一——蜀园的第一批居民。

“一眼看中了老人活动空间地面无障碍。”罗先生道出了“爱上”蜀园的原因。“你看看，整个蜀园会所配套面积约 1.9 万平方米，没有一级台阶；居住区面积达 7 万多平方米，从走廊到房间，除了电梯，也没有一级台阶。在会所活动空间，不超过 5 米，就有舒软的椅子供老人休息。这里从老人的角度考虑得更周到些”。

图 1-3 诗歌的吸引力 李佳叡 摄

周女士看着老伴激动得有些泛红的脸补充道："老伴儿因工作熬夜多，眼底发生病变，眼睛不好。来这里之前，曾经两度在小区里和街道上摔倒并骨折，他本人痛苦万分，家人也疲惫不堪。"

"这里不仅硬件设施对安全因素考虑周到，服务软件同样细致。"周女士接着说，"蜀园每周一至周四开大巴组织我们去超市购物。除了需要提前一天登记外，第二天凭卡上车，开车前司机还要点名，从超市回来司机也要点名，清点人数。如果不坐这趟车回来，一定要给司机打声招呼。"

"这是一种安全措施。"罗先生一语中的，"一个都不能少！我从这些小细节看到了蜀园重视老人出行安全的管理意识。在这里我们安心，儿女放心。"

"这里医养结合的模式也是你们看中的条件吧？"笔者试探性地问道。

夫妻俩点点头，周女士对笔者点赞道："你说对了。泰康除了具有养老功能外，还有医院，这是我们看好的加分点。有一次我们去医院问开通社保的事，走进医院，医生、护士态度和蔼，我们感到很温馨，继而产生了安全感。这里设有内科、外科、妇科、牙科、康复科，还引入了现代信息化智能科技、国际 CCRC 持续照护模式，更配备了数十项专业养老照护设备和设施。老年人最需要的急救保障、老年常规慢性病治疗、老年康复都能够得到保障。我们来这里五个月，身体还一直没有出现大的问题。"

笔者追问："这里开通省市医保了吗？"

"已经开通了市医保，正在开通省医保。"周女士答道。

笔者继续追问："您说蜀园有急救保障，有什么依据呢？"

周女士说："有一次，一位老人半夜忽然感到心脏不舒服，立即拉床边的报警器，不到一分钟，'管家'（服务员）就出现在她身旁，本院医生随即赶到进行救治，老人病情很快缓解了。要是在家里，没有人在身边，就惨了。还有一天中午，我们正在餐厅就餐，一位 90 岁的老人起身时被餐椅绊了一下，摔倒了。'管家'立即跑过来扶起她，见老人痛得厉害，不能行动，管家一个电话叫来了本院的外科医生，马上给她做了简单处理，用担架抬着她，立即送往附近的医院救治。"

笔者不解地问道："这里不是有医院吗？为什么要到外面的医院去？"

"到骨科医院救治，更专业，效果更好啊！"周女士强调。

"对老年人的慢性病怎么养呢？"笔者问道。

罗先生并没有直接回答，而是讲了一个故事："有一位老人，以前是领导干部，后来患了阿尔茨海默病（老年痴呆症），来到这里。他晚上不睡觉，白天使劲儿睡。为了帮助他扭转作息时间，这里的工作人员扮演领导随从，陪着他东'视察'、西'调研'。由于白天消耗的精力多，晚上老人倒床就呼呼大睡。"

罗先生绘声绘色的讲述令人哑然失笑。

稍息，他摸着自己的腮帮子慢慢地说道："这两天我患牙周炎，吃饭困难，去医院牙科看，但没找到医生。后来才反应过来，今天是周末。"罗先生停了停继续说道："医院的建设和服务还有待完善。毕竟刚刚开园，需要一个过程。"

俗话说：抓住胃，才能留住心。笔者问道："这里的饭菜合你们口味吗？"

夫妻两人笑眯眯地连连点头，罗先生说道："前些年，儿女带我们吃遍了山珍海味，还是觉得这里的味道更适合老年人。"

"你们每顿能吃几样菜？"笔者问道。

夫妻俩扳起手指，一边回忆，一边算。"以午餐为例，一般凉菜 2 个、肉菜 4 个以上，蔬菜 2 至 3 个，还有一份营养汤。此外，除了米饭外，还有粗粮，比如玉米、山药、红薯等，大概近 20 种菜品。我们最大的担心是——"说到这里，周女士忽然捂着嘴，笑弯了腰，罗先生咧开嘴也跟着笑了起来。周女士缓过劲儿，笑容满面地说道："最大的担心是营养过剩。我俩来的第一个月，体重都增加了 1 公斤（1 千克）！"

罗先生脸上仍然挂着笑意说道："这里的饭菜都是经过营养师精心搭配的。还经常给我们开膳食营养课。上次营养师说蜀园还是什么……"他一时间说不上来，便戴上眼镜，摊开手中的报纸读起来："蜀园是中国老年学学会、老年营养与食品委员会共同打造的'老年营养餐示范基地'，对患老年常见病的居民提供治疗饮食计划指导。"他放下报纸，感叹道："哎——没想到吃了一辈子饭，现在才明白吃饭的'学问'。"

"营养虽然够了，但味道不一定符合大家的胃口，这怎么办呢？"笔者刨根问底。

周女士说道："俗话说众口难调，但蜀园还是努力让大家满意。一是每顿饭都采用自助餐的形式，各取所需；二是有单锅小炒，满足个性化餐饮需求；三是经常征求我们的意见，方式有两种，你可以把意见写在反馈簿上，也可以参加'蝴蝶'活动。就餐的时候，工作人员发给你一只手工小蝴蝶，你认为哪样菜好吃，就把小蝴蝶放在哪样菜旁边的盘子里，蝴蝶多的菜，就是大家喜欢的菜，厨师自然明白。"

笔者心里不禁暗暗点赞：用心良苦。但并未就此打住，继而追问道："与家里比较，这里用餐有什么特别的地方？"

周女士说："以前我们在家里，一般做两菜一汤，一顿吃不完，第二顿接着吃。做多了，吃不完；做少了，又太单调。在这里最大的好处是，饭菜多样化，而且不吃剩菜。"说完，她捂着嘴笑了。

"难道就不思念'家'的味道吗？"笔者穷追不舍地问道。

"这里的饭菜比我在家做得还美味、健康，何必再麻烦呢？当然，偶尔也会自己做做简单的早餐和晚餐。"

笔者关心地问道："你们在这里住得怎么样？睡眠好吗？"

周女士说道："我们住的是一室一厅，这里很安静，睡眠不错。在蜀园健康·骨质疏松课上，我们了解到老人骨质脆弱，需要符合特质的卧具，这里最大的好处是把理论变成了现实：床垫的软硬度是根据老年人的骨质特点专门定制的，躺上去很舒服；被子暖和而轻软，符合老年人体质弱，既需要保暖，但又怕厚重的要求；枕头柔软，高度适度。心情愉快，卧具舒适，一觉睡到自然醒。"

罗先生以诸葛亮的诗句笑眯眯地打趣道："大梦谁先觉？平生我自知。草堂春睡足，窗外日迟迟。"

我们一下子都咧嘴笑开了。

地处成都西郊的蜀园，建筑面积约 17 万平方米，绿化率达到了 43%。环境没得说，但距城区大约 20 千米。笔者担心地问道："你们家在市区吧？走亲访友方便吗？"

周女士脸上仍挂着笑意介绍道："我们家住城南。这里每周都对开两趟大巴，到地铁口或公交枢纽处停车，定时来接；另外，每周去大型超市购物四次，交通没有问题。"

"上车买票吗？"笔者问。

"不买、不买。凭卡就行，人熟了，就刷脸。"周女士幽默地说道。

"平时如果要出去，怎么办呢？"

"只要给管家打声招呼就成，不会限制出行自由。天气凉快的时候，我们经常去永宁镇逛逛，买点农家菜，与镇上的老人聊聊天，小镇的风土人情也别有一番滋味。"罗先生露出惬意的微笑说。

这时，周女士接听了一个电话：保洁员要为他们打扫房间卫生，请她开门。

笔者问道："这里多久做一次卫生呢？"

"每周打扫房间两次，其中一次深度清洁。半个月洗一次被子，被子、衣服都是自己用洗衣机洗，像被子这些大件，就由工作人员帮忙拆、晾、装。"周女士说完便匆匆离去。

罗先生接着说道："这点很好，让你自己动手，一可以锻炼手脑配合；二让你找到家的感觉。自己在家里，也要洗衣、做饭嘛！这里关门就是自己的家，开门就有邻居、朋友。既有私密空间，又有公共区域；既有比居家更适合老年人的安全环境，又有像住家小区一样的人文环境，很有居家的亲切感。"

"从您的话语间，听到了对这里的衣食住行满意的心声。你们的娱乐生活怎么样呢？"笔者换了一个话题，问道。

罗先生精神一振，笑着说道：“娱乐活动就多了。蜀园提倡‘文化养老’，开办了乐泰学院、乐泰俱乐部，有60多门课程供老人选择。除了外聘老师来讲课外，入住这里的大学教授、科研专家、企业高管、退休干部等本来就是知识、人生经历的宝库，正如刘禹锡在《陋室铭》中所歌：‘谈笑有鸿儒，往来无白丁。’大家轮番当老师，分享自己的技艺。因此，天天有活动，周周新花样。每周一大家会拿到本周活动清单，唱歌跳舞、诗歌书法、绘画、插花、手工、棋牌、电影、运动等，凭兴趣自选；这里还配有各种设施，游泳馆、健身房、乒乓球室、篮球馆、琴房、图书馆、书画室、茶吧、KTV歌舞厅、会议厅、记忆小镇等。老人可以根据自己的兴趣爱好，任意参加某个俱乐部，找到志趣相投的伙伴，享受丰富多彩的社交活动。说实话，我和老伴儿成天都忙不赢，在这里我们充实、快乐，真正过上了有尊严的养老生活。”

“你和周女士喜欢什么呢？”笔者好奇地问道。

罗先生调侃地说道：“她兴趣广泛，喜欢热闹，合唱、手工、插花等俱乐部都参加了。”他停了停，说道：“我喜欢诗歌和书法，参加了乐泰学院的诗歌和书法组。”

笔者又一次好奇地问道：“您是学理工科的呀！怎么全是文科爱好？”

罗先生有些自得地说道：“没错，我早年毕业于中国科技大学，一辈子搞机械研究和设计。但早在读高中时，诗歌的韵律美就深深地吸引着我。我放弃了学校的保送资格，坚持自己考。由于当时的政治背景，我改变了专业方向，但喜欢文科的种子一直深藏心中。现在终于有机会让它生发出来了！”

图1-4 遨游书海 李佳叡 摄

罗先生呷了一口水，兴奋地说道：“刚开始，我们诗歌组从网上下载诗歌朗诵。但大家觉得不贴近自己的生活，写得也不好。我们组藏龙卧虎，有重点高中的语文老师，有文学爱好者,有文艺工作者。当我们朗诵着自己的原创作品时,更有劲儿了。"

图 1-5 罗先生(右)正与诗歌组的同人交流创作体会 李佳叡 摄

罗先生的话提起了笔者的兴趣,问道:"你近期创作了什么作品?可以朗诵一下吗?"

罗先生兴奋地说道:"今年'八一'建军节,我写了一首诗歌。"笔者正期待聆听他的朗诵时,他突然卖了一个关子强调说:"我写诗歌,是讲究平仄押韵的。"这才一句一顿地朗诵道:

起义军旗起南昌,工农从此有武装。

三湾编整规矩定,思想建设指路塔。

八载抗日军声震,四年解放威名扬。

总结历史好经验,关键党要指挥枪。

朗诵之后,罗先生饶有兴致地分析了诗歌的韵律。作为年近 80 高龄的理科生,有这样的记忆和才情委实不简单,笔者情不自禁地鼓掌、喝彩。

高兴之余,性格稳重的罗先生将诗歌组尚未公布的"内部消息"提前告诉了我:"下周诗歌活动,大家推荐我主讲'诗歌创作的韵律',欢迎你来参加!"笔者一口答应,甚感荣幸。

老人们陆陆续续回到座位。"我们继续吧,朗诵《我们一起奔蜀园》。"一位鹤发童颜的长者建议道,于是大家齐声朗诵:

她给我们提供了一个养老的好地方。

她给我们提供了一所安度晚年的好庭院。

老年姐妹们!蜀园真是个好去处!

老年兄弟们!蜀园真是个好家园!

让我们快快收拾行装！

一起奔蜀园！

去追逐夕阳幸福！

去安度幸福晚年！

一阵阵朗朗的诗歌声飞出蜀园，飞向天际！

八、时装模特的人生T台

时装表演的T形台上，模特时而猫步轻柔，时而摆胯摆臂，时而转身回眸，无不引人入胜。仔细打量这些模特，才发现他们竟然都在50至80岁，但个个神采奕奕，光彩照人。除女模外，不时在舞台中央亮相、个子最高的那位男模最惹眼，他身材壮硕，高1.7米以上，头戴礼帽，身着橘黄色衬衣，戴红色领结，穿白色吊带西裤，举手投足间不仅展示出服饰美、形体美，更展现出老年人少有的精气神。

成都市老年时装模特比赛刚结束，后台已经记者云集。

“高老，没有想到您气质如此迷人。”围着那最年长的男模，一位记者首先表达了大家的心声。

被称为“高老”的男模立即打断记者的话，说道：“别叫我‘老’，叫我名字或高老师。”大家会心一笑。

图1-6　高老师参加表演后，接受电视台记者采访　高世忠 提供

“高老师，你什么时候开始做模特的呢？”电视台的女记者把话筒递到他嘴边问道。

“我一直喜欢唱歌，跳国标舞。20世纪80年代末，重庆服装公司模特队来成都表演，那是我第一次看到模特表演。模特们身着婚纱、职业装、晚礼服、休闲装，轮番登场，风格各异，气质迷人。特别是婚纱款，除了‘女神’妩媚外，她身边的‘男神’气定神闲，气度不凡，让我着迷。一个偶然的机会，我在电视里看到国外的模特表演，就跟着学。只要那激越的乐曲骤起，我精神就为之一振！那时候没有录像机，我每看一次，就凭着大脑的记忆反复揣摩和练习；下一次看了又纠正。看多了，练习多了，自己慢慢就熟悉了。后来，四川省电视台妇女儿童频道组建时装模特队，我与一批爱好者就在那里学，后来又开始表演，这一干就 20 多年。当初一起学习的那批人，部分已成为成都市的模特老师了。我参加了成都市成华区模特队，成都服装展销会组委会连续七八年邀请我们去沙湾会展中心参加开幕式演出。后来我加入了全国社区活动中心示范点——芳草群众活动中心组建的‘情暖百家艺术团’模特队，除了参加社区活动外，还经常接到各种邀请参加商业演出。”

“你参加商业演出的出场费是多少呢？”一家经济类报纸的记者接过话茬问道。

高老师回答道：“老年人的商业演出报酬不过几十元。我们参加模特表演意不在此，主要是给广大中老年朋友，也给自己带来快乐，实现自己的价值。”

“在多年的模特表演中，您遇到的最得意和最困难的事是什么？”另一家电视台的记者抢着提问。

图 1-7　老年模特高老师（中）参加表演　高世忠 提供

高老师侃侃而谈：“最得意的是 2016 年端午节参加社区纪念屈原节目的表演。我们的节目分为两部分，前段是舞蹈表演，后段是模特表演。我们男模要着古装扮演屈原。为了准确展示屈原的形象，我认真查阅了历史书籍，了解了屈原的生活背景；诵读他的诗歌，观看戏剧影视片，把对屈原执着的爱国精神的崇高敬意内化在表演中。尽管只有短短几分钟的走台，我通过眼神、形体和动作，表现了屈原对祖国的无限热爱，对奸吏小人的无比愤恨，对楚王深深的绝望，最后以身殉国。表演结束时，观众报以热烈的掌声，我从中感受到了快乐，更感受到了莫大的鼓舞。我还遇到了一次富有挑战性的表演，那是我们模特队参加四川省《舞与伦比》比赛。报名后才弄清楚，这不是模特表演，而是舞蹈比赛。是否退出？我想起了德国的IGEDO导演墨克莱先生早在1984年来我国时强调：'舞蹈是舞蹈，服装表演就是服装表演，它们是两回事。'为了找到二者的契合点，我们咨询了舞蹈和模特表演艺术家，认识到二者融合是有难度的，但并非做不到。我们这些老模特早已经阅尽人间苦，还有什么苦吃不了呢？于是下决心从头学习舞蹈。在学习与训练中我才慢慢地体会到：舞蹈中的动作和服装是为更好地表现舞蹈的内容服务的，因而舞蹈的形体语言更夸张、更浪漫，也更丰富；而时装表演技能则是为服装的艺术效果服务的，更忠实于生活，更贴近于生活。把舞蹈动作与模特动作有机地融为一体，这真是一道难题！因此，在训练中我们非常注意各自的表演特点，认真把握动作的创意和分寸，既要展示舞蹈动作的适度夸张，又要表现服装的意识和内涵。经过半年不间断的高强度学习、排练，我们中有些人腰椎出现问题，腿受伤、抽筋、膝盖骨疼痛，但大家仍坚持不懈。功夫不负有心人，我们过五关斩六将，终于冲进十强，并获得决赛第五名。别小看这名次！俗话说，隔行如隔山。评委认为，我们把舞蹈与模特动作几近完美地融合，创新了舞蹈表演。这恰恰是我们从舞林高手中脱颖而出的得分点，这绝非易事！"

图1-8　青山不老松　老易养 提供

一位中年记者问道："您以80岁的高龄活跃在T台上，不仅向大家展示了生活的美好，而且向人们传递了蓬勃向上、积极人生的精神风貌。请问高老师，您打算干模特到什么时候？"

图 1-9　风采依旧　老易养 提供

高老师信心满满地说道："生命不止，表演不停。今后年纪更大些了，我不一定在台上表演，可以在后台做技术顾问，做些力所能及的事情。关键时刻，我也可以救场。"

"通过参加模特队的表演，你收获了什么？"一家广播电台的记者见缝插针地提问。

高老师回答道："每当表演结束，观众的掌声响起来时，我就感到自己虽然年高，但还能给这么多人带来欢乐，并且我的师弟、学生们也成功地走上了神州各级舞台，我实现了自己的人生价值。我还结识了很多朋友，收获了友情。"接着他幽默地补充道："当然，我还希望收获爱情。"他停了停继续说道："演出有多光鲜、多热闹，背后就有多失落与孤独。每当演出结束，走在回家的路上时，我多希望家里有个知冷知暖人在等待我，一起分享生活的酸甜苦辣，但往往只有形影相随。不过，我还有个大家庭——青城山'老易养'养老机构和'知识群'的一大帮朋友们。只要有舞台、有朋友，我的生活就充满阳光！"

一个拿着笔记本的记者接过话茬，抢着问道："除了做模特，您还有什么爱好呢？"高老师笑着说："我大学读的是历史专业，喜欢研究人类奋斗的轨迹，阅读人物传记，比如巴金、郭沫若等。此外，还阅读服装、音乐、模特、舞蹈等专业书籍，喜欢跳国标舞，喜欢听音乐、唱歌，既听世界名曲，也听流行曲，尤喜欢邓丽君和小哥费玉清的歌。"说着他随口就来了两句"甜蜜蜜，你笑得甜蜜蜜……"一下子把大家逗乐了。

九、建立中国居家养老的社会服务体系

中国传统的养老方式为居家养老，这也成为人们根深蒂固的养老观念。但到了 21 世纪，我国能够满足居家养老的条件有所变化，一是人口寿命延长和人口增长率降低，加快

了迈入老龄化社会的步子；二是产业由生产效率较低的农业大幅转向高效能的工业化大生产，生产的技术性和复杂性对产业工人的要求大大提高，人们的生活节奏和压力大增；三是国家大力实施城镇化发展政策，使农村人口特别是青壮年劳动力大举迁移到城市定居。社会发展带动了经济、产业、聚居地、文化、家庭结构等一系列变化，原来几代同堂共同生产、生活的传统，到今天已经出现了不相适应的局面。今天的城市老人一般都有独立的经济收入和社保，基本能够自我养老，但相当大数量的“四二一”家庭结构已经难以承载赡养4个老人的压力，由此撼动了几千年沿袭下来的家庭养老方式和观念。今天的老人和子女都面临困惑：“我们如何养老？”“我们如何为父母养老？”

（一）居家养老的现状

带着这个问题，笔者访问了城市和农村的一些老人。

在成都某居民小区，年过70的袁伯伯翻开自己的族谱介绍道，这本族谱是20世纪60年代丢失后，根据长辈们的回忆重新撰写的，上面仅记载了家族迄今五代人的血脉传承历史。袁伯伯的先祖是在湖广填四川时期定居成都的。有记载的第一代曾祖父（19世纪中叶）带着一双儿女在农村大面铺定居后，以石刻为生，并带了一批徒弟，慢慢有了积累后置田40多亩，依靠收租为生。第二代人（1895—1976年）移居城市，仍以石刻为业，但经营拓展到石材贸易。到第三代也就是袁伯伯这代人，出生于1945年的他不再继承祖业，而是进入国有企业工作，其子孙辈均在国有单位工作，成为工薪阶层。袁伯伯回忆，听父母说和自己亲眼所见，长辈们失去劳动力后，无一不是居家依靠儿子、媳妇和女儿养老送终的。20世纪70年代袁伯伯成婚，虽安家在成都，但工作却在雅安，父母主要靠在成都的哥哥姐姐们照顾，自己调回成都后，一直挨着父母住，成为照顾他们的主力。但只要父亲住院，哥姐和侄儿辈都轮班去医院日夜守候，直到90高龄的父亲去世。袁伯伯现已退休10年，有退休金和社保，有住房和商铺，女儿已成家立业，虽同住在成都市区，但住房和经济都各自独立。袁伯伯对自己的养老生活有着清晰的安排，在沿海买了房子，不时去小住，还在成都附近的一养老机构办理了入住手续。他打算能自理时居家养老，不能自理时入住养老机构。

在一个建筑工地，笔者访问了年满59岁的秦大姐。她随丈夫从资阳来成都打工，在建筑工地做些搬运木板等的辅助性工作。提起养老的话题，她回忆道，自己祖祖辈辈都居住在农村，以农业生产为生。祖父母和父母年轻时种地、养猪、养家禽获得生活来源，赡养父母、生儿育女，他们丧失劳动力后，均住在儿子家里，靠儿子和媳妇伺候，家族亲戚多，人来人往看望老人，日子也其乐融融，最后都在家里善终，一代代人都是这样走过来的。但是到了自己这代就有些不一样了。不变的是，自己仍然与年迈的公公婆婆住在一起，像他们孝敬祖父母那样赡养父母;变化的是,自己的一双儿女结婚以后,均另立门户不再同住,后来进城打工、做生意,在城市站稳脚跟后还买了房子,除了过年回家一趟外,一年都见不着几面。自己在老家有房子、有耕地,但进城打工后,房无人住,地白送人种还无人要,像自己这样年纪虽然大但还能工作的老人,有办法的都出来打工了,农村只有年迈的老人和幼儿。自己与丈夫打工几年后,也在城里买了房子。现在自己和一双儿女都在成都打工、做生意并买了房子。对以后如何养老,秦大姐说道:“我们有房有收入,就在家里嘛!”

以上两个案例反映了今天城市和农村部分 60 至 70 岁的老年人群的现状:一是在城市有自己独立的产权住房,经济独立;二是独生子女或两孩家庭,两代人独立居住;三是均为“空巢老人”,并希望家庭养老。

家庭养老是以家庭为单位,家族中与老人有血缘、亲缘关系的人们自愿为之提供经济、日常生活照顾和精神慰藉,使之安享晚年。目前对独生子女、两孩儿家庭来说,如果是没有与子女同住的空巢老人,特别是失去生活自理能力的老人,要实现家庭养老是比较困难的。因为子女成家之后有自己的生活和工作,很难随时在身边照顾。这就给不能自理的空巢老人留下了照顾的空白地带。

有些家庭向社会家政公司购买服务,但服务价格偏高,老人一般难以长期承受;并且服务质量和信誉均难以得到保证,有些家庭请家政公司的服务人员上门做清洁,保洁员要求老人事先把椅子、杂物等挪开露出地面,不能影响拖地,否则会给脸色看或者拒绝服务。这给老人增加了较大的体力负担和心理负担。此外,家政公司服务项目单一,即便有助老服务,但由于缺少专业化队伍,服务意识差、服务水平低、服务质量差,难以满足老年人中不同年龄、不同文化层次、不同收入和不同健康水平家庭的个性化需求。

目前,四川成都城乡充分利用现有资源,创建了 2 414 个社区日间照顾中心,解决了空巢老人无人照顾的困难。绝大多数空巢老人更愿意在家庭中养老,购买社区提供的上门服务。成都市有 60 岁以上老年人 299.8 万人,占户籍人口的 21.4%。中国城乡老年人口状况追踪调查显示,只有 16.1% 的城市老年人有入住养老机构的意愿。绝大多数老年人希望住在家里,享受养老机构的服务,即居家养老,然而现实情况却不尽如人意。

(二)居家养老的特点

居家养老有别于家庭养老,居家养老是老人居住在家里,享受所在社区提供的日常生活照料、医疗健康常规服务和精神慰藉等。目前四川成都居家养老条件尚不成熟,老人所在的社区大多不能为之提供居家上门服务,有的虽有此服务项目,但价格令老人难以长期承受。

当前我国的社区组织一般为辖区居民提供治安调节、环境卫生、文化教育、计划生育管理等服务，有的虽然设有文化活动室，但场地狭小，服务形式单一，难以满足当今老年人群多方面的需求。比如一日三餐、清洁卫生的日常服务，照顾老人、家庭病床的医疗健康服务，文体、娱乐、社交、实现自我价值的精神服务，部分老社区设施陈旧，居住人口混杂，不利于管理和为老年人提供高效的服务。也就是说，社区服务远远不能满足当今老人对物质和文化的需求。

大多数中国老人希望家庭养老和居家养老，这不仅符合我国“叶落归根”的传统思想和文化特点，而且符合中国国情。中国大多数老人未富先老，以城市老人为例，每月有几千元的退休金，如果每月拿出几千元去养老机构养老，要么亏空，要么所剩无几，要么需要子女贴补。有的老人入住养老机构后，一方面要向机构交住宿费，另一方面自己的住房闲置，但又不便出租，否则自断后路，这造成了老人资产闲置。此外，人老了适应环境的能力有所下降，俗话说老人有三宝：老窝、老伴、老朋友。老人入住养老机构后，离开了自己熟悉的环境和朋友，要重新适应新环境、新朋友，这需要较长的过程。

居家养老恰恰解决了上述问题。一是可降低养老成本。老人住在家里，不需额外缴纳住宿费，居家生活开支较养老机构略节省些。二是老人熟悉居家的小区环境，有老朋友、老邻居相伴，心理上更有安全感。

（三）居家养老的问题及对策

目前社区养老尚不成熟，主要反映在以下几个方面。

一是缺乏专业化的队伍。各社区的物管部门所提供的服务根本没有这个功能，也不可能担负这项任务，小区又没有一支专业化服务队伍，志愿者队伍也存在人员的流动性，难以为老人提供可持续性的服务。二是没有经费来源。社区提供服务需要政府提供补助与市场经营结合。三是有的社区日间照料中心提供的居家养老服务只能满足老人的日常所需，比如打扫卫生、送餐等，老人的送医、康复护理、心理服务大多因为服务人员的服务技能、报酬等因素，难以得到满足。

笔者认为，在中国的现行背景下，政府应该抓住时机，大力建设居家养老的社会服务体系。首先，居家养老利国利民。中国老龄化社会将持续发酵到21世纪末，而未富先老也是世界少有的现象。我国老年人群有家庭养老和居家养老的巨大市场需求，并且符合国情和传统，对个人和家庭更具经济适用性。对国家来说，建设居家养老的社会服务体系，即建立老年人日常生活服务体系、医疗保健服务体系、文体活动体系，形成社区养老综合服务体系，使社区成为“无围墙的养老机构”，建设居家养老体系相当于建设“自来水管道”供应渠道，渠道修成，后续的养老事业发展之路就顺畅、平坦了。作为人民政府，应以满足老年人群对生活质量的需求为导向，把需求与供给服务有机结合。其次，政府在资金、人才及资源调配上，应把居家养老作为我国养老事业发展的重点，予以大力扶持。资金来源可以多元化，即政府投入、福利彩票资助、民间公益组织企业和个人捐资结合，将这些资金集中管理，进行市场化运作，培植“造血”功能和机制。再次，创建居家养老服务专业培训及服务中心，创建居家养老服务专业队伍。把政府补贴与市场经营结合起来，对有意从事该行业服务的人员实行免费培训，提高其专业知识和技能，然后定向分配工作，按照劳动强度、难易程度和老人评价等指标进行绩效考核，决定其收入水平。最后，社区要建立养老服务制度，争取国家用房、用地和税收优惠政策。按照老年人群日常生活和医疗照料、居家安全、文体活动的需要，完善服务设施，为之创建安全、功能齐备的居家养老环境。

此外，我国社区养老机构发展不平衡，难以满足现实需求。面对数以亿计的老年人群，中国城乡老年人口状况追踪调查显示，16.1%的城市老年人有入住养老机构包括社区养老机构的意愿，但当前城区社区养老机构规模普遍偏小，除居室外，活动空间十分局促，有的甚至没有活动空间；有的仅有20个左右床位，造成“一床难求”，老人不得不排队等候的局面；在郊区较远的养老机构，因交通不便，导致床位空置，造成资源浪费；有的养老机构由于医护条件限制，只接受健康的老人，不接受半自理和不能自理的老人，不能为家庭分忧；有的养老机构硬件设施、环境条件差，服务水平低，难以满足人们日益增长的生活水平要求，入住率偏低。

针对上述我国养老资源供给不足与利用率低并存，资源短缺与浪费并存的现状，政府部门应该合理布局，科学规划，统筹安排，通过多种途径整合社区、社会组织的各种资源，优化配置。大力发展养老特别是社区养老服务业，对社区提供日间照料、康复护理、助餐助行等服务的机构给予税费减免、资金支持、水电气价格优惠等扶持，新建居住区应配套建设社区养老服务设施，改革完善医养结合政策，扩大长期护理保险制度试点。同时改善养老机构周边的环境和交通条件，促进机构提升硬件设施和服务水平，使养老机构发挥作用，缓解资源不足的矛盾，让老年人安享晚年。

十、综述：让孝道文化世代传承

古代选拔官员有一个重要考核标准：是否孝敬父母。“百善孝为先”表现的是一个人的道德品质。官方的重视，使“孝”文化得到弘扬。相传西汉时期，有一位叫淳于意的医生为富人的妻子治病，但未愈死去。富人状告医生，官府治罪医生于肉刑（往脸上刺字或割鼻子、砍足）。医生的小女知道后，请求与父亲一同进京，之后四处求人写状纸，面呈皇帝，大意是父亲服刑若被割了鼻子、砍了足，就不能健康地活在世上为人治病了。自己愿意为奴,为父亲谢罪。皇帝被女孩救父的孝心所感动,废除了肉刑。自古以来,孝道故事"扼虎救父""怀橘遗亲""卧冰求鲤"不胜枚举。当代,"割肝救母""割皮救父"的美谈也不绝于耳。中国文化得以传承,与社会风气和父母的教导不无关系。

中国几千年的农耕社会将劳动力束缚于土地,形成了世代同堂供奉老人的局面,随着工业化、现代化时代的到来,这种情况逐渐改变。现如今农村青壮年男女已经离开土地,进城打工,并扎根于城市,安居乐业;"四二一"的家庭结构使家庭养老功能逐渐弱化。几千年养儿防老的传统观念到今天似乎发生了动摇,社会养老的呼声挤兑着家庭养老的传统模式。

面对社会变革,家庭结构变化,当代老人应该如何养老?一部分开明的老人已经意识到这辈子要靠自己养老,因为他们看到,自己的儿女们已经承载了太多:超负荷的工作,供房、供儿、供老已经压得他们苦不堪言。作为最心疼儿女的父母,他们早早安排好了自己的晚年生活,乃至百年后事。但是另一部分老人依然固守传统,认为儿女就是应该伺候自己,并养老送终。

再看看社会变化中的当代年轻人,有些在父辈孝敬父母的榜样感召下、在耳濡目染的熏陶中,尊重老人、孝敬老人的观念已经根植内心,把体贴父母、赡养父母看成自己的使命、责任,宁愿自己受累,都要让父母得到无微不至的照顾。而另一部分年轻人则认为,自己身为独生子女,所承受的生存压力和养老育小压力是上一代人无法比拟的,加之家庭结构小型化,对赡养老人更加爱莫能助,加之社会尊老的风气淡化,只能把有限的精力、财力倾向于养育孩子,对养老则能推就推。社会出现"重孩轻老"甚至老人受辱的现象也就不奇怪了。

笔者认为,生物族群"羊有跪乳之恩,鸦有反哺之情",何况高智商的人类。几千年尊老敬老的优良传统应该传承,应该大力彰显。但面对社会变革、家庭格局变化的现实,无论老人还是年轻人都应该相互体恤,毕竟血浓于水。

1. 在新时代,老人要学会做新老人

老人不要把"幸福晚年"全寄托在儿女身上,而是要根据自身的条件和社会的现实以自己的能力来安排自己的晚年生活。管理好自己的健康保健,勤于锻炼身体,有病早治,遵医嘱服药和休息;在家务劳动中,繁重的活儿、爬高擦窗等危险的活儿应避免,可以交给家政服务;在旅游、运动中,不要超出自己的体力,要量力而行;在精神上,不要把儿女探望作为唯一的慰藉,不要指望儿女总在你的身边,不要为鸡毛蒜皮的小事自寻烦恼,要拓宽视野,主动走出门交朋友,参加各种文体活动,上老年大学,在交友与学习各项技能、各种知识中丰富自己的精神世界,找到生活的目标和乐趣。总而言之,培养自己在精神上和生活上的独立能力,能够自己解决或通过社会公共服务解决的问题,不要依赖和麻烦儿女,要替他们着想，儿女面对竞争激烈的工作压力，下班后还有妻子、丈夫、公婆、岳父母、儿女需要照顾，有的还要加班，有的还要社交，有的还要继续学习充电，有的还要照顾双方父母中某位体弱多病者，着实疲惫不堪。所以，新时代新老人的新理念是：心情好一点，胸怀宽一点，身体好一点，少挑剔，少指责，少生气，父母对儿女最大的关心、最大的爱就是爱自己、照顾好自己，少给子女找麻烦。

2. 在新时代，儿女要学会孝敬老人的新方法

除了常回家看看外，儿女还要利用现代多媒体多与父母保持联系；教会父母使用手机、电脑，让他们从中找到乐趣；给父母订阅一份报纸，给他们买两张电影票，给他们订好两张飞机票，或带他们出去旅游，让他们开心。对开明的老人或者想去机构养老的老人，陪他们去参观考察，给他们多一些养老方式的参考。总而言之，以他们能接受的方式，以你能承受的方式，让他们感知他们在你心中的位置。

3. 在新时代，几千年的孝道文化、优良传统要传承

老年人和年轻人的养老观念和孝敬老人的方式要与时俱进，要相互理解、体谅，母慈子孝。老人要减少依赖，学会独立；儿女要真心真意感恩父母，身体力行，树立榜样。让中华民族尊老爱老的优良传统与血脉一并传承，世代绵延。

扫一扫

第二章　养老方式

一、概述

从农耕社会到现代化社会，随着社会转型、产业转型、人口的迁移，中国社会经济发生了根本性的转变，也带来了家庭格局、养老格局、养老观念的深刻变化。特别是实行国家独生子女政策40多年后，我国迈入了老龄化社会，第一代独生子女的父母陆续进入老年阶段，空巢家庭不断增加。中国第六次人口普查数据显示，60岁以上人口占全国总人口的13.26%。如何让过亿的老年人群安度晚年，是中国社会乃至国际社会面临的挑战。显然，传统家庭养老是以独生子女为核心的小家庭难以承载之重。由于家庭养老供养资源明显减少，供养能力显著下降，家庭的精神慰藉功能和日常照料功能弱化，很难适应社会的发展和老年人的需求，最终导致沿袭了几千年的家庭养老单一模式被打破，代之而起的是各种社会化养老方式。

国家大力支持发展养老产业的政策导向，极大地影响着社会养老观念和方式的转变。民政部等11部委颁布了《关于加快实现社会福利社会化的意见》，鼓励民间资本进入养老服务业，尤其鼓励社会机构养老、社区养老、基地养老以及异地养老等新兴养老方式的发展，并针对养老产业的发展制定了优惠政策，鼓励社会民间力量开办各类养老机构。这使人们逐渐接受由政府、社会主导，家庭、个人参与的养老模式。

经过归纳梳理，我国的养老方式主要有以下几种。

（一）居家养老

居家养老（服务）是以家庭为核心、以专业化服务为依靠，为居住在家的老年人提供以解决日常生活困难为主要内容的社会化服务。今天的居家养老与传统家庭养老有很大的不同，它兼顾传统家庭养老和社会养老方式。老人仍然在熟悉的家里和社区环境中居住，但家庭日常照护大多不是由儿女、亲属完成，而是家庭购买由社区组织提供的饮食服务、清洁服务、身体护理、保健理疗、精神慰藉、娱乐服务等上门服务，即生活服务由社区机构提供，精神赡养由家庭成员提供。其优势在于，既传承了中国“故土难离”“叶落归根”的乡土情结和文化，满足了中国老人不愿意离开熟悉的环境、寻求安全感的心理需求，又兼顾了亲情和照护的需要，同时有效利用了老人的房屋资产，大大降低了政府、家庭和个人的养老成本，是一种趋于完美的养老方式。根据中国老年委《中国老年人供养体系》的调查，目前我国每千名老年人只拥有养老机构床位 11.6 张，也就是说只有 1.16% 的老年人能够到养老机构享受养老服务，98.84% 的老年人无论是情愿还是出于无奈，都必然在家里养老。这种养老方式的不足在于，与医养结合的养老机构相比，老人突发疾病时难以得到及时的医疗急救和良好的照护，增加了送医的难度和成本。

（二）社区养老

社区养老是在社区中设立养老中心，让社区中无人照顾的老人得到各种生活照料和陪护服务。其特点是老人以居家养老为主，以社区机构养老为辅。其方式有两种：第一种是居家养老，老人仍然住在自己家里，接受社区组织提供的饮食、清洁、保健、护理等上门服务，老人可根据自己的需要选择服务项目，服务费用由所选项目而定；第二种是社区托老服务，分为全托、日托、临时托管服务。全托服务为 24 小时照顾，提供住宿、饮食、清洁、保健、护理、娱乐等服务；日托服务与全托服务的区别在于不提供住宿条件，服务时间仅限于白天。托管时间不同，服务项目不同，服务价格也就不同。社区养老是民办公助的创新养老模式，社区居家养老的护理及照料服务等经济开支可视条件由个人、家庭或政府、社区提供，具有家庭养老与社会养老结合的优势，避免了老人独自居家的风险，同时又能得到较好的照顾。但社区服务在人性化、个性化服务方面有待加强，日托和全托的硬件设施和活动场地方面有待改善。

（三）机构养老

机构养老指社会各种组织以自主投资为主，依靠国家政策支持为辅，向老年人提供日常生活照料和精神娱乐等有偿服务的社会化养老方式。其特点是为老人统一提供住宿、饮食起居、清洁卫生、生活护理、健康管理和文体娱乐活动等综合性服务。服务机构有较为规范的管理制度，服务人员经过职业化的培训，服务行为规范而统一，服务收费标准公开而透明。老人从家庭独居生活融入机构养老的群体生活，可以摆脱生活无人照顾、疾病无人护理的困境，排解孤独、抑郁的精神困扰，实现老有所养、老有所乐、老有所依、老有所为。同时也能让子女从对老人的日常照料中解放出来，专注地投入工作和培育下一代。

（四）医养结合

医养结合是将老年人健康医疗服务放在突出的重要位置，将护老中心和老年医院相结合，将生活照料和康复关怀相结合的新型养老服务模式。中国老年委的调查数据显示，老年人消费的医疗卫生资源是其他人群的3至5倍。因此,医养结合养老模式最大的优势是:既包括传统的生活护理、精神抚慰、老年文化服务,又突出医疗康复保健服务,其服务内容包括医疗、健康咨询、健康检查、疾病诊治、护理、大病康复以及临终关怀等,囊括了老年人对养老和全方位照顾的需要。但其不足在于,有的机构开办在公寓楼里,没有室外活动场地或者活动场地过于狭小,使老人的户外活动受到局限,此外价格偏高,非一般老人所能承受。

(五)抱团养老

抱团养老是具有相同志趣和特质的空巢老年人群以生活互助、精神同乐为目标聚集在一起共同生活的互助养老模式。有些空巢老人,比如知青、老朋友、老同学、老乡等,针对“参加活动热热闹闹,回到家里冷冷清清”的现状,自发组织起来集体生活,大家既共处一个屋檐下,每家人又有独立的居室,在生活、健康、娱乐方面共同参与、互相帮助,在经济上实行AA制。这种方式的优势在于,大家有着共同的经历和志趣,价值观及生活方式相近,相互了解,自愿组合,既具有家庭式的生活,又满足了抱团取暖的情感需求。但这种养老方式对人群素质、生活习性的选择要求较高;对场地、居室设施条件、退休金额度、为人处世能力有相当高的要求;由于年龄大,照顾患病的老人比较吃力;因不慎引发意外安全事故、因矛盾纠葛引发疾病等后果的法律责任难以界定。因此,政府有关部门需要对“抱团养老”做好管理和服务工作。

(六)旅居养老

旅居养老是“候鸟式养老”和“度假式养老”的融合体,老年人群如候鸟一般,随着季节变化,选择气候宜人、环境宜居的地方短期居住,这是一种“旅游+养老”,有利于老年人身心健康的积极的养老方式。其特点是养老地点随气候而变,地点不固定,居住时间不固定,人群组合不固定,可抱团或以家庭为单位,一边慢悠细品地旅游,一边融入大自然。旅居养老人群一般选择在旅游淡季前往目的地,价格和服务的性价比具有相当大的优势。但这种养老方式对老人的身体状况、经济状况和适应能力有一定的要求。随着人们的生活水平不断提高,养老市场的需求不断升级,旅居养老凸显出广阔的市场前景,极具推广价值。

(七)智能居家养老

智能居家养老既是家庭养老模式的延伸,又创建了全新的家庭服务格局。其特点是依靠高科技远程智能体系,支持老人的生活照料和精神生活服务。老人仍然居家生活,但家里配置了相应的智能设备，老人的手腕上也将戴上如手表一样的微型智能设备，它们将把老人的生活状况、安全状况、服务需求、身体健康指数、情绪波动等信息传输到社区管理中心，管理中心调取储存的老年人个人信息和家庭成员联系方式信息等，根据老人的情况派遣工作人员前往老人家中提供对应的服务。随着科技进步，家庭机器人走入家庭，为老人提供全方位智能服务将成为可能。这种养老方式的最大优势是兼顾了老人居家养老的习俗，既可独居，又可与子女共同居住；既享受新型社会化高科技的智能服务，又享受传统家庭团聚的天伦之乐，不仅解决了我国家庭养老资源弱化的问题，而且符合中国一向提倡的“孝”文化。2015年，我国下发了《国务院关于积极推进“互联网+”行动的指导意见》，居家养老开始朝着互联网模式发展。2017年，工业和信息化部、民政部、国家卫健委联合制定了《智慧健康养老产业发展行动计划（2017—2020年）》，国务院制定了《“十三五”国家老龄事业发展和养老体系建设规划》，这促使智能居家养老模式成为必然趋势。智能居家养老模式不够完善之处是老人家里安装的远程监控系统把老人的所有家庭生活置于监控之中，容易暴露其隐私，从而触犯其隐私权。随着科技发展，相信这些问题将迎刃而解。

当前，随着中国社会转型、产业转型、人口迁移，经济格局发生了巨变，带来了我国养老观念和养老方式历史性、颠覆性的变化，加之国家大力倡导发展养老产业，在这样的大背景下，今天的老人特别是身处大中城市的老年人群，养老观念和养老方式也为之一新，养老不再只有“养儿防老”这一条路，而是有了更多养老方式的选择，国家给他们提供的稳定的退休金和医疗保障是其坚实的养老基石。他们不再当“高老头”“葛朗台”，而是养老财务早规划，能够自理当候鸟，不能自理到养老院；他们不再围绕儿孙、锅台转，而是活跃职场献余热，老年大学学到老，琴棋书画展才情，弄文舞墨写芳华，唱歌跳舞抒情怀，时装走秀扬风采，天南海北看世界，活出新时代老人的精神风貌。

二、居家养老更划算

2018年仲春，油菜花已经变成了油菜籽，由于果实沉重，被早春的寒风吹得无力，横七竖八地躺在田野里。周围其他蔬菜正勃勃生长，田埂边一些不知名的野花竞相绽放，大自然呈现出勃勃生机。

田野旁边是温江的田园绿道，道旁矗立着一个木质亭子，两位头发花白的老婆婆沐浴着阳光坐在里面歇脚，在她俩之间放着两把刚采摘的野菜，看上去水灵灵的，似乎还带着露水。笔者从路旁经过，便走上前去与她们聊天。

“老人家是本地人吧？”

“不是，我们从中江（四川所属县）来。”年纪大一点的老人说。

“中江?”见笔者迟疑,另一个老婆婆补充道,“就是中江县与兰陵县交界的地方。”

“是来玩吗?”

“对,我们在儿子和女儿这里玩儿。”

“什么时候来的呢?”

“正月间就来了。”

“住得习惯吗?”两个老人都笑眯眯、点点头,算是回应。

“你们多大年纪了？姓什么啊?”

年纪大些的老婆婆说:“我姓刘,她姓张;我 88 岁了,她 82 岁。”“哦,简直看不出来啊！你们身体还这么硬朗,思维还那么清晰。”见笔者惊讶的神色,两个老人笑眯眯地你看看我,我看看你,露出很满足的表情。

张婆婆介绍道:“我们是姊妹。”

笔者顺着话说道:“是觉得有点像。”

张婆婆接下来的话令笔者汗颜,她冲着刘婆婆说道:“她是我嫂子,我的儿子娶了她的女儿。”

笔者差点被这复杂的关系绕晕,经梳理后还是明白了:“哦,你们是姑嫂关系,又是亲家关系。对不对?”

两个老人笑眯眯地一边点头,一边同时说道:“对的。我这次就是来儿子这儿耍。”“我来看我闺女。”

这激起了笔者的好奇心,笔者问两个婆婆:“你们有几个儿女?”

张婆婆用手指比画着说:“我有两个儿子,两个女儿。”“我有三个儿子,三个女儿。”刘婆婆也伸出食指、中指和无名指说道。

我发现她不算长的无名指靠手掌的那节骨头是弯曲的,手背上的皮肤薄薄的、皱巴而粗糙,包裹着青筋。在笔者“福气好”的赞美中,老人神色很是自豪。

“老人家,你们是怎么养老的呢?”

两位老人不容置疑地说道:“跟着儿子女儿嘛!”刘婆婆说:“我跟着二儿子住。”张婆婆说:“我在两个儿子那儿轮流住。”笔者试探性地说道:“现在有的老人去养老院养老呢!”

刘婆婆接过话题连连说道:“去不得,去不得！那里每个月要收 1 800 元,我们在家里哪里用得到那么多嘛!”

“是呀,我们在家一个月伙食费就是 500 元。”张婆婆插话道。刘婆婆追补道:“我们那里有一个老人,去了几个月后,又回来了。”

笔者说道:“那里是要多用些钱,但是那里不需要你亲自买菜、做饭、打扫卫生呀!”

两个老人虽然承认这点，但还是摇摇头："是有人管你，但花钱太多了！"

笔者问道："如果你们病了怎么办？"

两位老人毫不迟疑、不约而同地说道："娃娃们管我们嘛！"

笔者问刘婆婆："你每年的收入有多少呢？"

刘婆婆伸出食指说道："1 000 多元。"

张婆婆主动介绍道："我一年就是 2 000 多元。我老头儿是工人，他走（去世）后他单位每个月会给我一些补助。"刘婆婆补充道："我老头子都走（去世）了 20 多年了，收入主要是村里每个月补助一些。她的老头儿也走（去世）了 10 多年了。"

笔者问："那你们经济上要靠儿女补贴咯？"

两位老人点点头。

刘婆婆说："反正娃娃们弄起走（负责我们过日子）就是了。"

笔者问道："你们两姑嫂、两亲家在一个屋檐下与儿女一起过日子会不会闹矛盾呢？"

两位老人对视了一下，张婆婆平和地说："牙齿和舌头还要咬着呢！一家人，说开了，就算了嘛！"刘婆婆笑眯眯地点点头。

两人起身拿着采摘的野菜，沐浴着阳光，迈着蹒跚的步子慢慢向家走去……

三、一碗汤的距离

一碗汤的距离，是指汤从甲地端到乙地尚存温热。人们用此来表达亲人间要保持一定距离，既能相互照顾又各有自由空间。

（一）与子女同住单元楼的贺大伯

贺大伯夫妇似乎早有洞见，买房子的时候就与女儿商量买在一幢楼里，自己住二层，女儿住九层。女儿成家后，已退休的贺大伯夫妇分担女儿的家务，自然"近水楼台先得月"。"琪琪，你妈已给你们打扫了卫生，下次再叫钟点工吧！""琪琪，下班后与志鹏回家吃火锅鱼哈！""琪琪，我买了好多水果，下班来拿哈！"女儿不时接到父母的邀请和美意，但更多时候是不请自来。如果到点不见人，贺大伯夫妇就不时看表，张望楼下，电话催问都是常态。当然，女儿女婿也常给他们带来惊喜，单位发的节日"福利"没少往家里拿，时尚的衣服、营养品、日用品也常孝敬贺大伯夫妇。有几天，只见女儿一个人回来吃饭，贺大伯问："志鹏出差还没回来呀？"女儿拥着父亲，笑着调侃道："没人与你下棋啦？"贺大伯："去去去！"尽管饭席间还是有说有笑，但贺大伯夫妇还是从女儿难以掩饰的蛛丝马迹中得知女儿的"二人世界"近来出现了"冷战"的小秘密，他们也佯装不懂。

母慈子孝，羡煞旁人。每次贺大伯夫妇拖着购物车出去买菜，邻居问起："买菜啊？"夫妇二人都心口不一："哎呀，娃娃下班要回来吃饭的嘛！"语气听起来好像无可奈何，但一脸的灿烂早把内心的幸福感暴露无遗。

随着升级为外公外婆，贺大伯一家人在楼宇的电梯里"上蹿下跳"得更热乎了。外孙女时而在女儿家，时而在贺大伯家，时而女儿举家都在贺大伯家。欢声笑语使平凡的日子过得有滋有味，不亦乐乎。

但有一次，电梯里似乎清净了许多，两家人多日不来往了。原来贺大伯给孩子吃了芒果，而孩子属于过敏体质不能吃。结果孩子身上长出很多红疙瘩，去医院看病，打针吃药折腾了半个月，女儿心疼不已。

加之贺大伯夫妇平时带孩子上街，常迁就她买零食吃，孩子就不好好吃饭，个子、体重都不达标。女儿由此决定，不能让父母惯着孩子，要送幼儿园。贺大伯夫妇见"祸"惹大了，心里也挺委屈，觉得女儿小题大做，便生起了闷气。女婿从中斡旋，一家人的锅碗瓢盆交响曲再次奏响……

（二）抱团养老的廖大姐

有一天，一对老年夫妇牵着一条黄白相间花纹的小狗，悠然自得地走在青城山城郊一条僻静的小路上。我们同行边走边聊，得知68岁的唐氏夫妇退休后与朋友在这里租了一幢当地村民的三层小楼抱团养老。他们有一个儿子，已经成家，虽然没有在一起居住，但相距不远。

笔者试探性地问道："住在一起多方便嘛！"

这似乎戳到了唐大姐的痛点。她说道："哎呀，各人的习惯不同，还是各自住好。以前就住一起，我们习惯早睡早起，早上做好早餐，看见儿孙、媳妇吃得热乎乎、饱饱地出门，觉得能帮到他们心里很开心。但年轻人加了班，或者星期天要睡懒觉，我们做了早饭，放冷了都没人吃，于是气不打一处来，就吼他们：'太阳都三竿高了，还不起床！'他们觉得为一顿早餐牺牲睡懒觉不值得，弄得大家都不开心。"这时小狗来扑腾唐大姐，她便赶开，接着讲述了另一件事情："有时候他们多浪费的。买东西回来，纸箱、包装盒很多，我就存着一起卖给收荒匠；一次邻居搬家，一把好好的椅子就不要了，我抬回来放家里。但他们嫌占地方，趁我不在家，就直接扔了。年轻人不管家，不晓得柴米油盐贵啊！现在各住各的，他们睡他们的懒觉，我们早起我们的；他们喜欢丢东西，我眼不见心不烦。互不干扰，落得清闲自在，关系反而还好些。"

唐大姐唤回走入岔道的小狗，接着说："虽然没在一起生活，但娃娃还是多关心我们的。头次我住医院，儿子媳妇陪着我检查，跑上跑下给我送饭。他爸手机出问题了，一喊人家就来帮你弄。”

小狗发现了一块骨头，赖着不走了，唐大姐去拉。他老伴儿接着说道：“近年，儿子有个工程在这附近，我们就干脆约了几个朋友来这里抱团养老，儿子媳妇来看我们也方便。昨天他们才来了，给我们买了些日用品和风扇，又帮我们把冬天的取暖器、衣服、被褥等东西搬回去。他们也很喜欢这里，还约我们一起在这里买房子呢！”话语间充满了两代人相互理解的融洽气氛。

（三）入住社区的李女士

家在四川省宜宾市的李女士夫妇与儿子媳妇同住一套二的房子。李女士夫妇退休后，把照顾儿子一家的生活当作自己的本职工作，拿出几十年形成的对工作极端负责的精神，买菜做饭、打扫卫生全包，把家务做得妥妥帖帖。尤其是李女士爱干净、闲不住，一日打扫儿子房间时看见几件脏衣服，就顺手洗了。媳妇下班走进小区，远远就看见自己的内衣内裤在阳台上高高飘扬，心里五味杂陈，回家后脸色不佳。李女士纳闷，不明就里。但后来从儿子的暗示、媳妇的旁敲侧击中渐渐明白了。诸如此类的鸡毛蒜皮的小事多了，藏在两个女人心里的肚皮官司也与日俱增，不时爆发的“定时炸弹”弄得家人身心疲惫。

后来，李女士夫妇发现家附近新开了一家“社区养老中心”，优雅的环境，专为老人设计的居室，可心的一日三餐和文体活动场所，尤其是价格合理、离家近的优势，让他们决定入住，把房子让给儿子和媳妇。李女士是这样盘算的：“入住社区，比儿子租买房子性价比都高，何不腾出空间，给彼此一些自由呢？以后儿子、媳妇经济条件成熟了，要租买房子，或者有小孩要我去带，都进退自如。”

笔者沉思：两代人的价值观、生活习惯有差异，难以协调一致。何不保持“一碗汤的距离”各享独立空间，互不干扰，互相尊重，让距离产生美。

四、“互联网＋”养老——新型居家养老实录

居家养老是我国古老的传统，尽管随着时代的发展，它的现实基础已经岌岌可危，但80%以上的老人心中仍然眷念着这种养老方式。然而，传统居家养老也在与时俱进。2018年盛夏，成都郊外老年人聚会，喝茶聊天，话说如何养老。

（一）邓教授：居家养老传承文化

耄耋老人邓教授说道：“去养老机构是一种选择。我正四处走走看看，选择适合自己的养老机构。”他解释道：“所谓适合，指月生活费2 000～3 000元，服务好，附近有医院。”

接着，邓教授话锋一转说道："不过我八十有二，更希望在自己家里养老，有家庭的温暖，到陌生的环境，人生地不熟，容易产生失落等消极情绪。俗话说叶落归根，乡情亲情是中国文化的一部分。所以，居家养老不失为另一种选择。政府不是大力发展居家养老吗？我听说最适合中国国情的养老模式是以居家为基础，社区为依托，机构为支撑，医养结合的养老服务体系。希望有生之年我能享受到新型的家庭养老方式。"

（二）洪女士：互联网＋养老服务

年过古稀，颇有书卷气的洪女士扶了扶眼镜，慢条斯理地说道："我听厦门的老年朋友说，去年他们那里的社区都实现了居家养老服务。我朋友独居，有一天他在小区散步突然被绊倒，小区保安帮他拨打了一个号码，接着就有人开车接他并陪伴他去医院看病，之后还送他回家。由于他脚软组织受伤，行动不便，社区便派人上门给他送来一日三餐，还帮他热敷，照顾起居……这都是社区提供的居家养老服务。当然，他也为此支付了服务费，与请保姆相比还是很划算。我上网查了一下，参加服务的商家已经有近300家，形成了网络，服务内容从家政保洁、到餐饮配送、养老咨询、紧急求援、保健康复、上门送药等都有，只要你有需要，可以直接打电话，就有人上门服务，这叫'互联网＋养老服务'。"她扶了扶眼镜，继续说道："要是我们这里也搞这种职业化模式，那我们就不用为养老操心了。"

（三）庞女士：居家享受社区服务

穿红色丝绸连衣裙，涂红色指甲，庞女士的装束展示出开朗活泼的性格，怎么看都不像67岁的人。"我觉得自己心理年龄不过50岁。养老？以后的事情以后再说。如果那一天来了，顺其自然，高高兴兴地接受。"庞女士一边欣赏着自己的红指甲，一边笑着说。

庞女士喜欢新加坡，不仅仅因为女儿在那里定居，而是在那里的某个社区有很多她学舞蹈、音乐的学生，还有无数武术、太极拳弟子，师生情、朋友缘令她梦牵魂绕。十多年海外生活的经历使得庞女士很喜欢看世界，她去了很多欧美国家，至今难以停下来。她的想法简单：哪里好要去哪里，以后跑不动了就到养老机构或者居家养老。

她说："离开熟悉的家不安逸，跑几十里地住陌生环境不安逸，没亲人、没老朋友不安逸，没好的医疗条件不安全。硬件好、软件差是现在养老机构的普遍现象。因为员工不专业，所以服务质量才没有保证。有的服务人员对老人态度不好，虐待老人，有的老人房间阴暗、杂乱、有异味。当然，也有很好的养老机构，但价格不菲，不是普通人能够住得起的。"庞女士的话，道出了人们对养老机构"高不成，低不就"的普遍心理。

说到居家养老，庞女士说："请保姆照顾是个人行为，对双方综合素质要求都高，否则很难相处。在新加坡，保姆掐老人、打老人事件和偷东西事件时常发生。朋友辞退保姆时，保姆把主人的金银首饰藏在蛋糕里面，直到过机场安检时，慌忙中蛋糕掉在地上，才被发现。”庞女士吐槽请保姆的烦恼，她接着说：“听说政府有关部门正在探索‘打造15分钟养老圈，享受居家，享受社区’的新型居家养老模式。比如公司对服务人员进行职业化培训，对社区居民提供上门洗衣、做饭、清洁卫生、缴水电气费等服务。居民则可购买相关服务，在自己家养老，房子不闲置，生活成本低，更方便、舒适。比如我喜欢唱歌跳舞，可以在家里换若干套衣服，边唱歌、边跳舞，边对着镜子比试，这样的生活充满个性与快乐，况且还有熟悉的环境、邻居和老同学、老朋友陪伴。相对于养老机构，我更喜欢这种居家养老方式。”

图 2-1　庞女士在加拿大郊外　庞女士 提供

庞女士畅想未来眉飞色舞，面对现实则有些气馁。她说道：“我现在每月退休金 3 000 元，可能还不足以支撑那样的生活，但十年以后应该有所增加，到时候我把全部退休金都给机构，吃饭应该够了。”

服务费和医疗费，特别是医疗费中的自费部分庞女士似乎忽略了。经笔者提醒，她才回过神来：“对了，还有医疗费用。”稍停，她胸有成竹、气定神闲地说道：“我已经为将来有所准备。”

（四）郝女士：抱团居家养老

郝女士，重庆人，头发虽然花白，但山城人特有的精干火旺的精神，使她看上去不过 60 岁，比实际年龄小了 10 岁。

郝女士目前单身，加入了一个有 300 多人的微信群，群里主要是中老年人，经常发一些郊游信息、旅游信息。愿意参加的就报名，约好时间和地点就出发，郝女士几乎很难缺勤，祖国的大好河山已被她阅尽，国外也去了一些。郝女士的出行目的：一是玩儿；二是考察养老方式及地点。

目前，郝女士已与四川德仓县一养老机构“私定终身”，吸引她的并非帅哥，而是青山绿水，天然温泉。她古道热肠，已组织亲友前往体验，收获颇丰。眼下，她正在群里招兵买马，希望有更多志趣相投者抱团养老。

谈及抱团养老话题，她认为有两种方式：一是大家一起入住同一养老机构，朝夕相伴，相互照应；二是合租当地人的房子，共同居住，共同开伙，一起玩乐，一起养老。前者的优点是机构包吃包住，大家无经济瓜葛，只图呼朋唤友，抱团玩乐，缺点是相对受约束，价格相对较高；后者的优点是随性随意，行动自由，价格便宜，缺点是生活琐事较多，涉及经济开支易生分歧。

她亮出“招兵买马”的条件：入团会员首先性格要合得来，爱好要一致。合伙生活，分工合作，账目明晰，不苟蝇利，有话直说，干脆利落，坐下来能一起打麻将，站起来能上天入地（去旅游）。

见她那么热情高涨，坐在旁边一直没有说话的刘女士放下手里的报纸，慢悠悠地对郝女士说道：“我不是给你泼冷水，我给你讲一件事情：有一个独居老人，拿出自己一套三室的房子，招募两位老人共同居住，一起养老。来了一个老乡，一个闺蜜。大家轮流买菜做饭，打扫卫生，相互照顾，颇为温馨。一次闺蜜重感冒，另外两位老人端汤送药，细心照料，使闺蜜很快恢复了健康。但时间一久，大家不时遭遇一些尴尬。老人自己打呼噜，影响别人休息；闺蜜用水大手大脚，自来水管常常关不严；老乡节约过度，每次都买打折菜……最终一个多月的抱团解散了。”刘女士干咳了两声，总结道：“这说明抱团首先要求大家要有一定的物质基础，其次大家的性格、脾气、爱好要相投，最后大家的生活习惯要基本一致。要做到这些，也很不容易啊！这叫理想很绚丽，现实很骨感。”

五、“合家欢”照片背后的故事

喜欢摄影的廖先生与妻子刚过满一个甲子，面临着“上老下小”的难题。

廖先生拿出一张“合家欢”照片，指着中间的两位瘦高、头发雪白的老人介绍道：“这是我老丈人和丈母娘，一个 94 岁，一个 92 岁，两三年前他们基本都能自理，但目前很吃力了。”

两位老人看上去比较知性，笔者不禁问道：“他们以前做什么工作啊？”

“老丈人以前在省委党校工作，当处长，是单位的‘笔杆子’；丈母娘也在一家大型国企做会计。两人的共同兴趣爱好是看报纸,关心时事。现在眼睛不行了,但仍不时用放大镜看。"廖先生答道。

"两位老人是在家里养老?还是在机构养老?"笔者关心地问道。

"在家里养老,老人们单独住。他们有两个女儿,大女儿住在他们附近;我妻子是他们的小女儿,到老人家骑自行车需要10多分钟。"廖先生说道。

图2-2 廖先生的"合家欢" 廖云龙 提供

"需要请人照顾吗?"笔者问。

"老人的两个女儿都退休了,自然是照顾父母的主力。"廖先生笑着又说:"这两姐妹照顾父母,用无微不至来形容一点都不夸张。冬天,父母睡到上午11点钟左右起床,因为需要穿的衣服多,她俩轮流去为父母穿,然后照顾他们吃饭……晚饭后,再为父母洗脸、洗脚,帮助他们躺上床休息,一般是晚上10点钟以后才离开。多年来,两个女儿的悉心照顾让父母很满意,而且很依赖,坚决不让请人照顾自己。我的女儿在香港安家,我与妻子轮流到香港带外孙子和在成都照顾父母。如果妻子到香港我就顶替她照顾岳父母。但女婿照顾丈母娘毕竟不太方便,其他家人便说服岳父母请个钟点工照顾他们晚饭后的洗漱、休息。老人终于答应了,但钟点工来了两天,丈母娘就辞退了她,原因是钟点工把洗眼睛的毛巾拿来洗脸,把擦手的毛巾拿来擦脚,很不卫生。丈母娘说自己打水洗漱能行,结果端水洗脚时腰椎骨折,住进了医院,现在妻子的姐姐在医院24小时照顾,我辅助照顾。医生见我们都是60多岁的人了,劝我丈母娘别把家人累垮了。即便这样,丈母娘仍坚持不让请护工照顾自己。为了照顾丈母娘方便,我只好把妻子从香港叫回来,然后我再顶替她去照顾外孙子。”

时隔几天，笔者在路上又见到了廖先生，他手里拎着保温饭桶正急急忙忙往医院赶，笔者问他：“妻子从香港回成都没有？”他笑了笑说道：“回来了，昨天我才去机场接的。后天，我将飞香港带外孙子去。”

图 2-3　女儿为父母做饭并照顾其用餐　廖云龙　摄

笔者问及老人近况时，他皱皱眉头又说道：“这几天，我家里简直是开锅了！三天前，我妻子的姐姐摔伤了脚。说起原因真有点搞笑，那天上午 11 点，她去父母家叫父亲起床，连去了三趟，父亲像个小孩似的任性道：‘不起来，还想睡会儿！’姐姐只好迁就老父亲。这几天成都一直下雨，姐姐在最后一趟去老人家的路上滑到，右脚软组织受伤。主力倒了，家里全瘫了：一是姐姐事先预约专家做白内障手术，遇到了行动不便的问题；二是家里的老父亲无人照顾；三是医院里的丈母娘没人照顾；四是我妻子当时还没有从香港回到成都，我这个女婿只好打冲锋，家里照顾岳父，医院照顾丈母娘。幸好昨天我妻子回来了，多了一个帮手！但后天我一走，我妻子就惨了，该她打主力了。”

听完廖先生一席话，笔者在他眼里看到了对妻子的心疼，看到了无可奈何，看到了迷茫。深深感到在当今时代，60 多岁老人的艰难处境：自己已进入老年，身体或多或少有恙；但上还要照顾年迈父母，下还得带子女的孩子（有的甚至还要去异地带子女的孩子）。如果说年轻时为工作、抚育小孩而忙碌，那么年老时则为儿女工作分忧，为供奉父母、隔代抚养疲于奔命。自己上山下乡吃苦不少，到花甲之年仍奉献于社会和家庭，颐养天年似乎遥不可及。

笔者给廖先生建议道："你们何不住在老丈人家，照顾起来更方便些。"

"我还要照顾我80多岁的母亲啊！她也是独居。"廖先生继续说："我每次去给她打扫卫生，都会弄些吃的放在冰箱里，好在她可自理。"廖先生的话让我大跌眼镜，没有想到他还有这么多使命。但笔者曾在"合家欢"照片上看到每个人的脸上都洋溢着幸福的微笑。

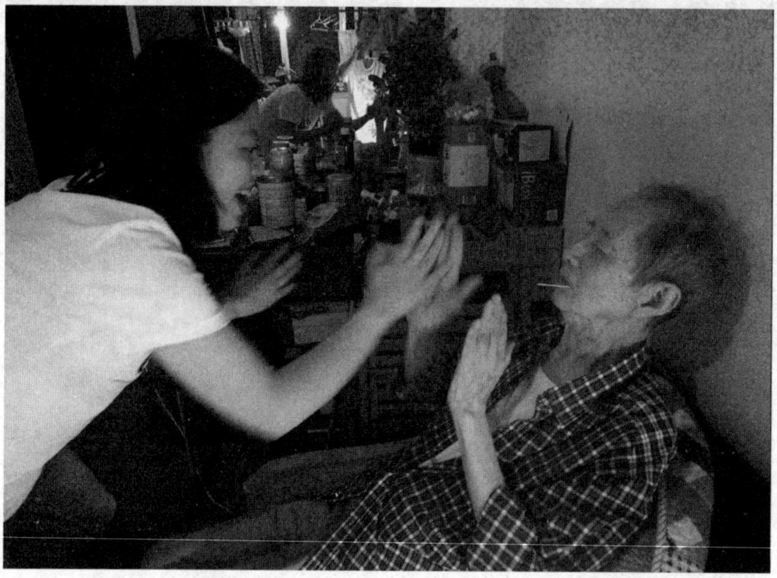

图2-4 廖先生的岳父与外孙女一起做游戏 廖云龙 摄

六、叶落归根，倦鸟归林——返乡养老

2018年"五一"黄金周的一个中午，仲春的阳光洒在青城山"老易养"机构的走廊上，四周静悄悄的，老人们要么出去游玩，要么正在午休。笔者在三楼遇见独自扶着栏杆发呆的老人。经过交谈得知，这位70岁的韩婆婆来自贵州，家有儿子、媳妇和孙子。她之所以来这里，是因为老伴去世，所以与两个妹妹相约来此养老。

据韩婆婆介绍，自己老家并不在贵阳，而在成都。她家有兄弟姐妹7个，都在成都附近的郊县工作并安家了。她是因为工作才到贵阳的。她先在一家企业工作，后去子弟校教语文，再后来学校合并到市里，待遇也提高了。老伴去世后，兄弟姐妹常常邀请自己去玩儿。后来三妹和七妹打算到青城山"老易养"机构来，她也就来了。

"来这里的感受如何呢？

"老人不愧是教师，说话很有条理，她从吃住行三个方面向笔者介绍道："这里的空气与我们那边差不多，都很好。但在家里总要去买菜做饭，在这里一日三餐只管吃饭，不用洗碗，还免去了打扫卫生等杂事。住的条件也可以，但因为现在外面在拆除楼房，噪声比较大。有机会我要换到其他区域去住。”

笔者插话问道：“要离开‘老易养’？”

“不是。‘老易养’在青城山有40多个点，我可以到其他点去住，在这里可以自己选择驻地。这是他们租当地农民的农家乐改建的。‘老易养’每天还有两趟班车从青城山对开成都，在这儿住的老人都可以享受免费坐车。”忽然老人脸上荡开了笑容，眼睛发亮地说道：“我去年入住这里后，就与妹妹参加了‘老易养’组织的泰国等4地旅游。这里的小伙伴（机构服务员）很好，照顾得也很周到，加上同行的都是‘老易养’的老人，也就不担心人身和财产安全了，今年我又报名参加了福建的旅游，准备今年多走几趟，力争超过去年。”

“那这辈子就在这里扎根养老了吧？”

不料，老人的回答却出人意料。韩婆婆说道：“这些年我会在这里与妹妹们一起玩儿，但以后动不得了，还是要回贵阳去。”

“你一个人回去干吗？成都是你故乡，兄弟姊妹都在这里多好啊！”笔者说道。

韩婆婆深情地说道：“贵州还有我儿子、媳妇和孙子呢！”她补充道：“我每年春节都是回贵州与儿子一家人一起过年的。”

“那不是很麻烦他们吗？”笔者不解地问道。

韩婆婆眼睛看着远方，语气慢慢地、轻轻地、不容置疑地说道：“还是要跟着他们过。”

她似乎在解释又似乎自言自语地继续说道：“我在这里除了妹妹们，不认识其他人。我在贵州邻居、街坊以前都是一个单位的，出门就能遇见熟人，彼此认识、了解，毕竟大家在一起几十年了，加上还有儿孙在一起，我的大半生也是在那里度过的，所以已经习惯那里了。”

七、金窝银窝不如自己的狗窝——入住养老机构的老人对话录

2018年仲夏的一个傍晚，在成都郊外高耸入云的大厦前的宽阔广场上，摆放着许多盆栽植物，五颜六色的鲜花在夏风中摇曳，同时还摆放着许多休闲桌椅，有10多位老人散坐在此纳凉，穿着浅蓝色衣服的工作人员在四周陪护着。

其中在坐轮椅的老人人群里，有一位头发雪白、着咖啡底色白花图案上衣、下穿一条天蓝色裙子、脚穿一双平底便鞋的老婆婆正轻轻扶着助力器械，身姿挺拔地站立着，衣裙随夏风飘动，格外引人注目。当笔者与她聊到身高时，老人露出了骄傲的神情，笑着说道：“我现在变矮了，才1.63米。年轻时我1.67米呢！”

笔者顺势问道：“老人家高寿？”

“91 岁。”老婆婆声音清脆地答道。

笔者惊讶,僵在原地愣了很久,才真诚地感叹道:“感觉你最多 70 来岁。”

老人很高兴,笑眯眯地继续说道:“我退休前在企业搞管理工作,为支持当地建设是从东北过来的,这一住就 70 年,5 个儿女都在这里出生、工作和安家。”

我故意问道:“这么多儿女为什么要入住养老机构呢?”老人脸色一沉,迟疑了半晌才说道:“三个在外地,两个在本地,他们有他们的事情呀!”

“您自己有房子吗?跟儿女一起住吗?”

“我有自己的房子,原来跟着女儿住。”老婆婆说。

“后来呢?”笔者追问道。

“后来她们夫妻俩经常出差,外孙子又住校。我和老头子身体都不好,在家住女儿不放心。”她看着我,慢慢地叙说道。

“是自己要来的吗?”

“是他们送我来的。”

“为什么要送你来呢?”

“我生了一场大病,需要照顾。老伴身体也不好,我们请了保姆照顾,嗨,别提了!”老人神情黯然。

稍后,老人继续说道:“保姆开始还比较勤快,时间一久,见我老伴能够协助她做些事,就干脆指使他去干这干那,老伴担心得罪保姆,自己就闷声尽量去做,后经劳累也病倒了。”

老人停了停,继续说道:“后来女儿又先后请了几个保姆也都不让人省心,再后来女儿打听到了这家养老机构。来了以后,这里全新的养老方式很适合我们,感觉也不错。说相见恨晚,一点都不夸张。”

不等笔者提问,老人自言自语地说道:“千好万好,最要紧的一点就是有人照顾我们了,不用麻烦儿女,也不用他们担心了。在这里我们过得舒心。”

“怎么个舒心法呢?”笔者追问。

“不用做饭啦!”在旁边坐着纳凉,穿着蓝色翠花衣服的老太太接过话茬说道,“以前在家做饭,经常吃剩饭。到这里来后,一日三餐都有人做好,到时间就去吃,再也不用吃剩饭了,哈哈哈……”老人爽朗的笑声感染了周围一起乘凉的老人,大家七嘴八舌,你一言我一语地“摆起龙门阵(闲聊)”。

“这里每天的伙食讲究哦!不是胡吃海塞吃饱就算。”一位瘦瘦的长者说道。

“怎么个讲究法?”笔者插话道。

“人家都是经过营养师搭配的,这种元素那种元素都要有!”长者炯炯有神的目光,从眼镜的上方注视着笔者说道。

“口味比较清淡,很适合老年人。”一位婆婆扁着没牙的嘴巴慢慢地说道。

“荤素搭配好是好,就是肉少了点。”坐得稍远的一位胖老人冷不丁插一句,被身旁的老伴狠狠地瞪了一眼,怼了他一句说:“就喜欢吃肉,还要肥的,血压爆表你才安逸啊!”老人低头闷声不语。

“这里好耍!”远处一位看上去颇有文艺范儿的老人走着一字步,双手一抬,在空中划出一个舞蹈动作,走过来拍着一个与她年纪差不多的女士的肩继续说道:“唱歌、跳舞、打麻将、下棋、画画、做手工、时装秀任你选,喜欢啥子做啥子,还有人教你呢!”

“严老师是我们的模特领队。看,这是我们时装表演的照片。”被拍肩头的女士拿出手机,翻出几张照片,只见上面几位老人身着各色旗袍,轻摇罗扇,摆出造型,还挺有范儿的。

另一位老太太指着拿手机的女士介绍道:“这是我们手工课老师。那次我做了几支纸花,还卖了十多块钱呢!”

坐在笔者身旁一直没有吭声的老爷爷终于找到机会发声了:“这里跟其他养老机构不一样,别看我们也住在高楼里,但只要不下雨,护工每天都要带我们出来‘放风’。”

轻摇着芭蕉扇子的另一位老爷爷,立刻给他怼回去:“啥子‘放风’?你以为你是《红岩》小说里关在渣滓洞的英雄嗦?你还不够格呢!我们是出来透透新鲜空气好不好?”两人眯起眼睛笑了起来。

“这是实话。来之前我去看过有些地方的养老机构,也是楼房,人整天都关在里面闷死了!我们这里确实好,只要不刮风下雨,每天都会送我们到小区的花园里走走,沾点地气,看看青青的草坪,五颜六色的花儿,人都精神了许多。”

“前面就是公交车站,我时不时乘车进城去买药。”一位头发花白的老婆婆笑眯眯地介绍道。

“胆子大,听说你还公交转地铁呢!”旁边的老爷爷把扇子“哗”地往手心一收,盯着老太太调侃地说道。

“就是,那次我还跟她一起进城呢!”旁边穿着褐色短袖的老婆婆有些得意地说道。

听见他们的对话,周围的老人有的抿着嘴笑,有的捂住嘴巴还是笑出了声,打趣道:“83(岁)带87(岁)!”

“你别说,在这里住久了还真想回去看看。”

“是嘛,哪怕住一晚心里也踏实。”

“就是不住,看看也安心!”

“说句老实话,这里比家里的条件好。冬暖夏凉,有吃有喝,有玩有乐,有人伺候,但觉得还是没有家里方便。”一位微胖的老太太说道。

“是呀,就说被子吧,在家里冬天盖厚被子,春天盖春秋被,夏天盖毛巾被加凉席;在这里,只有厚薄两床被子,一年四季用床单。哪儿有家里安逸嘛!”另一位老太太接过话茬说道。

“上次,我叫儿子开车给我搬来了好多东西,自己又陆续拿了些东西来。”

“我的家几乎都搬来了。”

听见几个婆婆叽叽喳喳,几位爷爷开始反攻,坐在轮椅的老爷爷首先发难道:“哎,这里包吃包住,你们要那么多东西干啥嘛?”

另一个拄着拐杖的爷爷,毫不客气地揭底道:“说是拿东西,其实是找个借口回家一趟吧!”

“金窝银窝不如自己的狗窝嘛!”

“狗窝回不去,看一下也安心。”这句话似乎产生了共鸣,老人们安静下来,有的抬头遐想,有的低头沉思,有的直愣愣地发呆……远处隐隐约约传来隆隆雷声,地上树叶被风刮起沙沙作响。护理人员纷纷来到老人们身边,推轮椅的,搀扶的,跟随的,照顾着老人们往电梯公寓方向走去……

八、机构养老路漫漫

40 多年没有见面的中学同学终于见面了,感慨最多的还是“老了”“岁月不饶人”,在众多话题中,自然涉及养老。

从一家银行处级干部的岗位上退休、家居成都的符同学说道:“有一次,被朋友邀约去参观一家高档养老机构。看到那里的房间、书画室、琴房、健身房、游泳池、医院、庭院,觉得尽善尽美,很动心。但是想到家里八九十岁的父母和婆婆,想到姊妹和侄儿侄女经常来看老人,一家人在一起其乐融融,加上已在三亚、昆明等地买了房子,一家人说好了抱团、旅居养老。我更喜欢这种养老方式。”

“去养老院养老?不去、不去!”陈同学一边晃荡着脑袋,一边说道:“去那里天天看见的都是白发苍苍、垂垂老矣的人,特别是患痴呆症、残疾的老人,简直不忍直视,会给自己不良的心理暗示。”

嘴角有些化脓的王同学朝嘴里塞了一颗青果,说道:“我给你们讲一个我老朋友的亲身经历。她姐姐没有生育,抱养了丈夫弟弟的儿子,视如己出。儿子长大后很成器,在一家国企当高工,后来当了老总。因为异地工作、安家,儿子常将父母接到身边侍奉,但婆媳不合,父母只好回家。父亲去世后,老母独居。儿子便把自己的小女儿田田送到母亲身边,照顾她的饮食起居。一转眼,母亲年近百岁,田田的女儿高考在即。此时母亲虽然身体硬朗，精神很好，但意识有些模糊，常常唠唠叨叨，颠三倒四，令人哭笑不得。这边田田的女儿要高考，争分夺秒，日夜鏖战。田田夫妇亚历（压力）山大，还得强忍。有人建议送老人去养老院，已经退休的儿子不是没有考虑过。其实他的女儿、外孙女与母亲同居一个屋檐下，代沟早就存在。但根深蒂固的传统观念，加之自己是抱养的儿子，更多了一层顾虑，故没有采纳。但时至今日，事关田田女儿的前程，儿子不得不将母亲送往养老机构。”王同学咽下青果，见大家凝神关注下文，故意卖了个关子，慢条斯理地端起茶杯，呷了一口才继续说道：“母亲去了养老机构后，儿子经常打电话问长问短，但母亲耳背，只好由田田夫妇代为致意，老家亲戚多，隔三岔五就有人去看望。但时间一久，人们发现老人情绪渐渐低落，身体也渐渐虚弱，在家里可以从三楼到一楼散步，可以唠唠叨叨不停，但这时只能在室内走走，再到后来只能坐在床上见客，话也少了，目光呆滞。两年后，102 岁的母亲驾鹤西去……”

沉默，直到一位女同学招呼大家喝水才被打破。

接着，当年的文体委员赵同学分享了自己的故事，她说：“我妈妈今年 96 岁了，伺候她的都是女儿，并不是得到她全部房产的二哥。我父亲去世后，母亲在身体很好的情况下就把家产分割了。我妈名下的一套房子和两间商铺全部给了二哥，他是我家唯一的男孩，我们四个姐妹啥都没有。我们姐妹倒也不计较这些，知道我妈妈从农村出来，历来重男轻女。我二哥做生意几乎败光了家产，又是‘妻管严’。看母亲在他家晚年过得不愉快，我们四姊妹就接她到各自的家里轮流居住。现在母亲年纪大了，就住在我幺妹家。母亲身体一天天衰弱，完全不能自理，都靠我们照顾，我们慢慢也觉得精力不够了。我母亲既不接受请人照顾，更不接受去养老院。我姑妈以她在养老机构的亲身经历告诉她如何如何好，但你们猜她咋说？”见大家摇摇头，她说出谜底，“我妈说，你们明天送，我就今天死！”

班上年纪最小的吴同学讲述了亲戚去养老院的经历，她说道：“我婶婶去的养老机构在郊区，收费倒是便宜，1 800 元 / 月，但条件比较差。那里的房间有两人间、三人间和四人间。有的房间光线不足，加之房间里东西多，又杂乱，散发出一股异味，别说住进去，看都不想多看一眼。我婶婶住的四人间，虽然每个老人各自有一个柜子，但老年人难免犯糊涂，有时候把自己的东西放到别人的柜子里去了，或者到别人的柜子里去找自己的东西，为此闹了不少误会。这些养老院想得不周到，管理不细，把柜子漆成不一样的颜色不就区分开了吗？再说，养老院的柜子普遍偏小，老人的很多东西在房间里堆得乱七八糟，居住环境差，很影响心情。”

“养老机构普遍硬件设施好，但服务的软件就不行了。”已经入住一家国有养老机构的学长老大哥说道，“养老机构的工作人员并不是按照你的需要提供服务，而是按照她的工作安排提供服务。你提出什么要求,还得看她空不空。总之是她来安排你,而不是你安排她;只有共性服务,缺乏个性化服务。你如果想请服务员帮个什么忙,要看她空不空,或者她口头答应,但拖延不办。时间一长你就懂了:这些是要申请单项服务的,是要给钱的。热情周到的服务是向'钱'看的,哪里是真替老人着想哦!"老大哥喘了几口气,慢慢地接着说道:"你们听说没有嘛?长春一个养老机构虐待老人。岂止是长春,民间机构有个调查说,不到9个月,有500个养老机构虐待老人。内蒙古一个老人托管中心的4个老人被活活烧死,养老机构中老人自杀的事情多了。养老这事,不仅要形成社会尊老的风气,最重要的是政府要拿出钱来办养老院,此外,还要有专业质量标准,对从业人员进行职业道德素养和专业技能培训。"

九、到能照料自己的地方去养老

常言道:"金窝银窝不如自己的狗窝。""在家千日好,出门一时难。"一句话:家里好!家有亲情,家有自由……但空巢老人的光景也会显得无奈:

91岁的李爷爷在家吃饭,儿子和媳妇喜欢吃硬饭、辣椒菜,得给他另做一份;

80岁的黄婆婆在家里洗澡滑到,摔断腰椎,医院一住就是半月;

88岁的杨爷爷家住老式楼房4楼,上下楼不方便,儿女也不准"冒险",居家如同囚禁;

71岁的任婆婆在家带孙子,婆媳方法不同,常打肚皮官司,让最爱的人"内伤"不轻;

……

去了养老机构,一日三餐,清淡、软和的俏荤菜让李爷爷吃得连连点头。

去了养老机构,淋浴间有扶手、专用淋浴椅,洗澡、洗头有护工帮助。黄婆婆说:"早点来,就不遭罪了"。

去了养老机构,护工每天陪伴踏青、玩耍。杨爷爷笑道:"终于可以到处走走了!"

去了养老机构,每天到点吃饭,上午唱歌跳舞,午睡后吆三喝五打麻将。任婆婆说:"不看人脸色,心里特别舒畅。"

走进养老机构,仔细瞧瞧,老人过得好不好?

(一)饭菜好吃,人情味浓

说起吃,杨婆婆笑得像个孩子。"吃了第一顿饭,就决定住在这儿了!"住在成都闹市区晚霞社会养老服务中心(以下简称"晚霞家")的91岁老人杨婆婆如是说。她的儿媳妇更直接地说:"我家就在附近,花钱来这儿养老,就图不做饭,不洗碗,不吃剩饭。"

"包括我在内,我们这儿有三个特殊老人,沾油就拉肚子。张师傅就给我们开小灶。

我们几个一直没闹肚子了。”黄婆婆笑着说,“我朋友问我,最近没听说你去医院了呢? 我以前在家,半年内要去医院好几次,有时候还住院。”

“开小灶另收费?”

“不不不,没有的事情!”黄婆婆把头摇得像个拨浪鼓。

一旁的杜婆婆说:“上次我住院,李站长还每顿饭送到床前,就算医院近也要专门跑一趟。我以为要加服务费,李站长开玩笑说:‘要给钱,就不送了哟!’”

(二)突发疾病,有人送医

20 世纪 50 年代,袁婆婆毕业于北京钢铁学院(现北京科技大学)和中国人民大学,退休前从事钢铁设计及行政管理工作。知识女性的理性和走南闯北的见识,使袁婆婆拥有独立、自理意识。虽然老伴归西,自己年过 80,但仍坚持独居、自理。儿女要给她请保姆,她不要。一天,袁婆婆独自在家忽觉头晕,醒来一看,自己躺在冰冷的水泥地上。她努力回忆:啥时候躺下去的? 怎么躺下去的? 没有答案。她慢慢爬起来感觉好好的,于是就当在地上睡了一觉,也没告诉儿女。一日,故伎重演,她想挣扎着爬起来,但腰杆像断了似的钻心地疼,并伴随着胸闷、胸痛。“哗啦(钥匙拧门声)”,女儿来探望母亲,眼见此景,惊吓不已。于是女儿急送她去医院,经诊断腰椎骨折,应立即住院。女儿总结教训,要求母亲要么请人照顾,要么去养老机构。

保姆来了, 24 小时照顾袁婆婆。保姆人也还勤快,照顾老人也比较周到,袁婆婆及家人很高兴,对她尊重有加。有天傍晚,女儿探望袁婆婆刚出门,遇到推销自来水净化器的人上门了。第二天女儿再来,见厨房里水龙头上多了一个东西。女儿一问才知,袁婆婆花了 1 300 元买的净化器。袁婆婆说:“迷迷糊糊,好像是掏了钱。”保姆说:“婆婆非要买。”

套路深,防不胜防。结束居家养老,袁婆婆来到了养老机构,有人管吃管喝,出门散步有人关照。“袁婆婆,小心点走哈!”关心的话语,春风般的笑脸,使得袁婆婆觉得自己在这儿像块宝。有一次,袁婆婆半夜心脏病突发,一按呼叫器服务员立马来到床前,值班医生来了,救护车也来了。到医院经抢救输液,袁婆婆方才缓过来。医生说:“幸好来得及时!”袁婆婆眼里充满感激,儿女如释重负:“幸好养老机构送医及时!”

(三)“家”有“闺女”如穿小棉袄

不管买菜做饭,不洗碗,只管到点吃饭;不做卫生,不洗衣,只管享受洁净;不栽花养草,不浇水,只管欣赏花红草绿;不做家务,不操心,还受人尊敬。来养老机构的老人们找到了享受服务的感觉。没想到,除了儿女外还有人给清福享,这出乎大多数老人的意料。

“黄婆婆,你回来了呀,慢点慢点!”私家车稳稳地停在地处成都闹市区晚霞社会养老服务中心(以下简称“晚霞家”)门口,李站长边说边上前扶正下车的黄婆婆。“就像回家,闺女来迎接一样,心里暖啊!”黄婆婆感慨道。

“闺女”“温暖”在“晚霞家”使用频率很高。老人喜欢把管理护工的李英称为“闺女”。这家由社区引进的民营微型养老机构,仅有20张床位,但排队等待入住的老人却排了100来号。原因有三:一是离家近;二是住平房;最为重要的是“家”有好“闺女”。

图2-5 “闺女”李英站长与黄秀英老人聊天 林雪 摄

如果天有微雨,“闺女”会巡视房间并叮咛老人别出门或让护工扶着走;晚上,老人洗脚“闺女”会问水热不热?一天,陈婆婆洗脚时,脸上表情怪怪的。“闺女”火眼金睛蹲下一摸——水太凉了!“将就,将就。”陈婆婆道。“闺女”亲自打来热水给婆婆洗脚,暖流从脚流遍全身,陈婆婆眼角泪光闪闪。

平时有志愿者来访,也会送来食品慰问老人。“闺女”会在两排平房中间摆上桌椅,围坐在一起的老人们一边聊天一边享用。“仿佛回到了大院坝的生活。”老人们触景生情道。

两人标准间住着马婆婆,不久来了梁婆婆。马婆婆不喜欢梁婆婆,原因是梁婆婆爱起夜,影响自己休息,称坚决不再“同居”。无奈,“闺女”腾出自己的休息室来分开两人,这才相安无事。但李站长自己住进了仓库,满身起了红疙瘩。知情的老人知道后说:“闺女受委屈了。”李站长也是当奶奶的人了,为了全身心照顾老人,离家远的她就索性住在这里。护工们私下说工作中受了委屈,需要时间调节心理。但李站长似乎不需要,曾经与丈夫一起伺候过双方父母的她颇知个中滋味。为老人幸福,为老人的儿女分忧,她心甘情愿当老人们的好“闺女”。

老人们是幸运的,遇到了一位体己的好“闺女”。俗话说老有所养、老有所乐,但前提是要得到家人的尊重。如果老人在家被忽视、被嫌弃,甚至受到伤害,那还不如去养老机构享清福。因为被尊重是老人最基本的尊严。

十、专业照顾胜过亲儿女——“老易养”见闻实录

在四川青城山脚下,笔者走入一条僻静的街道,绕过白墙黛瓦的围墙进入一个园子。园子占地七八亩,中央一个约三亩的湖如翡翠镶嵌在这块土地上,石板桥通向湖心,亭台

图 2-6 “老易养”湖水 老易养 提供

水榭,小桥流水。湖水清冽,几尾红、黄、白尺余长的锦鲤,悠然地觅食,浮浮沉沉。湖四周种植了不少柳树,微风一起,青丝万条尽显婆娑身姿,水面上涟漪荡漾,波光粼粼,清人眼目。老人们或钓鱼,或养神,或聊天,一派怡然自得的古典画卷,这园子正是“老易养”养老机构的现实图景。笔者暗自思忖:是什么原因让老人们不待在家里,来这里聚首?怀着好奇,笔者与他们聊了起来。

(一)吃合胃口

一位老人正在欣赏湖中景色,笔者说出了自己的疑惑。老人微笑着说道:“喜欢这里,是因为饭菜对胃口:口味清淡、软硬合适、荤素搭配符合老年人的营养需要。”当过小学校长的百岁老人伍剑秋婆婆回忆道:“来这里之前,我与儿孙住一起。尽管他们照顾我的口味,但餐餐照顾也难。他们吃麻辣的,我就少吃点,吃饭不均衡对身体不好。”据了解,像伍

婆婆这样，吃了第一顿饭就留在这里，一住就是几年的老人不在少数。80 多岁的张婆婆就是其中一位。她家住成都市区，有宽敞的住房，有孝顺的晚辈伺候，有五代同堂的福气，过着颐养天年的幸福日子，但她认为“在家啥都好，就饭吃不好”。

图 2-7　百岁老人伍剑秋　李颂玲 摄

正在低头玩手机的何大姐抬头说道：“我在青城山买了房子，离这就七八分钟的路程。因为在家买菜做饭麻烦，剩的饭菜舍不得倒，吃了又容易生病。所以我来这里就图不做饭，而且一天要吃 13 种蔬菜，在家里根本做不到。”

图 2-8　“老易养”的幸福滋味　卢艾琳 摄

（二）住得幽静

俗话说："金窝银窝不如自己的狗窝。"但百岁老人伍婆婆说出了自己的感觉："我在这里住，睡得比在家里还香。"她分析道："这里空气好，负氧离子多；安静，没有人打搅。大家都是老人，起居时间一致。家里老少同一个屋檐下，作息时间不一样，相互干扰。"她在这里一住就是两年多。

"为啥喜欢住这里？你喜欢城里的钢筋水泥还是青山绿水？你睡觉喜欢汽车叫、娃娃闹还是清清净净的？"性格直率的曾女士自问自答地说道："我家住市区，出门就是高楼大厦。一到夏天，四面高楼的玻璃幕墙反射的阳光把我家变成了烤箱，桌子、板凳、床都是烫的；半夜三更，汽车还川流不息，喇叭声不断。老年人本来瞌睡少，这样就更睡不好，弄得人毛焦火辣。这里是国家5A风景区，开门就能看见四周的青山、树林、田坝坝，小河水哗啦啦地从门前流过，就像我小时候生活的环境。而且这里负氧离子多，对我的肺心病恢复很有好处。"

（三）交通便利

"现在从成都去'老易养'方便咯！原来有点恼火哦！"四年前第一批入住"老易养"的元老，身体微胖、年近70岁的蒋爷爷笑眯眯地回忆道。

青城山距成都大概有70公里，自驾车走高速公路一个小时可到，坐高铁30分钟可达，交通便利。高铁站到"老易养"有1公里路，老人们出行很不便。董事长杨晓峰拍板买了三台大巴车，每天从成都市区到青城山"老易养"对开两趟，根据需要还可随时加开班次，交通难题迎刃而解。一位刚走下大巴车的黎老婆婆说："在家门口上车，在'老易养'门口下车。有时候我们和子女之间要带点东西，交给司机就成，方便！"就冲着这点，来"老易养"的人数陡增。

（四）服务暖人心

正钓鱼的老爷爷微笑着，慢悠悠地说道："我女儿就在一家养老机构工作，那里环境也好，但服务无法与这里比。这里的小伙伴（服务人员）服务主动热情，更周到贴心。"

说起"老易养"，伍婆婆眼里流露出真情，情不自禁地说道："这里是一个温暖的大家庭，我看见的都是一张张笑眯眯的脸，听到的总是暖心的问候语。天冷了，喊我加衣服；下雨了，喊我不要出门。我成了这里的宝，心情格外好。"

吴家惠回忆到，2016年5月18日半夜，天突然刮起大风，我老头子突然喊心口痛，我急忙呼叫"小伙伴"，不一会六七个人火速赶到，抬的抬，扶的扶，开车把他送到青城山镇医院。由于他病情严重,医生叫紧急转院。他们又赶了40多公里来到成都市三医院。医生诊断后说:“老人突发脑梗,大面积心肌梗死,并伴随着心衰,幸好送来及时,要不就没治了!”由于事发突然,我的娃娃还没有赶到医院,“小伙伴”们就陪着老头子治疗,办了各种手续还垫付了医药费。凌晨5点过,我的娃娃赶到医院,“小伙伴”们才离开。在老头子住院的时候,“老易养”的领导和“小伙伴”们还多次来看他,给他鼓劲,使他有了生的信心。一个多月后,老头子要出院了。医生问他出院后,你回自己家,还是儿女家?他当时还不能说话,艰难地写道“晓峰家”。医生问:“你儿子家吗?”老头子点点头。医生又问:“晓峰是哪个?咋没有见过?”我说:“是我儿子。他管了几千人,忙着呢!”老头子说的晓峰家就是董事长杨晓峰创办的“老易养”。那年我老头子两次住院,三次抢救,每次都是“老易养”第一时间送到医院和陪伴的。照理说,我们应该给他们护理费,但他们说什么都不收。除了这些,有的老人身体不好,着急要从城里带药来,“小伙伴”就专程开车帮他们。说实话,连自己的亲儿女,都没有这么周到啊!

图2-9 关心、贴心、暖人心 老易养 提供

吴婆婆补充道:“我老头子80多岁了,开始不愿住养老机构。住些日子后,他发现这里山好,水好,人更好。领导和‘小伙伴’们多来自雅安、青城山的农村,有着山里人特有的淳朴劲儿,那种真诚让人心里有回家的踏实感,我们一住就三年,打算就在这里终老了。”

隔壁的马婆婆接着说道:“有一位老人半夜突发疾病,‘老易养’的‘小伙伴’立即送医,医生检查后说需要马上输血。杨总立即组织了客房、餐厅、销售部、车队20多个人去,挽起袖子就上。刚参加工作的罗鹏是一个瘦瘦的小伙子,医生不让他献血,但他一再坚持。”问他为啥要给一个素不相识的老人献血时,他说:“我们是一个大家庭,老人就是我们的亲人!”家属感动得专程送来一面锦旗,上书:“敬老助人扬美德,倾情奉爱胜亲人。”

(五)养老的乐园

在棋牌室几个老人正在打牌,笔者与旁边一位喝茶的老人聊起了天。他笑着说:“不瞒你说,我家就在青城山,附近500米就有家养老机构,但入住要缴5万元押金,伙食费还另缴。我又去了温江、大邑、崇州等地了解,价格也贵。这里入院仅需充值2万元,包吃、住、行80元一天,用完了再充值。我退休金每月4 000元,还用不完。这儿是退休人员养老的好地方,我这把老骨头就搁这儿了!”

在书画室,一位阿姨正在向图书馆捐书。她来自北京,曾经是东方歌舞团的演员,她说:“我每年都在寻觅养老机构。我与老伴入住北京一家机构后,不到两个月就花了一万多元。有的机构入住一两天,都按30天结账,很不划算。我们辗转打听到这里,一见钟情,立即入会。除了价廉物美,酒店式结账方式也很受欢迎。只要是会员,按实际入住天数计费。我夏天在这里,冬天回北京,来去自由。”

从老人们的言谈举止中,笔者感受到了他们满满的幸福感。今年88岁备受老人们推崇、被称为“秦大姐”的婆婆说道:“儿女虽然有孝心,但对老人的照顾是业余的。专业机构一切以老人为中心,照顾老人更周到,比在家里请人照顾更经济、轻松。我们在这里吃住满意,交通也方便,机构服务很热情,而且价廉物美。‘老易养’是退休人员养老的乐园,是我们值得托付后半生的家!”

图2-10 “老易养”的好姐妹(左为90岁跳拉丁舞的陈婆婆,右为秦大姐) 卢艾琳 摄

图 2-11 “老易养”——我们永远的家 老易养 提供

十一、机构养老，复杂的事情简单化

“养老，居家好还是去机构好?”笔者带着这个问题走进了春光满园的一家公办养老机构。休闲广场上的老人三三两两或坐，或站，或散步，怡然自得地沐浴着春光。

（一）快人快语的傅婆婆

一位老爷爷推着坐在轮椅上的老婆婆，正坐在休闲椅上休息，笔者上前与之交谈得知，婆婆姓傅，今年 82 岁，爷爷姓马 83 岁，他们来这里已经快 9 年了。来之前，他们在成都附近的古镇——街子，租当地人的“农家乐”房子住了几个月。他们从舒适度、自由度、经济等方面，回答了笔者的提问。

“在街子住，好耍!”傅婆婆快人快语：“我们与亲家等人住在那里。早上吃了饭就去逛古镇，这儿站站，那儿看看；买点儿瓜子，买点儿手工桃片，看到蔬菜瓜果又好又便宜就买买买，经常是提不动走不动，我们然后就打‘火三轮’（机动三轮车）回去。”她捋了捋被风吹乱的头发，继续说道：“在福利院莫得（没有）街子好耍。刚来福利院，我们也是吃了饭，就去逛附近场镇，因为没有街子那么丰富多彩，所以多去几次就没兴趣了，只好在院子里走走看看。”

“在街子吃饭比福利院自由，但麻烦。”傅婆婆说道：“街子可以包伙食，到吃饭时间人齐了就开饭；也可以自己做，那儿的蔬菜新鲜又便宜，买一块农家二刀猪肉，炒回锅肉，好吃又下饭。在街子，想吃啥子就买啥子，吃饭时间也灵活，一切随心自在。但不安逸的是自己打扫卫生，自己做还要洗碗，很麻烦。在福利院吃配餐，弄啥吃啥，但不用打扫卫生，不用洗碗。”

“在街子住便宜,但不可四季住;在福利院贵些,但冬暖夏凉。”傅婆婆饶有兴致地说道:“我们两个人在街子住只要1 000多元,吃一个月只要五六百元。在福利院,包吃住一个月2 000多元就够了。如果身体不好,需要特殊护理,就要根据护理等级另加钱。我基本上不能动,吃喝拉撒都需要帮助,一个月要花七八千元。”

“那你的收入能够支付吗?”笔者问。

“我一个月退休金和政府给高龄补贴共2 000多元。我俩每月总共收入七八千元。支付这里的费用还差点。”傅婆婆算了算说道。

“那怎么办呢?”笔者追问。

“我把住房卖了。反正来这儿就不走了,房子也空着。”傅婆婆笑眯眯地说道:“我的房子是单位分配的,50多平方米只交了3万元,我卖了80万元,简直没有想到能卖这么多钱,这辈子够用了!”

“你还有什么担忧的事吗?”笔者换了个话题问道。

傅婆婆看了看老伴,想了想说道:“我没有什么好担忧的。三个儿子和媳妇都退休了,都有退休金。三个孙子都读完大学工作了。他们都很孝顺,每周都有人来看望我们。”

(二)如释重负的罗婆婆

罗婆婆老伴去世后,自己就跟着儿子们一起过。她先后给大儿子和二女儿分别带大了两个孩子。今年65岁的罗婆婆现住在幺儿家,帮着将要临产生二胎的儿媳妇做些家务。罗婆婆很勤快,一天她把儿媳妇换下来的内衣等一股脑地洗了晾在阳台上,儿媳妇回家一看,很不高兴。她弄不明白自己做错了什么,十分委屈。后来儿子告诉她:“媳妇的衣服不要动。”在罗婆婆去接大孙女回家的路上,孙女看见街边小摊卖的东西总要缠着买,罗婆婆不时也会给她买。装了一肚子零食的孙女回家常常不吃饭,有时候还拉肚子。媳妇见此自然要怪罗婆婆。诸如此类的小事,弄得一家人都过得不爽。

罗婆婆忍了两年再也不想忍了,于是自己悄悄地去打听养老机构,把手续办好后才告诉儿子和媳妇,说要搬到老养院去住。

来到养老机构后,罗婆婆一下子就轻松了:不操心一日三餐,吃了饭就耍,要么邀约几个老婆婆打牌,要么去逛街;更重要的是,她卸下了心理负担,不担心说错话做错事,心情好了,人也长胖了。

(三)百岁老人金爷爷

说起来养老机构的原因,百岁老人金爷爷说道:“保姆素质低,不好打交道。”老伴先他而去后，金爷爷一直独居。他说道："我前后换了四个保姆。她们眼睛里面都是钱，甚至嫁给你都可以。这些保姆不是听你的，而是你听她安排，不然就不行。"老人有些激动，气喘吁吁起来，停了停他继续说道："来养老机构养老，一个月 2 000 多元的费用，我完全能够支付。这里除了环境好以外，一日三餐、清洁卫生有人管，家具的摆放很注意老人行走安全，卫生间的坐便器、淋浴器旁边都有扶手，还有专门洗澡坐的折叠椅，为老人想得很细致、周到。有人管了，生活也变得简单舒心了。"

十二、夕照品质生活——访泰康之家·蜀园赵志珍老人

随着人们养老观念的不断改变，越来越多的老年人逐渐从跟随儿女居住慢慢转向进入养老社区居住。泰康·蜀园就是一家位于成都的高端养老社区，"谈笑有鸿儒，往来无白丁"是这里给人留下的第一印象。在这里百分之八十的居住者为大学教授、科研专家、企业高管、退休干部等，这些高素质居民聚在一起形成了独特的社区文化。

赵志珍阿姨就是蜀园的一位元老级人物，已在蜀园生活了五个多月。据工作人员介绍，她可是这里的明星老人。和蜀园公共区域的恢宏大气不同，赵阿姨的屋子用碎花的布艺精致地装饰着，浓浓的生活气息扑面而来，无处不显示出赵阿姨对生活的热爱。赵阿姨爱笑，心态也很好，她说愁也是一天，快乐也是一天，为何不选择快乐呢？哪怕是素未谋面的陌生人，她也能让别人很快放下拘谨，所以哪怕已经 68 岁，岁月也没在她脸上留下太多的痕迹。

赵阿姨曾是国家一级歌舞剧服装设计师，退休前在成都音乐舞剧院工作，谈起自己原来的职业，她仍很自豪。赵阿姨的家中刚好有她的作品设计图，便拿给笔者欣赏，并以她获得国家级文化大奖服装设计单项奖的作品川剧《死水微澜》为例，简单地向笔者介绍了服装设计的有关知识。

设计者首先得对剧本有兴趣，了解故事情节、人物命运，抓住令人怦然心动的节点，获得服装设计的创作灵感，然后画设计图、买衣料、裁剪、缝制等等。设计服装既要好看，更要符合人物性格。剧中每个角色都要随着剧情的发展和人物命运的沉浮匹配不同颜色或风格的服装。既要突出主角，又要与剧中其他人物的服装和谐相统一，工作量相当大，也颇费脑力。

李劼人的小说《死水微澜》已经以电影、电视剧、话剧等多种文艺形式进行过表演，其剧情、人物大家已经非常熟悉了，如何以川剧的形式创新，这对服装设计的挑战性相当大。看了剧本后的第一周，赵阿姨一点灵感也没有。苦恼之际，她在搞清洁卫生的过程中，一盆脏水突然让她灵感迸发："死水微澜"的服装设计就从这四个字着手！所有的次要角色

都是死水，用紫灰、蓝灰、黄灰等色调展示；两个主角是死水中的两朵浪花，用最亮丽的色彩突出；造型设计、结构设计、工艺设计每步都不能马虎。天赋、灵感、知识的广泛、对剧本的理解、服装色彩对人物命运的暗示集中体现在服装系列设计中了。所以赵阿姨一不小心，拿了个国家级大奖。

赵阿姨说她的遗憾就是没有带出来很多弟子，服装设计表面看光鲜亮丽，其实个中辛苦不是所有人都可承受的。学生们都说，赵老师，我不想像你那么辛苦。赵阿姨有些失望，却也很无奈。更遗憾的是，她熬更守夜为剧中人设计服装千万件，却没有时间为自己的独生女儿设计一套婚纱。说到这里，赵阿姨不禁哽咽起来……阿姨说，年轻时候的这些事如今都已经随风而去，现在既已功成身退，便只想在蜀园颐养天年。

可能有人会疑惑，像赵阿姨这样的长者，如果自己在家中养老，生活水平也会相当不错，为什么会选择社区养老，并来到蜀园呢？

赵阿姨说，她和老伴选择社区养老是一拍即合的，但来之前也经过了深思熟虑。国家颁布独生子女政策后，她和老伴儿是第一批响应者，家中唯一的宝贝女儿需要与女婿一起承担四个老人的生活，压力太大，孩子应该有自己的生活。赵阿姨提到女儿，眼里全是温柔。但阿姨的心思一开始并没有得到女儿的理解，得知赵阿姨要来养老机构生活，女儿还伤心地哭了，问阿姨是不是她什么地方做得不好。赵阿姨说，其实她并不是觉得女儿做得不好，只是觉得如果有一个地方让自己住着安心，让孩子也放心，又何乐而不为呢？赵阿姨说，在这里居住，女儿每隔一周会来看一次，如今网络又很发达，随时都可以视频聊天。如果老人们要访亲会友并需留宿，写个纸条告知工作人员即可，平时白天也是自由出入，很是方便。

赵阿姨说，他们看了很多养老院，觉得都不太合适，但到了蜀园，就一见钟情了。她和老伴的身体都不是特别好，感冒发烧之类的小毛病会让老伴的身体很受损害，而赵阿姨的心脏也做过支架手术，所以生病时能不能得到及时的救助尤为重要。而这里医养结合的形式很好，楼下就是医院，有什么事情拉“绳”后三分钟医护人员就会赶到。阿姨说，有一次她的一个小孙女来玩，不小心拉到了“绳”，几秒钟后询问电话就打过来了。还有一次已经夜里很晚了，阿姨洗澡的时候无意拉到了“绳”，立马就有人抱着氧气袋来敲门。虽然是自己失误，但却也在阿姨心中加了一层保障。如果是在自己家中，出了紧急情况打120，他们也需要几十分钟才能到，而这几十分钟可能会出现很多问题。所以现在如果阿姨身体出现小问题就会选择直接在这里就医，但如果是大问题，需要住院的话还是会选择以前的医院，因为那里有熟悉自己身体状况的医生，在这里住院费用比较高。但如果省市社保卡开通后，赵阿姨就会把就医的重点慢慢转移到这里来。

赵阿姨刚到蜀园的时候有些忐忑。因为最初大家互相都不认识，担心没有和自己谈得来的朋友。但赵阿姨觉得，只要用她的善意和温暖去对待他人，总会收获好的结果，事实证明她是对的。老人们之间对彼此的关心和真诚让赵阿姨很是动容。她说老年人之间的友情比较容易产生，因为在这个年龄段已经没有了名和利的纷扰，大家的心比较安静，大家在一起聊天，谈谈过去的人生经历，了解的东西也就更多了。不过她也发现了一个有趣的现象，八九十岁的老人们喜欢聚在一堆，六七十岁的老人们喜欢玩在一起，各有自己的朋友圈，没有想到老年人群居然也有"代沟"，也许是因为不同的年龄层关心的事情不同吧。

赵阿姨说，无论一个人的青春多么辉煌壮丽、明媚动人，都不可避免地要走到老年。在家中养老孤独而又寂寞，生活的枯燥乏味也随之而来。哪怕有很多朋友，大家都有自己的事情要做，最多也只能一个月聚一次。早些时候她比较绝望，觉得老年阶段的生活可能是灰色的。但后来她想，不应该孤立地看待老年阶段，应该把它放在整个生命历程中来看，发现属于这个阶段的精彩。虽然人走到老年不可避免，但如何度过老年生活是自己可以选择的。于是，她便利用时间的自由、家庭负担的减弱、工作压力的消失等老年阶段的优势，在蜀园开启了生命的新阶段。赵阿姨把这里形容为老年大学，因为以前想学却没有学的东西都可以从这里拾起。合唱、诗歌朗诵、养生、摄影、书法、瑜伽、气功等课程应有尽有，如果设置的课程不合适，还可以提出自己的意见让社区进行调整。

赵阿姨因为身体原因，选择的项目都很安静。虽然她曾经做过芭蕾舞演员，但如今的年龄和身体状况已经不太适合激烈的运动了。现在她最喜欢的活动是合唱和书法，合唱俱乐部的安排是一周一次或者两次，但赵阿姨和其他四五个老人觉得有些少，还会给自己"开小灶"，利用晚饭后的空闲时间再去一展歌喉。

社区还设有乐泰学院和各种俱乐部，老人们可以根据自己的特长报名当义工老师，既可以展示自己，又可以让他人获得更多知识。赵阿姨就曾根据自己的专业给其他老人上过一堂服装色彩日常搭配课，向大家讲授日常衣服怎么搭配才好看。另外，她还准备了一堂日常的化妆课，赵阿姨说："爱美之心人皆有之，何况合唱、诗歌之类的活动上台时也需要画点淡妆，学些日常妆容是必要的。"乐泰学院中的书法、游泳等课程的老师也都是蜀园的居民，大家各自发挥所长，让居民的生活更加丰富多彩。但合唱、瑜伽之类的需要专业指导的课程，就需要外边的老师来讲授，老人们也很乐于去学习。到这里之后，所有看到的、听到的都不是烦心的事，每个老人都是积极向上的。

赵阿姨的朋友一开始有些排斥来养老社区，想去农家乐，觉得更自在。但女儿送她来这里尝试半个月后，现在女儿请她回去，她都不回去了，说在这里就像找到了组织一样，可以交到很多朋友。

作为高级养老社区，这里的费用自然也不低。首先需要 20 万元的入门费，养老社区提供了 39~110 平方米的多种户型套房，还推出了两种购买居住权限的模式：一种是购买 100~250 万元的乐康财富卡（相当于保险金），并根据居住面积大小和居住人数在入住期间每月支付 5 500 ~ 14 700 元的房屋使用费及居家费用，餐饮费另计；另一种是未购买乐康财富卡的住户，则需要根据居住面积大小和居住人数在入住期间每月支付 8 000 ~ 26 200 元的房屋使用费及居家费用，餐饮费另计。两种方式都要求每个套房只允许一个合法家庭最多两个老年人居住。此外，针对生活不能自理的老年人，康护理疗区会提供床位并由专人进行护理，同时根据老人的身体状况，按月支付逾 2 万元的费用。

作为老成都人的赵阿姨，当时就是卖了在海南的房子之后入住蜀园的。老伴儿从 2004 年开始呼吸道有些问题，需要在温暖的地方生活。于是，他们抓住了三亚早期房价如“白菜价”的大好机会买了房子。如今海南变成旅游胜地，房价也是翻了几番。他们卖了房子后，有了来这里的启动资金。赵阿姨和老伴儿都是高级职称，退休工资也勉强可以支撑在这里的生活费开支，不需要女儿的补贴。赵阿姨说，能够依靠自己的能力获得经济保障，就一定不要去依靠女儿，别给她增加压力。她宁愿女儿为自己锦上添花，也不要女儿为自己“雪中送炭”。她说年轻的时候辛苦一点，老了之后也有保障。提及年轻时是否对自己的养老有规划，她说：“具体的没有规划，但早已有了在经济上为自己养老做准备的想法。”

对于蜀园的费用问题，赵阿姨觉得稍贵了一些，如果可以便宜一些就更好了。费用算下来和在家里请一个人照顾也差不多，以成都现在的标准来讲，请一个保姆通常需要每月花费 3 000 ~ 3 500 元，加上保姆平时的花销，一共是 5 000 元左右，此外还要面临与一个陌生人生活习惯上的磨合问题。赵阿姨分析，如果两个人都需要被人照顾了，在这里挺合算，但如果两个人都活蹦乱跳，在这里可能会觉得没必要。总之，价格相对于服务和环境而言，还是物有所值的。

在这里，每个套房设有专门的“管家”，同时有专人打理房间卫生和日常康护理疗服务，打个电话工作人员两三分钟就来了。不管你有什么问题，都可以找你的“管家”，他会分类去找管家部、工程部、后勤部等。思想上的沟通有社工部，每周星期三有乐泰理事会，每个月有整个社区的居民大会，都可以提意见，各级领导再分别解决。赵阿姨夸奖道这里的工作人员服务态度都非常好，每次见面都会亲切地问好，用心地服务和陪伴，让人觉得很温暖。赵阿姨十岁就独立了，这一生都在扮演呵护别人的角色，呵护亲人、家人、子女、孙子……而来到这里后，有了一种被呵护的感觉。这里的工作人员都很善于聆听并给出答复，能解决的问题就马上去解决，不能解决的也告诉你为什么解决不了，不会遇到你的意见提上去却没有下文的情况。

民以食为天，这里的伙食也在不断完善中。因为社区要提供不同年龄层老人的食物，因此大家对食物的要求也不同。赵阿姨在天津的朋友来这里住后，说饭菜实在是太好吃了，而对她一个地道的四川人而言觉得味道就差点。她说："众口难调可以理解，现在开了小炒还不错，也不是太贵。"

提起居住环境，赵阿姨说现在住起来比较安静，不过前面的路还没修通，不知道修通之后怎样。在这睡得比家里还要好一些，因为在这平时活动多，身体感觉有点累，睡眠自然就会好很多。

赵阿姨也提出了对这里不太满意的地方，例如在房屋阳台设计建造时，阳台避雨功能考虑不周到，风大雨大时雨水都能漫进屋子里。赵阿姨有些无奈地说："前几天都放了防风沙袋在屋里。"不过赵阿姨还是对此表示理解，说都是硬件问题，且在维修之中。还有一次电梯出了问题，把赵阿姨关在了里面，按了紧急求救后倒是马上有人来修理，过后工程部还专门派人来道歉。赵阿姨表示了对基建问题的期盼，希望以后可以更加完善，不然都是老年人很可能会出问题。

泰康八大社区可以轮流居住，比如今年住上海，明年住杭州，冬天去三亚，春秋住苏州，让老年人体验候鸟般舒适的养老生活模式，赵阿姨表示她很向往，但就她和老伴现在的身体情况有些不太现实。赵阿姨说，候鸟式的生活他们已经过了 13 年，冬天在三亚，夏天在四川，如今自己和老伴儿似乎已经走过了这个阶段，更愿意在蜀园静看花开花落。

赵阿姨给比自己稍稍年轻点的朋友们的建议是，能飞的时候就翱翔九天，能跑的时候就撒开脚丫子使劲跑，等跑不动了也会把蜀园介绍给自己的朋友。她说个人养老观念的改变不是一朝一夕的，是否来养老社区还是看个人的需要及经济能力是否可以支撑。

赵阿姨对泰康之家·蜀园有很足的信心，说既然它敢于走在养老事业的前沿，肯定对自己的未来也有所规划。"如果这里的服务一直这么好，收费也在可承受范围内，我和老伴会选择在这里终老，但是如果有更适合自己的，也会纳入考虑范围"。

关于社区养老这种新兴的养老方式，正如赵阿姨所说："有问题只要肯解决就好，什么事情都不可能十全十美，如果抱着完美的心态去要求人和事，本身就是一种不完美。"

十三、把自己送进养老机构

当今，去养老机构的老人多是儿女带去先参观，如有意向再安排入住的。但也有一些老人是听说有老人入住养老机构感觉良好，主动让儿女把自己送进养老机构的。虽然都是入住养老机构，但老人的被动与自觉所反映出来的心态是决然不一样的。

（一）乐天派刘老太太

“住在敬老院的老人们都是丧偶后被家人抛弃？他们都会惨遭虐待？哈哈，这些都是危言耸听！”在成都成华区同乐敬老院居住了四年的刘老太太笑着“辟谣”道。

刘老太太今年68岁，脸上却并无年近古稀的老态，反倒神采奕奕，说话也是笑眯眯的。由于居住时间比较长，所以刘老太太在同乐敬老院算是元老级人物。这里的一切她都了如指掌：食堂哪个窗口的饭菜最好吃，哪一间寝室的老太太跳舞跳得最好，什么时候又新来了老人……刘老太太对这些事情都门儿清。

说起来，刘老太太在她刚到同乐敬老院的时候，就成为敬老院里的名人。来这里的老头、老太太大多数都是老伴去世，一个人来敬老院住，而刘老太太不同，她是带着自己的老伴一起来敬老院。成双成对地来敬老院住的这种情况就连同乐敬老院里的工作人员也没有遇到过。自然，对于刘老太太和她老伴的到来，大家纷纷猜测——是夫妻关系不好？还是两个人没地方住啦？“其实，就是因为我嫌煮饭洗碗太麻烦了”！刘老太太不愿意像身边的那些老太太一样，整日不是忙着给家里人做饭，就是忙着接孙子回家，根本没有自己的时间。她希望自己的老年生活是完全属于自己的。“年轻的时候要工作、带孩子，现在孩子们都长大了，儿孙自有儿孙福，我还不能多玩玩吗？”刘老太太笑着说。虽然她的眼角已长出丝丝皱纹，但那半开玩笑的神情依然有几分少女的味道，这让眼角的鱼尾纹显得像是她旺盛生命力的张扬和延续。

起初刘老太太向老伴提出一起去敬老院住时，老伴坚决反对。他认为他们俩有儿有女，也有一套自己的房子，为什么还要搬去外面住？不过，刘老太太是一个不达目的不罢休的人。她拉着老伴一连去了好几家敬老院，一是她想实地考察一下，看看现在的敬老院的环境、设施等各方面条件到底如何；二是希望能借机改变老伴的观念，让他知道并不是所有敬老院，都像报道里描述的那样糟糕。在了解了好几家敬老院之后，刘老太太更加坚定了搬到敬老院住的决心，而她的老伴的态度也开始有所转变。

住进敬老院后的刘老太太一天打两场麻将，上午一场，下午一场，晚上还会和老伴一起在敬老院外面走走逛逛。心情好的时候，她就和其他老太太相约，一起跳广场舞。而刘老太太的老伴，则在一旁看着刘老太太跳舞，颇有一点年轻时谈恋爱的感觉。“现在的日子过得多舒服啊！在以前，我吃完早饭就要考虑午饭做什么，吃完午饭就要考虑晚饭做什么，每天就这么稀里糊涂地过，真正留给自己享受的时间相当少。但是现在就不一样了，现在我不用每天操心做什么菜，到吃饭时间了就和老头子一起去食堂，有人给我们做饭，吃完饭也有人帮我们洗碗，连卧室的卫生也有人帮我们打扫，多好啊。”刘老太太脸上洋溢着满足而幸福的笑容。

（二）不忍孤独的王婆婆

王婆婆住敬老院的时间已经有五六年了，不过她是最近几天才搬到同乐敬老院的，在这之前她一直住在另一个敬老院。一次，王婆婆洗澡时不慎摔倒，摔伤了右腿，于是敬老院打电话给她的女儿，让她的女儿带她回家休养。在家休养了一年后，王婆婆觉得自己腿脚没有大碍了，便要求女儿再给自己找一家敬老院。“我住敬老院之前，是和女儿住在一起的。”王婆婆的脸上布满皱纹，脸颊处零零散散地有几块褐色的老人斑，嘴唇也因为掉了好几颗牙齿变得扁扁的。“可是毕竟女儿大了，在生活观念上我们有太多分歧和矛盾”。就拿简单的早餐来说，王婆婆的女儿早上去上班前总会喝一杯咖啡，而正餐却是随随便便一片面包就解决了。王婆婆每次都会唠叨她几句，让她早上一定要喝牛奶、吃鸡蛋，可女儿不但不听，还会嫌她烦。一来二去，这样的情况变多了，两个人都受不了。王婆婆便决定用自己的退休工资，花钱在敬老院住着，眼不见心不烦。

十四、母亲来这儿我安心——“老易养”见闻实录

戊戌年初夏某周末的一个中午，四川青城山脚下“老易养”养老机构（以下简称“老易养”）的房间都关门闭户，老人们都在午休。间或从树林里传来几声清脆的鸟叫，愈发显得“青城天下幽”。笔者在大厅休息处与一位低头玩手机的年轻人聊起天来。

笔者问道：“来这里看老人吧？”

年轻人抬头扫了笔者一眼，答道：“嗯。”

“家里谁在这儿呢？”笔者追问道。

“我妈。”他头也不抬地回答。

“妈妈为什么想到在这里来养老？”

年轻人抬头看了我一眼，仍一边继续玩手机，一边说道：“不做饭。”这个回答出乎笔者的意料。

“妈妈不会做饭吗？”

“不是。她做的饭好吃得很哦！”

“不想做吧？”

“不是。”

“没人吃吧？”

沉默……年轻人仍然在低头玩手机。良久，他抬起头来，看着远方回忆道：“我爸去世后，我在西安也安了家，母亲就一个人住在老家四川广安。”

他继续说道:“有一次,我忽然接到邻居的电话,说我妈病几天了。我急忙请假从西安赶回广安,看见她病恹恹的,一问才知道是拉肚子,她自己买小檗碱吃了但没见好。我急忙送她到医院,去了医生就叫住院输液。原来,她弄的萝卜炖鸭子很多,一顿吃不了就吃了两天,后来有点变味,她也舍不得倒。”

“哎——老人太节俭了!”我感叹道。

他辩护道:“也难怪她。一个人的饭不好做,很容易做多,我妈就经常吃剩菜。经过住院这事,我感到她一个人在家也不是个办法,又不知道该怎么办。”

“跟你一块住呗!”笔者插话道。

“哎——”年轻人叹了口气,道出了自己的难处。

交谈中得知,年轻人姓黎,30 多岁,老家在广安,自己在陕西汉中已安家,并有一个学龄前的儿子。他现在在成都某 IT 企业工作。作为独生儿子,他不放心年近 70 的母亲独居。但如果接母亲到汉中家住,又担心婆媳关系;接母亲到成都挨着自己住,但出租屋简陋,加之自己常常加班和出差,作息不规律,又不便照顾她。

“正在为难之际,母亲听广安的邻居提起青城山‘老易养’养老机构,我们便来看看,母亲一看就很喜欢,这不试着住了几天,就不想走了。”

“为什么呢?”笔者追问道。

“不用做饭啊!”年轻人笑着脱口而出。他饶有兴致地继续说道:“我母亲看到这里的一日三餐,都是养老机构统一配餐,荤素搭配,饭菜清淡,顿顿有水果,饭软菜多;到吃饭时间老人就陆续到饭厅集中吃饭,吃完饭也不用老人收碗、洗碗,有服务员统一收拾和消毒。”

“吸引她的还有个原因是与老邻居在一起!”年轻人话说到兴头上,两眼放光地描述道:“她看到这里同龄人多,唱歌跳舞、打乒乓……活动很多,再加上青城山是国家 5A 风景区,树多、风景多,又清净,适合老年人住。”

“母亲在这里,你放心吗?”

“她来这里,我才安心了!”他把手机放进口袋里说道:“以前,她一个人在家除了出门去买菜逛逛街,平时不运动;吃了饭就看电视,边看边打瞌睡,经常感冒。来这里后,她还没有感冒过呢!我也不再担心她的一日三餐,也不担心她孤单了。她跟老朋友在一起很开心,生小病有人照顾,生大病有人送医院。”

“那你就不用管母亲啰!”笔者故意说道。

他反问道:“咋能不管呢?”

“管什么呢?”

“看望他,关心她嘛!”年轻人补充道:“常和她一起玩耍的朋友给我说:你一来你妈就跟过节似的!”

“妈妈在这里有什么不适应的吗?”

年轻人诡秘一笑:“嫌贵。”他扳起手指头算了笔账:这里包吃住和水电气,房间有电视、空调,卫生间设备齐全,24 小时供应热水。每天费用共计 60 元,每月 1 800 元,母亲退休金 3 000 多元。逢年过节我们还要给她红包,钱方面她没有问题,但是母亲节俭惯了,今年春节后,她给机构缴清了上半年固定生活费后,还带了 900 元现金在身上做零花钱,两个月过去了,还有 700 多元,她说花不出去。她认为自己在家里每个月的花销更少,所以嫌贵。年轻人偷偷笑了一下,接着说:“其实,这里已经很划算了。如果请专人照顾花销更大,而且还不放心啊!”

说话间,老人们的房间陆陆续续地打开了。有几个老人正摆桌子、拉板凳,呼朋唤友准备打麻将,笔者随年轻人起身走了过去。

年轻人向笔者介绍道:“这是我妈,这是邻居刘婶,这是我妈的老同事王嬢嬢(阿姨)……”

老人们笑眯眯地问我:“你准备来这儿哇?”

不等笔者回答,老人们就七嘴八舌地介绍这里如何如何好,劝笔者赶快来。

十五、青城山抱团养老记

有一次,笔者在青城山民居群中闲逛,忽听后面“汪——汪——汪——”,回身一看一只白毛衬着咖啡色、肥得一步三摇的小狗在后面示意“闪开”,径直跑进了一个小院。它的萌态逗笑了笔者,笔者不禁与它的主人聊了起来。

看上去颇具亲和力、现年 68 岁的庞氏老人,兴致勃勃地介绍小狗的种种趣闻,并邀请笔者到院子里歇息。小院有一幢白色的三层小楼,庞氏老人介绍道:“这里一共住有 10 余户人家,彼此都是朋友和过去的老同事,我和老伴住这儿已两年了,来了就不想走了!”

笔者插话道:“这就是当前流行的抱团养老吧?”庞氏老人微笑着点点头,算是认可。

“为什么这么喜欢这里呢?”庞氏老人在回答笔者提问时说道:“这里空气好,水质好,环境好,很养人啊!”

交谈中笔者了解到,老人家住温江,距青城山不过 20 多公里,那里田野与城市相融,江水环绕,是润泽成都的天然翡翠。庞氏老人强调说:“这里的空气比温江更好!”据介绍,青城山的负氧离子数量达到了惊人的 25 000 ~ 28 000 个 / 立方厘米,是成都闹市区的 180 倍。

笔者问:“在青城山 5A 风景区居住,价格一定不便宜吧?”

庞氏老人得意地伸出三个指头,诡秘地说:“一年租金这么多!”

“30 000 元?”

他把头摇得如拨浪鼓。

“3 000 元?”

老人这才笑眯眯地点头。这下轮到笔者吃惊了。

老人露出精明神情,掰着手指算给我说:“3 000 元除以 356 天,一天才 8 元多。当然,我们与房东是朋友关系才这么优惠,其他地方一般要 5 000 多元 / 年。”

“房子有配套设施吗?”笔者问。

说话间一楼房间走出一位老年妇女,经庞氏老人介绍方知是他妻子,于是笔者应邀参观了他们的居室:一室一厅,带卫生间,配备了电视、空调,基本满足了生活需要。

“那你们吃饭怎么弄?这里包伙食吗?”笔者边问边走出房间来到小院的天井。

这时候从二楼走下来一位 70 多岁的大妈,她接过话茬说道:“我们这十几户人家都自己做饭。一楼有专门做饭的地方。平时我们都各吃各的饭,做好后端上楼回到自己的房间里吃,或就在院子里几家人围在一起吃,你尝尝我家的菜,我尝尝你家的菜,然后互相介绍自己做菜的绝招。过节的时候,大家打平伙(AA 制)、打牙祭,一起买菜做饭,各家表演自己的拿手菜,就坐在这院坝里吃饭、喝酒、吃茶、吹牛……就像回到了以前的大杂院。”

二楼又下来一位端着碗拿着勺子的大伯,他插话道:“以前我们在温江都各自住在一门关尽的楼房里,老夫妻要说的话早就说完了,做的饭吃了一辈子也吃腻了。日子过得枯燥无味。在这儿十几家人住一起,彼此过去都认识、了解,没事的时候就邀约去逛青城山,我们全部符合 60 岁免费游览的资格,去六七趟了;要不然就一起打牌、吹牛,一起去河沟钓鱼,一起开车出去玩几天,很是热闹,日子也过得快乐而充实。”

三楼上有位老大爷探出半个身子,对笔者说道:“我们这里能干的人多,哪家的水管堵了,哪家的电视打不开了都有人帮忙弄;哪家晾了衣服出门去,遇到下雨有人帮忙收;大家还相互关心,一人生病全院人都来照顾,简直就是个大家庭。”

一楼的老大姐插话说道:“这里还有一个好处是一家人一套房子,大家既在一起生活,又分得开,很自在。”

这时,从院子外面走进一位大妈,手上提了一大捆莴笋,气喘吁吁地说:“好便宜,才 2 元钱一捆。各家来拿去吃。”她抹了一把汗介绍道:“这附近有个菜市场,蔬菜、猪肉非常新鲜,想吃啥买啥,价格也不贵。有时候娃娃来看我们,还要买些猪肉、蔬菜带回去呢!”

“这里交通方便吗?”笔者问道。

“方便。”庞氏老人说道,“这附近有一个青城山的公交站,上车后到终点站换乘 857 路可直达温江我家门口。有时候我们也开车回去,娃娃也开车来,交通不成问题。”

“你们在这里有什么不方便的呢?”笔者反弹琵琶地问道。

从二楼下来的那位大妈回答道:“没有洗衣机。夏天的衣服还好,一会儿就洗了。冬天的厚衣服只能带回家洗,晾干了再带来。”

笔者接过话茬问道:“这里的生活便宜,你们的退休金应该够生活了吧?”庞氏老人满足地说道:“够了。我和老伴是从企业退休的,两人每月工资共 5 000 多元,在这里每月生活费就 1 000 多元。剩余的钱我们就花在旅游上面。”

笔者与老人们聊天,那小狗就爬在院子门口东张西望,似乎也瞧累了就朝着我们汪汪直叫,好像在说:“主人,冷落我很久了!”庞氏老人把它抱在怀里,脸上荡开了幸福的笑容。

十六、“退而不休”的老人们

在各行各业的工作岗位上,还活跃着一批已经退休却不肯享清福的老人。他们继续为国家贡献着自己的绵薄之力。“为什么选择退而不休呢?”笔者怀着好奇,走近他们一探究竟。

(一)工作能实现自我价值

在必胜客快餐店,笔者看到一位白发苍苍、年近 80 的老人正伏案写作。原来他是一所大学的退休教师兼作家,手头正修改准备再版的作品。笔者见他桌上摆满了卡片有些好奇,他说这是自己制作的资料卡片,查找很方便。他觉得在麦当劳写作,有人来来去去、大门开开关关,空气流通,写作容易获得灵感。

年过 60 岁的王大江教授虽已退休,有一份稳定而不错的退休金,本应含饴弄孙安享清福,但身体健康、才思敏捷的他仍应邀在四川大学锦城学院任教。除教书育人外,他还利用休息时间不断耕耘,他主编的《新型应用文写作》被全国各地高校争相订阅,已再版三次。在各高校、研究所、医院和企事业单位,还有一大批这样退而不休的老教师、科研人员、工程师、医生和专业技术人员,继续着自己喜欢的事情。之所以他们继续工作,并非为了生计,更多是为了支持所在单位的工作,发挥余热,实现自己的社会价值。特别是与年轻人一起工作,既能够为各行各业培育新人,思想观念又能与时俱进。这些职场老将不仅博学睿智、思想独立、见解深刻,在互联网时代,他们搜索资料、玩手机微博微信、网购等丝毫不逊于年轻人,是新时代的潮老人。

(二)工作让生活有规律

在某社区阅览室,一位头发花白、戴着眼镜的长者正在整理图书。退休前他是一家事业单位的“笔杆子”，退休后喜欢看书读报纸，有时候还动笔写写读书笔记，写到兴奋时还常常熬夜，早上又一觉不起，一天吃两顿饭是常事，身体渐渐地出现了问题，还曾经住进了医院。他醒悟道：“壮年时就听老人讲不工作会无聊而难过。我当初不信，现在才体会到——工作让生活有规律。”

张太太退休前在一家大型国企从事宣传工作，退休后终于有机会从事自己喜欢的手工编织工作了，在成都送仙桥艺术城有一个自己的工作室。她编织的中国结等工艺品，由于风格独特经常参加省内外的国际博览会，令外国朋友爱不释手，作品也远销欧美市场。由此她被有关部门任命为首批四川民间艺术家。她工作的自由度很大，工作室开不开、几点开都自己决定。有时候参加了大型展览后，她累得在家一躺就几天，生活也没有规律。后来她意识到这样下去不仅对自己身体不利，而且还对不起一直追随自己的“粉丝”，因此工作室总是按时开放。

王老太婆退休前是一家企业的管理人员，退休后经常与小区的同伴相约打麻将，有时候一坐就是一下午，每逢节假日与家人和朋友打起麻将来就是凌晨一两点，有时候输了钱还不高兴。有一次她连续打通宵，结果休克在牌桌上。自那以后，她决定要远离麻将。这时候，恰巧原单位需要人手，返聘她回去工作，她重新进入朝九晚五打卡快节奏的工作状态。她说：“工作让我按时吃饭、睡觉，精神更充实，身体反而更好些了。”

（三）靠劳动挣钱养老

在华西医院，62 岁的刘姓老人围着红色的塑料围裙，正推着清洁车前往下一个地方打扫卫生。他来自四川农村，老伴在家赋闲，一对儿女和几个孙子都有工作，其中一个孙子在浙江每月能挣 6 000 元。他和老伴在农村买了“新农保”，每年每人缴费 100 元。缴了几年后，他和老伴分别满了 60 岁和 55 岁，每人每月可以领到 100 多元。

儿孙们表示愿意在经济上接济，要他们好好享享清福。但他认为自己身体尚好，不愿给儿孙增加负担，便托人找了这份清洁工的活儿，一干就是 5 年。他很满足地说道：“这份工作我完全干得下来，每个月有 2 600 元的工资，公司还买了养老、失业险。”他在回答笔者“打算干多久”的问题时说道：“公司规定可以干到 68 岁，我到时还能不能干看公司咋说。”说着他便埋头干活儿去了。

58 岁的陈大姐在一户人家当阿姨，护理着 99 岁的老大爷。老人及家人很尊重她，并给予她每月 5 000 元的报酬，节假日奖励另给。她和老人性格都很开朗，让家里充满了欢乐。陈大姐来自福建农村，儿孙已经大了，之所以仍然在工作是觉得有一份不错的收入为将来养老做些储备，此外在工作中还能找到快乐。她打算要把这份工作一直做下去。她介绍道，身边还有一大群靠当阿姨支撑生活的人，她们多来自农村，只有少得可怜的社保，如果不工作就没有经济来源。有的人虽然儿女能够帮助一些,但她们大都认为,自己还能工作不愿意靠儿女。

十七、成都养老机构存在的问题及对策思考

随着我国迈入老龄化社会,国家现有的公办福利机构难以应对这来势汹汹的浪潮,各级政府出台了很多优惠政策,鼓励民间力量开办养老机构,一时间各类民营养老机构应运而生,这在一定程度上满足了老年人群的养老需求,也缓解了地方政府对社会福利资源供给不足的矛盾。同时,不同体制的养老机构的大量出现,打破了国家包办福利事业的格局,对原有资源配置架构进行了重新调配,同时引入了市场机制,硬件设施、自然环境建设等方面更加宜人,服务理念有了根本性转变,推进了社会养老事业的发展。

(一)养老机构存在的问题

在民营养老机构快速发展过程中,也遇到了诸如国家资金支持少、享受国家优惠政策难、医养结合审批手续繁多、护理人员招工难等问题。笔者将社会调研中各类养老机构所反映的问题,整理归纳如下。

1. 国家资金支持不足,产业发展受困扰

养老机构一般分为国有、公办民助和民营等类型,其发展都不同程度受到资金的困扰。

(1)国有福利院是国家一类事业单位,每年都有财政资金支持。资金主要用于安置特困人员的生活和护理费用支出、福利院水电气开支、行政运营费用等。这笔资金虽然能够保障其基本正常运转,但要改善养老条件和提高老人生活质量就捉襟见肘了。

(2)对民营养老机构而言,国家对达标的机构将给予一次性床位费和其他补贴,但较之于养老运行成本来说可谓杯水车薪。一位民营企业家说道:"我开办养老机构6年来,租房的年租金就8万元,使用的水电气全是商业价,更别说还有其他开支,何况至今还没有享受到国家任何政策性补贴。"一些已经得到国家政策性补贴的民营养老机构负责人感叹道:"如果靠国家那点资金办养老就是等死。"

(3)对公办民助福利机构来说,其资金困扰的原因有三:一是福利院属于社会公共支出,资金源于对普通老百姓的税收,如果政府增加拨款势必会加重老百姓负担;二是面向市场对外经营,国家政策又不允许;三是面向社会募集资金时,企业对社会公益事业的支持是有选择性的。比如,有的企业愿意重金支持幼儿事业的发展,但对养老事业的支持就很少。企业对幼儿事业的赞助不仅可以在家长群体中产生口碑效应,还可以通过教育深入幼儿心田,这些无形资产收益在现在和未来是能够见到成效的;而对养老事业的支持,

由于老人对品牌的认知度和记忆力不强，随着老人机体和智能的逐渐衰弱，品牌效应难以持久，更谈不上未来。企业认为其影响力远不及支持儿童事业。所以，企业支持幼儿事业的积极性远大于支持养老事业。据了解，绝大多数公办民助福利机构几乎没有来自社会资金或者捐赠的支持。因此，想要进一步提高老人生活质量，资金成为其发展的瓶颈。

2. 落实国家政策凭领导个人意志

四川某风景名胜区环境气候宜人，空气清新。在众人看来，那既是一个适合旅游的地方，也是一个养老的理想之地。但由于以前该行政区领导的认识偏差，致使这里旅游业发达，养老事业则自生自灭，国家关于鼓励兴办养老的惠民政策如一纸空文，得不到落实。在此背景下，仍有民营企业家看到老龄社会会带来广阔的市场前景，因此创办了规模不等的养老机构。有企业家说道："我们认为，政府不干涉就算支持。从正规渠道得不到国家政策信息，但通过行业组织得知，国家对开办有养老的机构是有床位费、民用水电气等政策性支持的，可是至今我们却没有得到一分钱。"直到近年，老龄社会形势逼人，政府换届后新上任的主要领导十分重视并支持发展养老事业。有了政府相关部门大力扶持，这里的养老事业才得以迅猛发展。

由此，企业家们纳闷：大力发展养老事业和给予企业政策扶持是解决千家万户老人养老的民生问题。政府做出这一决策也是以大量社会调研作为科学依据的，是顺应社会发展需求的。但这些政策之所以落实难，不能说没有地方主管领导个人偏见的主观成分。也就是说，人为因素制约了国家利民政策的落实。作为一项国策，地方政府不应该因为发展经济而忽视民生需求，更不应该以个人意志影响利民政策的落实。

3. 申请补贴政策手续烦琐，企业望洋兴叹

提到国家对养老机构床位补贴政策，一家养老院老总拿出了一本厚厚的蓝皮书，苦笑着说："为申请这笔费用，我们每月都要向有关部门交一份床位变动情况报告并提出床位补贴申请。但主管部门只看报表，补贴至今没有拿到。"他摇了摇头，意犹未尽地接着说道："提出申请补贴的手续是非常复杂的，要提供申请书、可行性研究报告、申办人资格证明文件、拟办社会福利机构资金来源的证明文件、拟办社会福利机构固定场所的证明文件、养老机构章程共六项资料。这些文件还要向所在县级以上政府民政部门提出申请，并经初审、核查、审核、多个部门审批办证四道程序后，才能享受养老机构床位补贴、一次性建筑补贴和免征税政策。此外，对机构用地面积、床位数量、消防匹配必须达标才能获得政策支持，而现实情况有的条件根本就达不到。"

某家民营养老机构老总说道："我们养老机构有多幢三层楼房，消防部门说因为没有专门针对三层楼的消防配备标准，就得按照大楼的标准配备。那么，我们每幢楼得各配备好几十斤重的器材，如果发生火灾，一般人是搬不动的。但有关部门说，我们无权修改标

准，不达标就无法核准。因此，我们也拿不到任何政策性补贴。类似这样的情况，在申办政策补贴的过程中太多了。”

“我们没有向政府提出过床位补贴申请。”某养老院院长毫不掩饰地说道，“我知道国务院《关于加快实现社会福利社会化的意见》（国办发〔2000〕19号文件）规定：社会办福利机构在规划、建设、税费减免、用地、用水、用电等方面，与政府办社会福利机构一样享受同等待遇。但因为手续太复杂且太难申请到，因此我们放弃了申请。从2014年创办至今，我们没有拿到过国家一分钱补贴。”某民营养老机构董事长强调说。

4. 医养结合机构存在系列医保问题

医养结合机构是近几年出现的医疗和养老相结合的一种新型的养老模式，它从根本上缓解了“医院不能养，养老院不能医”的难题，满足了失能老人、半失能老人的照护、护理、康复和临终关怀等系列需求。如今医养结合机构面临住院病人超出医保定额较多和院方经济负担过重的问题。以西安碑林第三爱心护理院为例：该院是由碑林区人社局社保中心负责协议管理的一家医养结合机构，按一级定点医疗机构标准享受每位住院病人2 600元的医保定额。该院收住的大多是全失能以及重症临终关怀的老人，他们大多患有各种慢性病，需要反复住院医治和长期照护，医疗费用较高，大部分病人往往病情还未得到控制，费用就已超医保定额，该院开展医保一年多来，虽在尽量控制医保定额，但病人人均医保费用仍在3 800元左右。这家医保机构存在的问题在全国各医保机构中普遍存在。因此，建议各地人社局能够结合失能老人就医特点出台相应政策，为这一特殊群体提供更好的政策保障，推动医养结合模式持续发展①。

成都郊区的一家民营养老机构院长说道：“我们是一家医养结合的民营养老机构。但由于尚未开通省市异地医疗卡、特殊门诊卡、老干部医疗卡使用权，老人们医药费不能享受国家医保报销，得全部自费。一些身体状况不好的老人为了到能刷医保卡、报销医药费的大医院看病和开药，只好叫儿女请假开车接送，大大增加了时间和经济成本，且老人很受罪；有的老人对药物管理不当，常发生过期情况。如果开通医保定点，老人们可以直接在本院看病和开药，还能报销。我们也可以加强对老人用药的管理，减少药品浪费。老人在本院就医，医生更了解他们病情，免去很多重复检查项目，早日解除其病痛折磨。”

这位院长愁容满面地又诉苦道：“我们2017年8月就向有关部门提出开通一系列医保卡的使用权，经过申报材料、察验现场、接受公示以及审批等一系列复杂的手续，有关部门说当月申请当月批准，但一拖就是大半年。按照卫生部门的要求，医养结合养老机构应套用医院的标准，如养老机构设立医疗机构的医疗水平至少应达到一级医院以上，具有健

① 西安人大. 关于医养结合机构医保问题的建议 [J]. 西安市人民代表大会常务委员会公告，2018-03-16.

全的科室、全面的诊疗项目、相适应的医疗设备器械以及一定数量的执业医师和护士等。我认为，这样的标准有些脱离实际。因为医养结合机构一般是解决老人急性医疗、看小病和取药等常规问题，要配备如此规模的医疗条件，普通养老机构难以承受，也难以办到。希望相关部门专门针对医养结合养老机构，制定切合实际的政策，多务实，少教条。"

5. 养老机构招工难，队伍不稳定

随着医疗事业的快速发展，特别是养老产业的异军突起，使本来就供不应求的护理人才更炙手可热。同时护理人员工作强度高、付出与收入不成正比的状况，更加速了人员的流失，这使养老护理人才市场雪上加霜。归纳起来，主要有三大难题：一是养老机构招工难，队伍不稳定；二是招聘专业护理人员难；三是招聘养老行政管理人才难。（另文详见破解养老护理人才奇缺"三板斧"）

6. 养老机构费用偏高

据调查，成都养老机构根据硬件设施的档次、服务水平等，价格也不等，具体参见表 2-1。

表 2-1　各类养老机构服务价格及利弊比较

养老机构类型	包吃住 人均月费用 （自理老人）	优势	不足
国家福利机构	2 000 元左右	价格优、硬件设施好、环境好，服务一般，距离协作医院较近	"一床难求"、排队时间长
公助民办养老机构	2 000 元左右	费用适中，包吃住、交通费和娱乐活动，能满足基本养老生活，距家近，方便亲友探望，兼顾亲情，服务较好，有三甲协作医院	硬件设施一般，城区机构活动场地狭小，送医途中有堵车的可能性
普通民营养老机构	2 000~3 500 元	费用适中，包吃住、交通费和娱乐活动，服务较好，能基本满足养老生活，地处郊区，空气质量好	硬件设施档次一般，有的协作医院等级不高，距二甲、三甲医院距离稍远
高端民营养老机构	5 000~8 000 元	硬件设施好、环境好、服务好，包吃住、交通和娱乐活动，一般采用医养结合模式，医疗方便快捷	价格偏高

就养老机构服务来看，民营养老机构好于国家公办机构；就入住费用来看，民营养老机构普遍高于国家公办机构。也就是说，服务与硬件设施的档次越高，收费相应也就越高。

继在北京、上海、广州开办国际化高端养老机构之后，2018 年 3 月泰康保险集团在成都温江医学城修建的西南地区的首家旗舰医养社区——"泰康之家·蜀园"正式开业。现在一期 200 套户型趋于售罄。入住该园的费用分为两种情况：一是成为泰康保险公司的客户，需要购买"幸福有约"理财型保险，之后可取得两代三对人（自己和配偶以及双方父母）的入住资格，保费总额度需达到 200 万元，可分期缴纳保费，最长可约定 15 年缴清；二是现金入住，最低需一次性交纳大病保证金和“乐泰卡”押金共计 90 万元（离开时可退），除医疗费、每月伙食费自理外，所有住宿、娱乐、健身、管家服务、车辆往返城区等费用全包，人均月费用 7 000 元以上。据有关人士介绍，与一般养老机构相比，这家机构虽然价格略高一些，但就养老品质而言，性价比相当合算，目前蜀园处于推广阶段。作为全国第一养老品牌社区，泰康以“尊重生命、关爱生命、礼赞生命”为宗旨，始终把为老人服务和品质放在首位。

就上述各类养老机构的费用情况，笔者与四川居民的收入及消费情况进行了对比。据《2018 年四川平均工资，四川各市平均工资标准及排名》显示，今年将继续提高退休人员基本养老金待遇水平，企业退休人员养老金调整后月人均达 1 828 元。据《2018 年四川平均工资是多少》显示，四川省城镇全部单位就业人员平均工资为 45 697 元，比上年增加 3 902 元。2018 年上半年四川全体居民人均收入及消费情况，如表 2-2 所示。

表 2-2　2018 年上半年四川全体居民人均收入及消费情况①

指标名称	2018 年上半年	2017 年上半年	增幅（%）	构成（%）
一、可支配收入（元）	11 430	10 463	9.2	100.0
（一）工资性收入	5 773	5 390	7.1	50.5
（二）经营净收入	2 044	1 915	6.7	17.9
（三）财产净收入	754	650	16.0	6.6
（四）转移净收入	2 859	2 508	14.0	25.0
二、生活消费支出（元）	7 990	7 297	9.5	100.0
（一）食品烟酒	2 620	2 502	4.7	32.8
（二）衣着	638	595	7.4	8.08
（三）居住	1 567	1 385	13.2	19.6
（四）生活用品及服务	579	506	14.4	7.2
（五）交通、通信	1 069	956	11.8	13.4
（六）教育、文化、娱乐	622	555	11.9	7.8
（七）医疗保健	672	591	13.6	8.4
（八）其他用品和服务	223	206	8.1	2.8

①资料来源：成都头条《2018 年成都平均生活标准曝光》.

把成都养老机构收费与人均收入两相比较：高端的养老机构的每月收费标准高出成都人均每月工资不少；普通的民营养老机构勉强可以承受，有的企业退休职工仍需要儿女补贴，特别是要准备贴补医疗费用。也就是说，凭着普通退休人员的收入，勉强可以入住普通的民营养老机构。因此，高端养老机构虽然对老人的照顾更专业，服务更好，但其收费挡住了老年群体实现机构养老之路。

（二）应对策略及思考

根据以上各类养老机构存在问题，笔者结合自己的思考，提出以下建议。

1. 资金不足问题的建议

针对国家对养老机构资金支持不足的问题，笔者建议政府首先要对社会养老事业和民办养老机构的发展做出宏观规划和布局安排，便于将有限的资源对养老机构进行精准扶持。此外，对不同类型的养老机构应有一个清楚的界限和划分，对不同类型养老机构进行分类支持。

（1）对国有养老机构，政府应考虑进行适度改革，探索公办民助、公建民营、国家财政拨款与市场结合的路子，以较少的资金扶持更多社区、民营机构、民间组织等社会力量参与养老事业。

（2）对民营养老机构，除了政策、资金支持外，可用闲置资产等多种物态形式扶持养老事业。在调研中笔者发现，有些地方政府开办的养老机构大多处于亏损状态，濒临倒闭；而有的民营养老机构前期已经投入大量资金来建设或租用固定场所，并且发展到了一定规模。这些企业家明确表态，将停止固定资产投入，加大与政府合作力度和广度，协助政府盘活闲置资产，并引入民营企业的经营管理机制，让社会资源得到合理配置，创造更大的社会效益。

此外，笔者建议政府还可探索对入住养老机构的对象进行精细划分，对不同收入的对象，给予养老机构不同等级的政策性补贴，使国家补贴政策更加科学、规范，精准到位。

2. 落实国家政策的建议

针对个别地方行政领导不落实国家养老政策的问题，笔者认为上一级领导和地方领导班子应对其加强集体领导意识和工作作风的教育。国家养老政策不落实，关乎着民心向背、社会稳定和养老事业的发展，因此领导干部要做贯彻国家方针政策的典范和表率，实行重大事务集体讨论决定制度，牢记权为民所用，情为民所系，利为民所谋。此外，建立“能者留，平者让，庸者走”的政府机关人员流动机制，不允许持“身在位，心不在”的消极工作态度和任其阻挠国家养老事业的政策落实，影响地方养老事业发展的行为。

3. 申请优惠政策难的建议

针对申请优惠政策难的问题，政府应放宽对养老机构的开办条件和审批程序，简化手续。据新华社报道，民政部、发展改革委、公安部等13部门下发了《关于加快推进养老服务业放管服改革的通知》，其中明确了以下五项举措，简化、优化养老机构相关审批手续。

一是简化设立养老机构的申请材料，申请人设立养老机构许可时，能够提供服务设施产权证明的，不再要求提供建设单位的竣工验收合格证明；二是对食品经营实行“先照后证”，养老机构从事餐饮服务活动，应当依法先行取得营业执照等合法主体资格后，申请食品经营许可证；三是对养老机构环境影响评价实施分类管理，对环境影响很小需填报环境影响登记表的养老机构实施备案管理；四是取消部分机构的消防审验手续；五是支持加快完善服务场所的产权登记手续，对于新建养老机构或者利用已有建筑申请设立养老机构涉及办理不动产登记的，不动产登记机构要通过“首问负责”“一站式服务”等举措，依法加快办理不动产登记手续，提供高效便捷的不动产登记服务。

针对管理，国家除“管”以外，还要加大“放”的力度。在规范养老服务投资项目审批报建手续方面，整合审批流程、明确牵头部门、实行并联审批、探索实行养老服务建设工程项目区域评估4项举措。同时还应强调“服”的水平。建议加大政府信息公开力度，实现登记信息共享；转变运营补贴发放方式，创新服务设施供给方式，加大优惠扶持力度，推进连锁化经营，鼓励发起设立采取股权投资等市场化方式独立运作的养老投资基金，吸引社会力量进入养老服务基础设施和服务领域。

据2018年9月22日央视财经报道，中共中央、国务院印发的《关于完善促进消费体制机制 进一步激发居民消费潜力的若干意见》中说道：将全面放开养老服务市场，进一步简化行政审批程序，推进养老服务机构申办“一站式”服务。鼓励社会力量参与公办养老服务机构改革。完善政府对养老服务机构运营补贴方式方法，由“补砖头”“补床头”向“补人头”转变。这些举措对深化国务院“简政放权、放管结合、优化服务”的改革思想，降低创业准入的制度性成本，营造公平规范的发展环境起到了促进作用。

4. 医养结合问题的建议

针对医养结合机构开办难、审批手续复杂的问题。业内人士认为，其主要原因：一是有些政策没有因地制宜，存在“一个万能药方包治百病”的现象，比如按照卫生部门的要求套用医院的标准来要求养老机构，而现实情况千差万别，简单套用不仅不能解决具体问题，反而还把简单的事情复杂化；二是从政策层面看，申办手续繁复、审批时间长，与相关部门之间分而治之的格局和不能协调有关。

因此，建议有关部门应按照国家有关精神，加强沟通和联动，专门针对医养结合机构确定养老服务的医疗服务需求类型，尤其要对失能、半失能老人中未患病人群与患老年慢性病和恶性疾病患者的医疗服务需求进行分类、定性、定量，并出台评估指标体系，制定切合实际的政策，做到既合理利用现有资源，又简化手续和办事程序，让医养结合惠民政策及早落实。

5. 养老机构费用高的建议

针对办养老机构投入、营运、定价高的问题，需要政府、社会、养老机构共同协调。由于养老机构是福利机构，制定社会能够接受、合理的养老服务价格，首先需要各级政府给予大力扶持，给予财政补贴，实行免税或者低税政策，对规划、用地等大宗固定成本的支出，不能按照商业用房、用地对待，应给予补助或优惠，甚至作为合作资源进行重组，给养老机构创造宽松的成长环境；其次，民办养老机构是非营利性和公益性的组织，符合志愿者的服务宗旨，政府可以推进民营机构建立志愿者服务机制，鼓励社会各阶层人士、各社团组织以积极的心态面对养老机构资金困难的现实情况，给予力所能及的帮助，并为老年人提供多种服务，特别是鼓励专业人士，如医护人员、营养师、社会工作者、心理咨询师等为老年人提供专业服务。同时，建立健全志愿服务时间储蓄制度，发展养老服务志愿者队伍。再次，养老机构的定价虽然主要由床位费、护理等级、水电费、场地费用、人工成本等构成，但由于机构性质决定了不能按照企业投入产出的经营模式和市场需求定价，而只能主要依据成本制定，因此企业制定收费价格，一方面要考虑降低营运成本因素，另一方面要考虑政府、社会支持的因素，同时还要参照老人居民可支配收入水平和 CPI（居民消费价格）指数，并与城市经济发展水平相适应，才能既保证其正常营运，又能确保老人住得起的，促进养老事业的可持续发展。

总而言之，去教条化、求真务实地为养老机构开通政策支持的"绿色通道"，才能加快养老事业的发展进程，为老人创造幸福的生活。

此外，针对民营养老机构硬件和服务质量、从业者素质存在的问题，政府应敦促社会养老机构行业协会建立规范化、人性化的养老机构质量服务体系，使之服务专业化、规范化，提升整个行业的服务水平和质量。引导养老机构把养老服务由满足衣食住行的温饱型服务，向着满足心理、尊严等精神方面的高层次服务需求转变，让老人享受高质量的晚年生活。

十八、四川成都部分养老机构价目表

以下是四川成都部分养老机构价目表，具体见表 2-3 至 2-8。

表 2-3　成都第一社会福利院收费标准

项目	费用（元 / 月）
床位费	840（1、2 楼）
	710（3 楼以上）
基础护理	220
公杂费	100
特别护理费	协商议定

注：空调房、床位费按同类房间床位标准上浮 5% 执行。

表 2-4 四川纯德养老机构健康自理老人床位 7 折后价目参考表(2018 年)

小洋房 1~ 6 栋 2 楼豪华标间	1. 床位费:原价 1 800 元,7 折后 1 260 元 2. 基础护理费:400 元 3. 生活费:600 元 4. 公杂费:180 元 合计:2 440 元 / 月 / 人	1 号楼	单人间:2 980 元、3 180 元 / 月 双人间:2 160 元 / 月 / 人
小洋楼 1 栋一层普通标间	1. 床位费:原价 1 600 元,7 折后 1 120 元 2. 基础护理费:400 元 3. 生活费:600 元 4. 公杂费:180 元 合计:2 300 元 / 月 / 人	2 号楼	单人间:2 980 元、3 180 元 / 月 双人间:2160 元 / 月 / 人
小洋房 2~6 栋一层普通标间及 3 号楼四层普通标间	1. 床位费:原价 1 200 元,7 折后 840 元 2. 基础护理费:400 元 3. 生活费:600 元 4. 公杂费:180 元 合计:2 020 元 / 月 / 人	3 号楼一楼~三楼普通套间	1. 床位费:原价 1 400 元, 7 折后 980 元 2. 基础护理费:400 元 3. 生活费:600 元 4. 公杂费:180 元 合计:2 160 元 / 月 / 人
小洋楼 7 栋一至二层豪华套间	1. 床位费:原价 2 100 元,7 折后 1 470 元 2. 基础护理费:400 元 3. 生活费:600 元 4. 公杂费:180 元 合计:2 650 元 / 月 / 人	4 号楼	单人间:2 780 元、2 980 元 / 月 双人间:2 160 元 / 月 / 人
初次入住 1. 床上用品:300 元 / 人 / 套 2. 体验费:100 元 / 人 3. 医疗备用金:2 000 元 / 人(入住养老院期间未用离院可退)			
注:入住前需评估护理等级,每增加一级护理增加 400 元,以此类推			

表 2-5 四川纯德养老机构老人护理等级划及收费标准

护理级别	老人情况	护理内容	收费标准(元)
基础护理	生活完全自理	1. 打开水 2. 打扫房间卫生 3. 清洗大件衣物(每周 2 次)、清洗床上用品(每月两次)	400
一级护理	生活基本自理,部分需要借助器材	1. 三餐送至房间、清洗餐具 2. 协助整理房间物品	400
二级护理	行动缓慢,自理能力差,80 岁以上	1. 完成上一级护理内容 2. 提醒老人按时休息 3. 帮助老人倒洗脸水、洗脚水 4. 帮助老人洗头、洗澡	800
三级护理	完成日常生活能力低,穿衣、洗浴需协助	1. 完成上一级护理内容 2. 协助老人穿脱衣服 3. 协助保管药物 4. 帮助老人洗头、洗澡	1 200

续表

护理级别	老人情况	护理内容	收费标准（元）
四级护理	生活基本不能自理，起居需要照顾，身体虚弱，健康情况差	1. 完成上一级护理内容 2. 晨晚间护理 3. 协助大小便、帮助清洗便器	1 600
特级护理	生活完全不能自理，健康情况差，大小便不能控制或有阿尔兹海默症	1. 完成上一级护理内容 2. 需要喂水、喂食、喂药 3. 定时洗浴及擦洗更换尿布 4. 每天清洗会阴两次 5. 随时观察病情变化，告知医生 6. 痔疮护理及翻身	2 800

表 2-6　泰康人寿·蜀园会员入住费用参考表（2018 年）

户型	入住费（万元）	入住人数	乐泰财富卡（万元 / 户）	乐泰财富卡会员月费（元 / 月）（如有调整，以社区最新通知为准）		其他收费服务
			标准价格	房屋使用费及居家费用	预估餐费	
一居室	20	1 人	100	6 000	1 800	按个人需要付费使用，参照社区特约服务价目表
		2 人		8 600	3 600	
舒适一室一厅	20	1 人	150	8 400	1 800	
		2 人		11 000	3 600	
温馨一室一厅	20	1 人	200	11 200	1 800	
		2 人		13 800	3 600	
温馨两居室	20	1 人	300	16 800	1 800	
		2 人		19 400	3 600	

表 2-7　泰康人寿·蜀园普通入住费用参考表（2018 年）

户型	入住费（万元）	入住人数	标准月费（元 / 月）（如有调整，以社区最新通知为准）		其他收费服务
			房屋使用费及居家费用	预估餐费	
一居室	20	1 人	10 500	1 800	按个人需要付费使用，参照社区特约服务价目表
		2 人	13 100	3 600	
舒适一室一厅	20	1 人	15 150	1 800	
		2 人	17 750	3 600	
温馨一室一厅	20	1 人	20 200	1 800	
		2 人	22 800	3 600	
温馨两居室	20	1 人	30 300	1 800	
		2 人	32 900	3 600	

表 2-8　青城山抱团养老与养老机构费用比较(2018 年)

	抱团(元)	养老机构(元)
住房年租金	6 000	7 200
年基本伙食费	7 500	15 000
合计	13 500	22 200

抱团养老与养老机构利弊比较,见表 2-9。

表 2-9　抱团养老与养老机构利弊比较(2018 年)

内容	抱团	养老机构
价格	便宜	相对贵
吃	随意	固定时间、统一口味、营养均衡
住	安静	集体生活稍有打扰
行	自理	全包
清洁卫生	自理	全包(洗衣除外)
文娱活动	单一	丰富多彩
自由度	大	相对小
归属感	不强	有归属感

十九、综述:拥抱新时代“空巢老人”新生活

综上所述,我们看到随着社会的转型以及经济结构、家庭结构、养老观念的变化,继而以传统家庭为主的养老方式也发生了变化。

从老年人群角度来看,农耕社会“多子多福、养儿防老”的观念和方式,被今天多样化的社会养老方式所替代。老年人群不再画地为牢困居家中,被日常生活琐事和孤独所纠缠,也不再依赖儿女为自己养老。他们走出家门,迈向社会,通过工作等获得了自我养老能力,在丰富多彩的养老模式中选择适合自己的养老方式。无论是新型的居家养老,还是机构养老、抱团养老和旅居养老,老年人群依靠社会服务获得了精神上的自由,实现了年少时的梦想,棋琴书画、唱歌跳舞、康养健身、世界旅居……丰富的精神生活让老年人获得了心理愉悦,活出了自己风采,使传统灰色的老年生活大放异彩,绚丽多姿。正如马克思所说,历史上新旧社会形态的每一次更替,历史发展中的每一重大进步,人类都争到一定的自由,获得某种程度的解放。因此,老年人群依靠自己和社会服务过上独立自主,有尊严的幸福生活,这巨变是社会进步、人性解放、人格独立、精神自由的具体写照。

从家庭来看,老人依靠自己和社会力量养老,适应了家庭格局、养老资源锐减的变化,

在心理上和精力上减少了子女们的压力和后顾之忧，促使他们全身心地投入工作和养育子女，为社会做出更大的贡献，同时确保他们从精神上更贴心地赡养父母；由于政府支持社会力量办养老，将会从政策、资金、资源等方面予以扶持，这使家庭和老人均能享受到一定的社会福利，相对减轻了家庭负担。

从社会角度来看，集约化的养老经营模式不仅能够综合利用土地、房屋、能源、粮食、医疗、运输、人力等资源，减少浪费，还刺激了相关产业，特别是服务业、旅游业、养老职业培训等行业的快速发展，同时增加了大量就业岗位，带动地方经济发展。此外，家庭服务社会化，加强了社会分工，既能让老人得到专业化的照护服务，提高生活质量，降低生活成本，又能让子女全力以赴，集中精力工作，养育子女，使每个社会成员，各尽所能，各得其所，既服务社会，又享受社会服务，让生活更加轻松愉悦。

如果说，人的生命历程是一个常数，那么中国社会的发展就是一个变量。眼下的老年人群，其个人生命历程伴随着中国社会动荡、转型、变革的各个历史阶段，接受了无数激流险滩、命运沉浮的考验。眼下进入老年阶段，这个考验仍在继续——接受中国社会经济迅速发展，带来沿袭千百年传统家庭养老模式解体的现实。也许现代老年人群对传统养老方式有着割舍不断的情结，但无论接受与否，接受得快与慢，这个变化已经切切实实来到面前，因此要调整思维惯性和心态，理性地面对，在重构中选择适合自己的新型养老方式，拥抱新时代“空巢老人”的新生活。

扫一扫

第三章 康复医疗

一、概述

当前,老年人群有三大无助困境:疾病突发无人知晓、慢性疾病无人照料、医护费高无法承担。老百姓流传的“一人生病,全家沦陷”“一病回到解放前”的话语,反映出这些困境几乎让老人的晚年生活沦陷的现状。

(一)疾病突发无人知晓

之所以发生“疾病突发无人知晓”,其原因得从社会、家庭结构变化来分析。在农耕时代,中国社会以大家庭为主,几代同堂,家族内部人身依附关系强,长辈养育子孙、子孙赡养长辈的代际互助结构稳定,也就是说家庭内部的代际支持是老年保障和照料的主要来源。进入工业化时代,人们逐渐减少了对土地的依赖,传统家庭结构慢慢解体。加上国家在20世纪70年代实施计划生育政策,生育水平的下降使社会逐步向着老龄化方向发展。特别是进入21世纪,我国经济快速发展使人口从农村向城市流动加快,家庭结构从几代同堂向着仅有父辈与子辈的小家庭格局发展。父母与子女、孙辈分别居住,有的同在一座城市,有的远隔千里,父母与子女地域的分离带来了家庭照料人力和经济能力相对不足的问题,从而造成“疾病突发无人知晓”的现状。

(二)慢性疾病无人照料

“慢性疾病无人照料”除了有上述原因外,还有护理人员短缺的原因。当前我国高龄老人3 000多万,失能老人4 000多万,随着我国老龄化社会进程加快,该数据还将继续增长。但目前我国专业护理人员的数量与实际的需求相差甚远,因此造成照护服务资源稀缺、价格偏高的局面。许多病人及家属大声疾呼:“医药费有国家给我们报销,但我们给不起护理费呀!”护理人员为何如此奇缺?人们不愿意从事护理工作的首要原因是观念问题,中国社会等级森严,人分三六九等,人们视护理为伺候人的低贱工作,因而不到万不得已,不肯轻易入职。其次,护理工作特点是脏、累、苦,工作强度大、待遇低。护理人员工作在护理老人、病人一线,工作强度高,时间长,心理压力大,但付出与收入不成正比,因此加速了人员流失。再次,从事护理行业的专业人士职称晋升渠道不畅,社会对护理人员的需要除医院外更多是家庭和各类养老机构。专业人士一旦进入后者,意味着自断职称晋升之路。因为国家人事部门没有对非事业单位开通护理职业人员职称评审和晋升通道。因而,非事业单位护理从业者社会地位尴尬,待遇低、职业前景暗淡。如今愿意从事护理行业的人大多来自边远农村,但大都为权宜之计,一旦有更好的工作机会会立即跳槽另攀高枝,因而造成这个行业人力资源奇缺且不稳定,形成老人、病人长期照护难的局面。

(三)医护费高无法承担

当前,老百姓对“医护费高无法承担”的责难声甚高。何以至此?应该说我国建成了世界上规模最大的基本医疗保障网,城镇职工基本医疗保险和城乡居民医疗保险参保人数超过 13 亿,国民“病有所医”的美好向往正成为现实。但不得不指出的是,首先,这张保障网的特点是:覆盖面广,保障水平低,农村人一旦生病必须自行负担很大一部分医疗费用;其次,老龄人口、患病群体逐年增大,各级政府财政不堪重负,一批企业承担不起,而广大农村群众收入较低,又难以支付高额医疗费;再次,大病、疑难病统筹、商业保险尚未发育成熟,覆盖面窄;最后,政府投入长期严重不足也是因病致贫的根本原因。

总体来看,从医到药、从城市到农村、从“小病难治”到“大病致贫”、从“医德缺失”到“医患矛盾”、从政府投入不足到医疗机构逐利化,中国医疗保障体制还面临很多困难和问题,需要摸索和借鉴成功经验,逐步完善保障制度才能满足老年人群所需要的三大保障:经济供养保障、医疗药费保障和生活照料保障。

二、看病难、看病贵

生病,每个人不可避免。老百姓谈病色变,也反映了当前看病难、看病贵的现状。

(一)看病难、看病贵的现状

1. 翻山越岭求医路

八月骄阳,某著名医院前偌大的广场被晒得如烧红的干锅一般,周围的长排铁椅子无人敢坐,几把树荫下的椅子上挤满了人。病人及家属都各自找阴凉地方躲避。

在广场树荫下的椅子上,一位身材瘦小,头戴蓝帽,身着同样面料的长袖衣服和长裤子,脚穿一双胶鞋的 70 多岁的老大爷挤坐在身着浅色夏装的人群中格外扎眼。他古铜色的脸上,皱纹沟壑纵横。只见他紧锁双眉,眼睛焦急地一直望着门诊部大门,好像在等待着什么。笔者走到他身旁蹲下。

图 3-1 在骄阳下等候治病的老人 宋小英 摄

“大爷,您来看病呀?”笔者与他打招呼道。

老大爷侧过身来看了笔者一眼,点了点头,算是作答。

“您哪里不舒服呢?”笔者关切地问道。

老大爷指了指肚子答道:“肠胃不好。”

他一开口,露出七倒八歪的焦黄牙齿,口腔里一股怪味扑面而来。他很真诚、很认真地与我一问一答。

“是第一次治疗吗?”

“以前在贵阳看过。”他停了好一阵子,像是自言自语,喃喃地说道,“每年住院三四次,每次花七八千元,自费两三千,还是一直拉肚子。”

笔者有些惊讶,拉肚子会这么折腾、花这么多钱,还治不好,便问:“那你自己每年贴补一两万啊?”

老人看了笔者一眼,说道:“我参加了‘新农合’保险,要不然咋医得起!”

“以前,你的父母生病,是怎么治的?”笔者问起他的父辈。

他有些沮丧地说道:“治啥? 医不起!”

“那怎么弄?”笔者刨根问底。

他眉头皱得更紧了,挤出几个字:“不医。最多煎几副药。”

笔者鼻子发酸,赶紧转移话题:“你在家做什么呢?”

“种地。”

“有多少地? 种些什么?”

“三分地,种苞谷、土豆。”

“在家谁做饭? 老拉肚子是不是吃了不干净的东西?”

“自己做饭,简单。”老大爷面无表情。

“家里有人照顾你吗?”

“有两个女儿。”

“和着你住一起吗?”

“没有，离我家近。”

“她们常来吗?”

老人点了点头。

说话间，一个30多岁穿着黑底白点裙子的妇女拎着几个白色的塑料袋走来，走近才看见里面分别装有黑色的X光片子，她对老人说道:“你再等一会儿，我先去缴费，再带你进去看病。”

看着她离去的背影，笔者问道:“这是你女儿?”

“嗯，小女儿。”老大爷有些释然，心情似乎放松些了，脸上露出一些笑意，接着说道:“两个女儿都在贵阳当老师，大女儿教小学，小女儿教中学，两个孙儿也读初中了。趁着放假她们带我来看病，两姊妹都来了!”最后一句他加强了语气。

“你们住在哪里?”

“旅馆。”老大爷停了停，接着说:“在贵阳看病、住院方便些，来这里恼火。我们住在旅馆里等床位，听说要半个月后才住得进去(医院)。”

“这里住旅馆多少钱一天?”笔者问。

他摇摇头说道:“我不管这些。听女儿说一百多元一天。”

我们都沉默了。近看老大爷在正午酷暑的烘烤中一身全副武装，居然没有出一点汗，倒是笔者几乎被烤焦。这时候，刚才那位妇女又来到大爷面前，一边扶起老大爷，一边说:“爸，我们走吧，进去看病了。”我们以目光示意道别。

在烈日下，老人踏着滚烫的水泥地，向着摩天大楼慢慢地移动，望着瘦小佝偻的背影，笔者的眼睛慢慢湿了……

2. 医院门槛高如山

转过几幢高大的楼宇，走进树荫浓密的葡萄架长廊，两边的木条凳子上密密麻麻地坐满了男女老少的病人及家属。在知了聒噪声中，有的靠着立柱打瞌睡;有的身体卷得像一只虾;有的仰面酣睡，嘴巴张得老大;有的怀抱熟睡的小孩打盹，脑袋失重地一点一点的，当碰着小孩的身体时，又努力抬起头、虚下眼，继续打盹;有的漫不经心地抽烟，蓝色烟雾随风笼罩着无精打采的人，没人在乎那呛鼻的味道;有的神情呆滞，排开两腿坐着;有的研读着手上的A4纸，不时与旁边的人交谈。被烤焦的笔者见有一空位，便坐了下来。稍缓过气，只听见左右两人在交谈，才发现自己坐在一对老年夫妻的中间。笔者颇有些尴尬地朝他们笑笑，欲起身换位置，婆婆轻轻摇了下头，淡淡一笑。

婆婆看上去60来岁，经交谈得知老夫妇来自都江堰，上小学的孙女手上长了一个良性瘤子，这次来医院做手术后在儿科住院。儿子媳妇早上从都江堰赶头班车来照顾，晚上坐末班车再回去。自己和丈夫晚上照顾孩子。护士说一个孩子只能有两个陪伴，老夫妇便只好在这里休息，熬到儿子媳妇离开再上楼去照顾孙女。

看见烈日高照，我开玩笑地说道：“这个天气，在病房里伺候病人，都不算重活儿了。”

婆婆摇着手中的大蒲扇，笑着回应道：“没法嘛！租房子好贵哦，这附近很小的房子都要一两千元一个月。儿子媳妇来回跑累是累点，但少花钱了嘛！”她用大蒲扇拍死了一只蚊子，接着说：“去年我们就做了一次手术，花了一万六七，报销了一万多点，自己出了好几千。现在，这个瘤子又长起来了，又要花一大笔钱啊！”交谈中得知，她家里还有一个78岁的婆婆要伺候，幸好还有两个兄弟帮忙，这才让她夫妇在医院安心照顾孙女。

笔者去医院住院部看望已经肝腹水的赵老，他躺在病床上奄奄一息，肚子挺得老高，全身皮肤都呈金黄色。我们四眼相对，彼此都很难受。回想当年当厂长的他接手一家国有中型亏损企业后，内抓管理开源节流，外跑市场打通销售渠道，风风火火忙得三更睡、五更起，眼睛一睁，就像上了发条的机器人又高速运转。他硬是只用了两年时间就把亏损近千万元的国企扭亏为盈，上级表彰，职工拥戴。笔者轻言安慰后与他依依惜别。

赵老的女儿送笔者出来，边走边讲述父亲的病情及医药花销。赵老发现肝区疼痛，到医院检查时已经是肝癌晚期，在治疗过程中，有些关键药品需要自费，而且在医疗费中所占比例很大。从她的讲述中得知，医生已经给赵老下了最后通牒，生命进入了倒计时。但他心里有一块大石头一直放不下，那就是因为治病给家人欠下了40多万元的医疗费。

他身体尚能支撑时，曾给所在的单位领导写过一封言辞恳切的信，大意是看在自己曾经为国家做出的贡献份上，希望报销部分自费的药费，但单位的回复令他失望。

死神的狰狞面目随时在赵老眼前晃动，他不仅要忍受肝区的剧痛对他肉体的折磨，还要忍受精神的折磨。奄奄一息的赵老躺在病床上，要与相濡以沫的老妻、血肉相连的儿女眼睁睁地诀别，肝肠寸断。还有那永远不能释怀的痛：多年来，亲人为自己治病的巨大付出，不仅不能得到回报，还给她们欠下巨额债务。40多万元啊，工薪阶层的妻儿，何时能还清？今后她们将一边承受失去亲人的痛苦，一边还要从微薄的退休金、工资中一点一点挤，一点一点地还债。他的心在颤抖、流血，沮丧、悲伤、无助将他推向了深渊……

（二）解决对策

老百姓把看病难、看病贵、护理难称为“新三座大山”，医疗负担为什么如此沉重？如何解决呢？笔者采访了政府、医院等相关部门，并查阅了有关文献资料，经过综合归纳整理，提出如下对策。

首先，医疗本身是贵的，而且会越来越贵。医疗行业与绝大多数行业不同，科技发展的水平越高，医疗的价格就越高。对个人来说，医疗制度可以让自己在生病时只出一部分钱，余下部分要么由国家出(财政拨款)，要么由社会出(公司报销)，要么大家一起出(大家筹资，谁生病谁就用)。这正是当下中国医疗制度的模式：公务员公费医疗，国家财政买单；企业职工参加劳保医疗，公司负担部分医疗费用；农村合作医疗，大家一起出资成立一个基金，支付医疗费。现实情况是各级政府投入不足，相当一批企业承担不起，广大农村群众收入较低，应有的医疗保障体系还没有完全建立。

其次，政府对医疗卫生事业投入太少。以英国为例，英国的医疗制度可谓是绝对公平的全民免费医疗，所有医疗行业的开销都通过财政拨款。但是绝对的公平也带来了绝对的低效。这其中有两个关键的原因：一是国家财政无法承担巨额的全民医疗费用，财政拨款不足导致了医疗资源的匮乏，所以看病需要排队；二是为了保证资源的公平分配，门诊、检查、开药、住院基本被拆分成了不同的体系。这从制度上杜绝了医生乱开药、乱检查(比如医生和药房分开，医生不能通过开药赚钱，而药房没有开药的权利)的现象，但同时大大降低了医疗的效率。而美国的医疗制度和中国一样，医生按程序收费，这就鼓励医生给病人多检查、多化验、多手术，这无形中提高了治病的成本。与中国不同的是，美国医生“多赚”的钱大多由保险公司和政府买单，而中国的病人大多自己买单。英国的医疗制度强调公平，由国家主导，但是效率低下；美国的医疗制度注重效率，由市场主导，但是缺乏公平。导致上述问题一个重要的原因是政府对医疗卫生事业的投入相对来说太少。根据财政部公布的数据，2018年国家财政支出超过22万亿元，其中医疗卫生与计划生育支出1.57万亿元。医疗卫生与计划生育支出约占财政总支出的7.1%。

政府对医疗卫生事业的投入太少，会导致医疗服务市场化，医疗费用的快速上涨；导致医疗服务提供者常常对患者进行重复检查、不必要的检查、开大处方、过度医疗等；导致以药养医、用高价药的现象存在；导致卫生与健康发展的体制机制症结难以消除；导致全社会投入医疗卫生的资金主要来自民众自己的腰包，造成看病贵；还导致医疗资源总量不足和结构失衡问题，使全社会的医疗资源配置由未受管制的市场力量所主宰。在这种情况下，一方面大部分医疗资源流向了医院，而且越高级的医院吸收的资源越多，从而使低级的、基于社区的(或基层)、农村的医疗机构服务量不足、效率滑落，另一方面使医疗资源日益向城市(尤其是大城市)集中。城市大医院门庭若市，门诊量超万人的医院数目大大增加，医疗服务质量和工作效率在政府强力监管下并未提高。基层医疗机构虽然人员待遇和设备、硬件得到了提升，但工作效率和服务质量反而下降了，不少基层医疗机构门可罗雀，十分冷清。由此，在医疗资源的配置上出现市场失灵和政府失灵同时存在的严峻局面，直接导致看病难。无论人们对于中国医疗体制改革的总体评价如何，一般公认的看法是，政府对于医疗卫生事业的投入过少，全社会医疗卫生资源的配置主要由市场来主导。

市场化的医疗卫生资源配置局面，不仅会导致医疗服务资源分布不公平，而且还会导致有限资源的浪费。换言之，市场失灵的情形比比皆是。问题更为严重的是，即便政府有限的投入也没有用于矫正市场失灵，而是盲目追随市场的力量，从而导致出现资源配置更加不合理的状态。

看病贵、看病难问题反映强烈，政府有关职能部门及行业人士应高度重视，认真履行政府职责，解决好民生问题。

三、陷入“困境”的老人们

疾病突发无人知、慢性疾病难照料……这些困境是如何让老人的晚年生活沦陷的呢？笔者列举出了如下实例。

（一）病魔袭来无人知

独居的王大姐和李大哥，年逾80岁，两人感情很好，与邻居秦大姐的关系也很好。一天早上，李大哥忽感头晕，便不省人事。王大姐急忙告诉儿子，一会儿工夫，救护车来了，医务人员来到家里，又是人工呼吸，又是输液，然后用担架抬着李大哥上了救护车。王大姐要跟着去医院，却被拦了下来。王大姐守着空落落而凌乱的屋子，半晌回不过神来。第二天早上，邻居秦大姐不见王大姐出门，便来敲门，半天无人回应，回想起昨天她家发生的事情，不觉担心起来。于是，秦大姐立马给还在医院守护父亲的王大姐儿子打电话。儿子一听说了情况就马上赶回家，打开门一看惊呆了：王大姐躺在地上，脸如白纸，四肢冰凉，气若游丝。救护车呼啸而来，又呼啸而去。经过抢救，终于把王大姐从死神手中拉了回来。从此，两人就合住一个病房。再后来，他俩不管谁住院，另一个必定住院，避免悲剧再次发生。

八旬的袁妈妈是一个很乐观、自立的人，老伴儿去世后，尽管儿女们表示接她要一起住，但她仍坚持独居。一次，她与无话不谈的好朋友高妈妈说悄悄话，讲述了自己在一个冬天突然昏厥的经历：“我起床后叠被子，只感到一阵头晕，就啥都不知道了。醒来时，发现自己躺在冰冷的水泥地上，也不知道躺了多久，我试着慢慢爬起来，继续洗漱吃早饭。后来又发生了一次。”高妈妈被袁妈妈的坚强吓了一跳，但还是正色地提醒她说：“你必须告诉儿女，去医院检查一下。”后来儿女们知道后，再次表示接她去一起住，但袁妈妈仍表示喜欢有独立空间的那份自由。子女们立即给袁妈妈请了保姆，24小时陪护，并加大了探望母亲的频率。

小区的王老伯愤愤地对笔者说道：“现在老人自杀、孤独死去的事情太多了！新闻一大堆。”笔者打开手机，果然看到几条戳心的消息：《安徽六旬老人死后遭群犬分食》《浙江儿子赶回家发现父母已离世多日》……昆明某厂生活区一对独居老人死于家中：邻居们说最后一次见到两位老人已是十多天前的事了，楼道内飘着一股臭味，警察戴着口罩在屋内勘察，大门上的门神是今年过年才贴上去的。邻居介绍说：“老两口育有 4 个儿子，老大可能 50 多岁了，以前经常见他回家看望二老，其他几兄弟没见过。”

（二）慢性疾病难照料

在医院的入院处，一辆轮椅上坐着一位白发苍苍的老爷爷，穿着白色真丝衬衣和短裤，看上去眼光有些呆滞。他旁边有一个老人的专用练步车上挂满了包包，有的装着盆子，有的装着衣服，还有的被塞得鼓鼓囊囊的，旁边还有一胖一瘦两位妇女，一个在忙着低头填表，一个正与护士接洽办理入院手续。

笔者见缝插针地问胖胖的妇女：“老人要住院啊？什么病呢？”

她告诉我：“患心血管疾病，血压高到了 150 至 160 水银柱。医生早让他住院，但一直没有床位，今早有病人出院，护士打电话叫我们赶紧来。”

笔者笑言：“你们也不年轻啊，还在照顾老人。”

这句话似乎戳到了她心窝，她像打机关枪似的，滔滔不绝地说道：“是啊，我爸已满 92 岁，我们也是 70 岁的人了，我俩是双胞胎。”她指着瘦瘦的妇女说道：“那是我姐，她不用带孙子，照顾我爸的时间多些。我给女儿带孩子，是家里的顶梁柱，买菜做饭全包。我一走，家里就得瘫痪。”

“那你们要请人照顾老人咯？”笔者问道。

“是要请人，不然我姐一个人也忙不过来。”她用手背擦了一把鼻尖上的汗珠说道。

“请护工费贵吧？”笔者问。

“今年上半年我爸住院，请护工 24 小时照看，170 元一天。不知道现在是什么行情。反正再贵也得请，不然谁照顾呢？”

笔者问道：“在家里谁照顾老人家呢？”

“我姐和请的阿姨。”她答道，继而又补充道：“你看我姐那么瘦，也是个病秧子。她自己都需要请人照顾。但我母亲去世了，就我俩姊妹，我又脱不开身，就只能靠她了。近十多年来，我父母年龄越来越大，身体也越来越不好，每年两人都要轮流住院。有一次两人同时住院，一个住二楼内一科，一个住三楼内三科。我姐在医院照顾我妈，请人照顾我爸，我负责买菜做饭和送饭。我爸是北方人，喜欢吃面食，口味淡；我妈是南方人，喜欢吃米饭和辣椒，口味重。我做饭、送饭就得弄两份。饭菜做好后为了趁热送来，我拎着两个饭桶，骑上自行车就往医院跑，送了二楼跑三楼，伺候他们吃完饭，又跑上跑下收拾碗筷。回到家里，收拾一片狼藉的厨房（为了赶时间，做好饭没有收拾厨房），稍事休息后又如法炮制做晚饭……第二天一早去市场买菜做饭、送饭。十多年了，不，应该是三十多年来，我俩的业余时间几乎都是与医院打交道。没有办法，自己的父母嘛！”她擦了一把汗水，笑着讲了一个趣事：“有一次，我单位给每个职工发了一个提篮式分格不锈钢饭盒。我拿着饭盒的第一反应是‘这盒子往医院送饭真合适！’同事们的议论则完全不同：‘这盒子出去耍，带点吃的真方便。’那时候，我满脑子装的都是与医院有关的事情。”

她姐姐在一旁插话道：“现在我们年纪也大了，照顾父母都感到力不从心了。无论在家还是在医院，一般都请人照顾，我们看着就是了。”她歇了一口气，慢慢说道：“但是请的人毕竟是外人。有一次，我们请了一个 40 多岁的阿姨，我们在父亲身边的时候，她很勤快，照顾也周到。但我们不在的时候，我爸根本叫不动，她当没有听见，埋头绣她的十字绣。我爸有时背地里多次表示要辞掉这个阿姨，见我们不听他的，就当面揭发这个阿姨。但我们还不大相信父亲的揭发，我们一走父亲就会被阿姨报复。现在请阿姨照顾老人，家里还得有个人看着才行，不然阿姨就会欺负老人。”她长长地叹了口气问道：“你说我们该怎么办？”

俗话说：“三分病，七分养。”护理人员的缺乏，不仅影响了治疗效果，而且还给病人带来极大的痛苦，更给病人家属带来极大的经济负担。随着中国人口老龄化程度的持续加深，空巢、高龄、失能老年人将继续增加，因此对照护服务的需求会日益凸现。政府和医院应着手整治护理难、护理贵现象，大力培训和组建专业护理人员队伍，探索居民长期护理保险（简称“护理险”）。通过政府、市场双管齐下，减轻老人及其家庭的经济负担，保障每一位老年人医得起病，付得起护理费，有尊严地活着。

四、儿女成才走天涯，父母衰老照护难

一室静雅清幽，伴着丝竹管弦和悠悠茶香，笔者与儿时的伙伴——花甲之年的华姐临窗而坐。回想当年，我们的父母都在同一个中学教书，我们在同一个院子里长大。当日我们还在一起捉迷藏，转眼间都当了爷爷奶奶。华姐提起我们儿时的另一个伙伴——春春时，我依稀还记得她粉团般的圆脸上那双有神的圆眼睛，但长大后一直无缘谋面。

华姐讲述了春春的故事：“你知道的，春春的父亲是我的数学老师，母亲是我的生物老师。春春姐弟三人，学习成绩都很优秀。‘文革’后恢复了高考，大姐春春和二弟都考上了大学，毕业后分别到了美国留学并定居。三弟大学毕业后，也在外地一家著名的医院当了医生。一门三杰，这在三四十年前是何等的荣耀，在亲戚朋友的眼里都

是很值得称道的事。春春的父母退休后，春春和二弟把二老接到美国居住。可两人完全不适应美国的生活，除了认识 26 个字母，其他单词早忘记了。虽然节假日儿女们会带他们去逛街、看海、旅游，但平时他俩出门似聋人和哑巴，回家是厨娘和花工。闲暇时，他们就在小区优美的环境中散步。他俩可以准确地告诉儿孙，从家门口到游泳池、到网球场、到幼儿园要走多少步。这正应了那句顺口溜：好山好水好寂寞！他们开始抵触这种生活，闹着要回国。春春和二弟只好随父母心愿，送他们回来居住，每年轮换着回来探望父母。”

图 3-2 相依为伴的“空巢老人” 宋小英 摄

华姐端起茶碗，轻轻吹开漂浮的几片茶叶，呷了一口，继续说道：“二老回来，就像这杯茶里的一片片茶叶，在水中绽放、舒展，不亦乐乎。但他们年过八十，买菜做饭、打扫卫生成了生活中的拦路虎。春春回国看到二老身体逐渐衰弱，忧心忡忡，多次问我该怎么办？我叫他们请人。她母亲的理由是：‘不喜欢天堂般自由的家里夹杂个陌生人，不方便。’父亲更武断：‘绝不允许家里有外人！’”

华姐停了停，继续说道：“春春的父母曾经住在三弟家附近，弟弟十天半月去看一看。如果老人病了，三弟就接过去医治疗养，病愈又送回去。春春想责备弟弟，但平时弟弟照顾的多，自己还有什么资格说他呢？春春与二弟只好每一年都轮换着回家住个十天半月。有时请春春出来玩，她要等父母午休后才能出来。她说：‘我回来的任务就是陪他们。’”

华姐拿起一颗葡萄慢慢送入口中，接着说道：“春春两口子两边都有老人，并分别住在不同城市，他们回国后在机场就分手，各回各家陪伴父母，直到要回美国时才在机场见面。春春的父亲已经卧床两年了，她家两年的年夜饭都是在病房里度过的。春春和二弟看到父母的情况忧心如焚，可因距离太远也没有办法。亲朋好友也常常来帮忙，但这些帮助不可能长久啊！”

华姐轻轻地叹了一口气，慢慢地说道：“曾经令人羡慕的父母，老了后因儿女不在身边的那种感受，只有当事人最清楚。我接触过一些有钱人，以前他们规划送孩子出国留学，但现在改变了主意，对送子女出国持否定态度。他们觉得，如果把孩子送出去读书或定居，就相当于这个娃儿白养了！”春春家的情况，不就是一个养儿不防老的现实版吗。

五、父母久病儿无奈

老年人增龄体衰，难免生病。如果老人失去自理能力，又需要长期照护，不仅自己痛苦，而且还会因为给家人增加负担而难为情。作为子女，绝大多数是孝敬父母的，但他们也各有难处，或已高龄、体虚，或要工作、抚育孩子，或在异地工作。这些现实的难处与不能或艰难地侍奉老人于病榻前的煎熬，令他们心力交瘁而又无奈。

（一）探望朋友母亲

某日，笔者去医院探望朋友的母亲，在医院看到和听到了一些很无奈的事情。

朋友83岁的母亲因为心脏病住院，病愈后刚出院回家，忽感腰部剧疼不止，不能行动。朋友已经50多岁的长兄只得背着母亲小心翼翼地从三楼一步步地下楼，开车到医院就诊。医生诊断：患老年性重度骨质疏松，脊椎已有骨折，需要住院治疗，并要求24小时卧床休息。

朋友兄妹三个，自己排行老二，均过半百的岁数，除小妹尚未退休外，其余都已退休在家。三人虽家居本市，距医院很远，于是请了一个护工24小时照顾，三人轮流看护母亲，母亲一住就是一个月。住院期间，兄妹仨轮流陪母亲做检查项目，常向医生询问母亲的病情，商量治疗方案，进行日间护理。母亲看在眼里，温暖在心里，病友也点赞有加。

这兄妹也有各家的事：朋友家有体弱的老公需要照顾；其长兄正装修房子，常常要买材料、去现场监工；小妹在教书，不能随便请假。但母亲住院事大，他们都尽量抽空看望母亲。朋友的时间相对宽松些，她每天安顿好丈夫，处理好家务后，便急匆匆赶往医院给母亲送饭，守候在母亲的病榻前询问病情，与医生商量医疗方案，安排护工工作，与母亲拉家常，空闲时自学推拿按摩。一段时间后，朋友母亲的病情稍有起色。

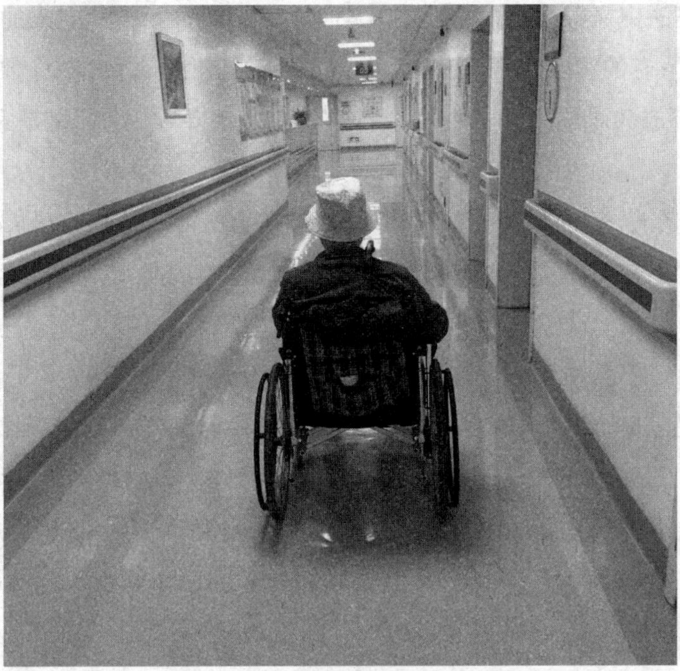

图 3-3 久病儿无奈 宋小英 摄

祸不单行，朋友的丈夫突发胆结石，在另一个医院住院治疗，她便两边跑，照顾两个病人。她调侃道："出了家门，就入院（医院）门，大商场门在何方？"幸好她身体好，还能扛得住。

（二）同室病友乔婆婆

后来，朋友向笔者又讲述了同室病友乔婆婆的情况。乔婆婆也患骨质疏松，住院月余。她虽有儿女三个，但两个均在外省安家，现与小女儿同住。前些日子，乔婆婆感到膝盖疼痛，女儿女婿送医后被医生留院治疗。

乔婆婆的女儿 40 出头，体质如林黛玉，既要上班，又要照顾正读高一的儿子，虽然请了护工日夜照顾，但问诊、检查、送饭事必躬亲。一段时间后，乔婆婆的病情渐有起色，但乔婆婆的女儿似乎更加形销骨立了。一日，伺候母亲时，她突感头晕目眩，正好护士来查房，见状给她量血压，竟然才 40 多，要她好好休息。她丈夫得知后，心疼而担忧地说道："凭你这身体，哪能吃得消？"乔婆婆的三个儿女商量后决定，由于母亲患的是老年慢性病，需要长期休养，小妹妹长期身兼两头不是长久之计，因此把母亲转入该医院开设的"医养结合"区域疗养。接踵而至的是每月 11 700 元的经济压力，家人商议后达成一致：母亲每月支出退休金 4 000 元，三个儿女根据经济能力各自负担一部分。

写到这里，笔者不禁陷入沉思。老人生病，子女理应照顾，这既是中华民族"孝"文化的优良传统，也是法定义务。然而，现实情况是（除了不孝之子外）老人的子女们有的在工作，甚至异地工作；有的体弱多病，有心无力；有的年过花甲、古稀，自身难保。老人一旦久病不起，长期照顾成为难题。尤其在当今社会形态大变革中，这不仅是家庭问题，也是社会问题。

作为当今的老人，多数人已转变养老观念，也在力所能及地靠自己养老，但无奈生活、治病成本愈来愈高，自己精力愈来愈不济，这让他们勉为其难，因此寄希望于儿女，向儿女求助已是必然。

作为政府应该清楚，中国家庭成员为社会做出的贡献是双重的：一是通过参加工作为社会做贡献；二是家庭老养小，小养老的互助。尤其后者，减轻了政府和社会的巨大负担。当今，在进行社会医疗制度改革过程中，政府除了用道德和法律保障老人权益以外，还要担当责任，以民生为本，花大力气尽快完善养老社会制度，拿出更多资金投入到养老事业中，不要把养老的经济压力、照护压力、道德压力之剑高悬于子女头上，应为老人独立、有尊严地生活创造条件。

六、守在病榻前的“外人”

有一次因为有家人住院，要请护理人员照顾，笔者来到某医院住院部甲状腺外科询问。迎面碰见一对夫妇正在过道散步，先生身着白底蓝条的病人服装，慢慢地走在前面，后面跟着他妻子。

笔者询问女士道：“大姐，听说有护理公司的人照顾病人，是吗？”

她回答道：“是有。可以在护士站询问。”

“你们住院好久了？请护工没有呢？”笔者想先了解一下情况。

“我先生动手术，都在这里住5天了。不请人怎么行哦！”她摇了摇手中的扇子，颇有些感慨地说道。她见先生在视线范围内慢慢走动，她便停下步子与笔者聊起天来。

“服务怎么样呢？护工每天做些什么呢？”笔者问道。

“她们服务还可以。每天帮病人买三顿饭，护理大小便，擦身体，帮助翻身等。病人需要输液，还要观察液体情况，提醒病人吃药、陪伴病人散步等。”她不厌其烦地告诉笔者。

“会不会有自己需要服务时，护工又正忙着照顾其他病人，来不了的情况呢？”笔者担心地问道。

“我们这层楼，白天有三个护工，她们会轮流不间断地巡视。如果发生你说的情况，可以给她们打电话；如果不是很急的事情，稍等一下，就会有人来。”她似乎已经遇到过这种情况。

“人们一般都喜欢熟悉自己情况、性格的人来护理。病人与护工之间还有一个磨合期,不断地换不同的护工来护理,病人会不会出现不适应的情况呢?”笔者提出又一担心。

“一般不会。护工就是你的帮手,扶你一下,拿个水杯什么的。有的病人手术后只请一天或两天。我先生因为做的是剖腹手术,请5天就算是比较长的了。”她解释道。

得知这位大姐24小时在医院陪伴先生,笔者问道:“既然请了护工,你在这里做什么呢?”见她一脸疲惫,笔者关心地问道。

她看看丈夫,仍然在安全范围散步,便继续说道:“他毕竟做了这么大一个手术,才从重症监护室出来,肯定还是需要家里人在身边照顾和陪伴。这样病人安心,我也放心。”

“护工会不会看见你先生有家属陪伴,就减少照顾呢?”笔者又问道。

“有时候会有这种情况。比如给病人买饭,洗碗,照顾病人吃药、喝水等这些举手之劳,家属自己就做了。但比如病人大小便、翻身、擦澡这些脏、累、重的活儿,还是要请护工帮忙才行。”

“价格好多呢?”笔者提出了大家关心的问题。

“这里是按天结账,130元一天。”她答道。

笔者问道:“你觉得贵不贵?”

“不算贵。我亲戚以前住院,请人照顾,要两百多元一天,而且一个护工同时照顾好几个病人。”她坦诚地说道。

她见先生已经走出了安全距离,忙追过去,并提醒笔者说:“你去护士站问问。”

笔者来到护士站,高约一米的乳黄色人造石柜台围成了一个半圆环形,里面有两位穿着白大褂的护士正各自盯着电脑,不时敲击键盘,不时有医生、病人及家属来来去去,或问她们什么问题,或拿着手上的纸片让她们看看。

笔者上前问道:“请问,这里可以请护工哇?”

其中一个护士努了下嘴:“那儿。”我循着方向看过去,见柜台上放着一个不大的牌子上,第一行写着“要服务,找XX”,第二行大字写着:《职业陪伴介绍流程》《告知书》。其流程是:口头提出申请——填写病区专业陪伴(照料)资源申请书/签订三方协议——介绍职业陪伴员进行专业照料——预交费用——服务回访——结账。

细读之后,笔者问护士:“要请人照顾,在这里办手续吗?”

护士对着一个穿蓝色工装人的背影大喊一声:“王大姐!”接着对我说:“你去找她。”

图 3-4　成都某医院《职业陪伴介绍流程》和《告知书》　宋小英　摄

听到叫喊声后，那个脑勺后随意拴着一小撮头发、叫王大姐的人转过身来，她约 40 岁，中等个子，身材清瘦，肤色较黑，浓眉大眼，她手上正戴着透明手套，笑着问笔者说：“你要请人哇?”

笔者做肯定回答，并询价时，她回答：“有两种价格：一种是一个护工 24 小时同时照顾几个病人，就是 130 元一天；一个护工 24 小时专门照顾一个病人，就是 300 元一天。”然后她扬了扬手，说道：“你稍微等一下，有个病人要解小便，我马上就来。”

这时，旁边有个病人大概有些闷了，主动与笔者交谈起来。

他说：“一对多是 130 元一天(24 小时)，但一对一就是 260 元一天。”

王大姐回来了，把手上拿着的一堆毯子扔进专门的桶里，再脱下手上的透明手套扔进垃圾桶。

笔者正欲细问并提出要看看《三方协议》时，一个穿黄色 T 恤的病人家属来喊她：“我隔壁房间的大妈要解手。”

王大姐抱歉地对笔者笑笑说：“我马上回来给你拿协议。”说着从衣服口袋里抽出一双透明手套，边走边往手上戴。

漫步走廊，笔者见墙上挂有“XX 护工每日工作一览表”，表里共有三大内容。一是护工栏共有 4 个女护工的照片，王大姐也在其中，另有一张“职业陪伴”卡片，上面有两组座机电话(提供给病人的)；二是值班栏有三人白班，一人夜班。三是服务理念“服务在我心中，服务在我眼中，服务在我手中”“病人第一，科室第一，服务第一，奉献第一”“诚信至上，服务无限”。

见王大姐还没有来，笔者便去找她，见刚才来叫王大姐的那个病人家属站在病房门口，便问："王大姐呢？"

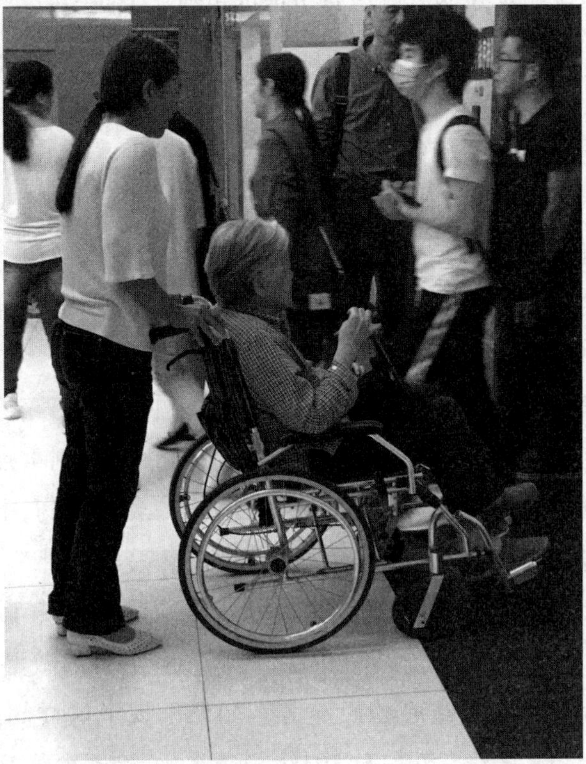

图 3-5 照护我的"外人" 宋小英 摄

她眼睛朝房间的卫生间一看，说："那儿。"笔者趁着等候王大姐的时候与她聊起天来，得知她母亲手术后便秘，刚才王大姐给她母亲用了开塞露，现在母亲要解大手了，王大姐便扶她进了卫生间。十多分钟过去了，卫生间的门仍然紧闭。

在另一个病房，一张病床上躺了一个年轻的女病人，她正等待做手术，不打算请护工。理由是"听其他病人说，护工来得少，没啥用。"

终于，王大姐出来了，一边脱掉手上的透明手套，一边说："这个婆婆着急，开塞露还没有发挥作用就着急上厕所，等了半天只解了一丁点。"

笔者笑着问道："婆婆的女儿在厕所门外等，你陪着婆婆闷在厕所里半天是什么感觉？"

她也笑着说："干这行的嘛，应该的！"

她想起了笔者在等她拿《三方协议》，便说："我去给你拿。"

笔者跟着她来到护工休息室，清洁工也在里面休息。只有几个凳子，一个很简陋、很窄的长条桌，一个推车，一些杂乱的东西堆在一角。王大姐拿出《三方协议》走到室外的路灯下，才递给笔者看，上面主要写了护理等级及期限，费用及结算，三方各自职责，并没有写具体护理的内容和标准。笔者问王大姐："为什么？"

王大姐很干脆地说："反正病人的所有事情都包括在里面了。"

笔者道出心里的担忧："你们只有四个人，要给每个病人做那么多事，怎么忙得过来啊！"

王大姐说："这一层楼虽然有很多病人，但一般请护工就是手术后几天，平均算下来，每天请护工照顾的病人，就是17至18个人。你放心，肯定照顾得好。"

"王大姐，13床的病人叫你！"走廊传来声音，王大姐应声而去。

笔者在护士站与正在电脑前工作的护士交谈起来，并试探道性地问道："这里可不可以请外面的护工来照顾呢？"

"不行。因为我们医院的护工都是经过卫生、专业培训的。护工在哪一个科照护病人，都是相对固定的。因为每个专科不一样，培训的专业侧重点就不一样。比如乳腺科、骨科，对照顾护理病人的要求就不一样。俗话说：三分病，七分养。外面请的护工，没有经过正规培训，有的摸了这个病人的便盆，又去给另外一个病人端饭，难以保证卫生、专业标准。再说，就算请长期在医院从事照顾病人的护工，可能有护理病人的经验，但缺乏专科护理知识，就很容易出问题。本来医生手术做得很成功，但如果后期护理跟不上要求，就会给病人造成二次痛苦。如果出现了这样问题，病人及家属将自己承担后果。"她埋头点击了一下鼠标，继续说道："医院不允许病人及家属请本科室以外的护工照顾，也是出于对病人及治疗效果负责。我们科的这些护工，培训合格上岗后，已经在这里干了很多年，对如何护理甲状腺病人的伤口等是很有经验的，病人放心，医院也才放心。"

王大姐终于回来了，笔者与她签订了《三方协议》。

七、医药费尚可报，护理费付不起

笔者的亲戚住院后，需要护工24小时照顾。8月的一天中午，骄阳似火。笔者来到成都某著名医院，见一位40多岁的女工正在停车场扫地，便上前向她打听行情。

一听说笔者要请护工，她热情地说："我嫂子护理病人都护理了十多年了，很有经验。她回老家处理事情，刚回成都正在找事情做。"说着把扫把往地上一扔，掏出手机找她嫂子的号码。笔者问道："现在大概多少钱一天嘛？"她一边用食指滑着手机屏幕，一边说："包护工的吃住，大概是190到200多元一天。我给你电话，你们自己谈吧！"我们分别打电话过去，无人接听。她猜嫂子正在医院大厅找工作，那里吵。我俩便站在摄氏33度热浪下的树荫中闲谈起来。

得知这位女清洁工姓樊,43 岁,老家在彭山丘陵地带。家有 70 多岁的公公,靠种地和三个兄弟供养,小樊夫妇每年给老人 5 000 元生活费。由于自己的脾气不好,做不了侍候人的事,就在医院保洁公司做清洁工,每月工资 2 400 ~ 2 500 元,公司和自己各出 200 元买社保,这是最低等级的社保。

她很自豪地说道:“我嫂子打一个月工,顶我干几个月的。她在医院当护工已有 13 年,从 100 多元一天到现在 200 多元一天,病人家属包三顿饭和住(租医院的简易床),一天净赚 200 多元。她自己买了社保,一个月缴 900 多元。她现在房子都买了。”

笔者好奇地追问道:“房子买在哪里的?面积好(多)大?”

她答道:“在彭山城里买的, 130 平方米房子。他们当时一次性付了 70 多万元,现房子已经将近 150 万元了。”

笔者有些惊讶地问道:“全是你嫂子挣钱买的啊?”

“靠她一个人咋行?我姐夫也在医院做护工。”她抹了抹额头的汗水答道。

“你姐姐家里有啥负担吗?”笔者继续问道。

“她儿子 18 岁了,马上考大学了。我姐夫家里还有老人要供养。”

“你们平时住在哪里呢?”笔者关心地问道。

“我在医院附近租房子住,我嫂子就住我那儿。”她有些自得地透露:“才租成 1 000 多元一个月。”

“与你嫂子分担租金吧?”笔者问。

她继续说道:“嗯!她住得少。她和我哥一般都分别住病房, 24 小时照顾病人,睡简易床,家属包费用。”

话说时针指向 13 点,笔者再次给她嫂子打电话仍无人接听便告辞了。她一再告诉笔者说:“我嫂子可能在医院大厅找工作,我晚上回去给她说,你记着给她打电话哈!”言语间充满期盼。

傍晚,笔者手机忽然响起,一个清脆的声音说道:“姐,我是小樊的嫂子吴姐,今在医院大厅,没听到你的电话。你要请人哇?”笔者向她介绍了病人的情况后,她详细地介绍了现在请护工的行情。不同类型的病人有不同的护理价格,见表 3-1。

表 3-1　私人与公司定制护理价格一览表

病人状况	私人定制护理价格	护理内容	病人家属为护工提供的条件
卧床不能自理的病人	280 元 / 天	24 小时一对一地照顾护理病人的一切，包括大小便、擦身等清洁卫生	1. 包护工三顿饭（早上鸡蛋、馒头；中午炒菜或烧菜；晚上简餐） 2. 提供住（租用医院的简易床） 3. 如条件允许，中午或晚上家属短时间（半小时左右）替换护工
卧床不能自理的病人	260 元 / 天	24 小时一对一照顾病人的一切，包括大小便、擦身等清洁卫生	1. 包护工三顿饭（早上鸡蛋、馒头；中午炒菜或烧菜；晚上简餐） 2. 提供住（租用医院的简易床） 3. 中午或晚上家属短时间（1 ~ 2 小时）替换护工
卧床不能自理的病人	230 ~ 240 元 / 天	24 小时照顾病人的一切，包括护理大小便、擦身等清洁卫生，护工同时管几个病人	1. 包护工三顿饭（早上鸡蛋、馒头；中午炒菜或烧菜；晚上简餐） 2. 提供住（租用医院的简易床） 3. 如果晚上病人闹、事情多，护工休息不好，家属白天替换
护理半自理的病人	150 ~ 160 元 / 天	24 小时照顾病人的一切，包括上厕所、擦身等清洁卫生；护工同时管几个病人，会不时来关照病人；如果护工不在病人面前，有需要打电话给护工	1. 包护工三顿饭（早上鸡蛋、馒头；中午炒菜或烧菜；晚上简餐） 2. 提供住（租用医院的简易床）
卧床不能自理的病人（请服务公司护工）	160 ~ 220 元 / 天	24 小时一对一照顾病人，包括买饭、喂饭，照顾病人大小便、擦身等清洁卫生，陪同病人做医疗检查等	1. 包护工三顿饭（医院食堂的盒饭） 2. 提供住（租用医院简易床）
卧床不能自理的病人（请服务公司的护工）	130 ~ 160 元 / 天	公司将护工分为 4 ~ 5 人一组，实行两班倒，24 小时不间断地巡视病房，照顾病人包括病人大小便、擦身等清洁卫生，陪同病人做医疗检查等	不包吃住

听完吴姐介绍的行情，笔者问道："请私人定制和公司定制的照顾病人都是 24 小时，但公司定制的价格要便宜很多哦！"

吴姐接过话茬说道："'都是坛子菜，打开味道各不同。'"

笔者又问道："医院为什么要搞服务公司？那不是抢你们的饭碗啦？"

"还不是有病人反映护理费贵，才搞了公司定制与我们私人定制竞争。但公司抢不走我们的饭碗。关键在病人和家属身上，只要他们需要我们，愿意请我们，公司也没有办法。"吴姐很自信地说道。

在交谈中，吴姐反复强调："人心都是肉长的，病人和护工之间最重要的是相互理解和尊重。双方的心态很重要。"她举例道："有一个 81 岁的李婆婆，做了心脏搭桥手术，在 ICU 重症监护室住了 20 多天出来。因为在里面必须平躺，屁股已经生了褥疮。家属请我 24 小时照顾，包吃住 260 元一天。我处理褥疮应该说很有经验，因为老人的骨头很脆弱，让他们坐起或为他们翻身，不能拉老人的手或者猛地翻身，要用'公主抱'等一套专门的方法。每次婆婆解手后，我都要用事先凉的温热盐开水给老人擦洗，擦药膏。在我的精心照顾下，老人慢慢恢复了健康。才开始，老人半夜总是要呻吟，我就要起身看看，老人的儿女总是不让我起来，说我白天太辛苦。但我哪能安心睡呢，一听老人呻吟自然要起来，为了让我安心睡觉，他们就干脆让我搬到走廊去休息，晚上就他们全护理了。后来，老人出院，儿女还继续请我到老人家里伺候，仍然按 260 元一天给我。我在那里干了 4 个多月，每当有节假日，他们还要给我红包和礼物。他们很尊重理解我，将心比心，我把老人家当成自己的亲人来照顾。"

电话突然断线，笔者忙打过去，接着问她："在医院照顾病人的大小便，可能是最恼火的事情吧？有没有比这更恼火的事情呢？"她回答道："有。得不到理解最让人难受。有一次，我 24 小时照顾吴阿姨，她是肝腹水。她有五儿一女，儿子媳妇都多好的，就是她的女儿比较麻烦。白天病人输液，她要自己守，却不让我打会儿瞌睡；晚上，她要自己守，病人要起来坐一下或者喝口水，她却非要把我叫醒，起来去弄。另外，有一个婆婆的媳妇来看她，嘴巴上甜得很，妈妈长，妈妈短的，但有时候婆婆要喝水，她却要我去倒水。这些事情虽然是该我们护工做的，但作为家属，你给母亲倒杯水也体现你的孝心嘛！老人会觉得很温暖啊！这些病人家属的心态是：我出钱请你，该你做的事情，不管大小你都得做。把自己的钱看得很重。但他们没有想到，人是讲感情的，人敬我一尺，我敬人一丈。家属尊重护工，护工也才把病人当亲人照顾。有时候医生查房，家属不在，病人不想说，或者说不清楚，都是护工告诉医生病人的病情，医生才能对症下药，帮助病人早日康复。病人家属对我们的不理解、不尊重，会伤我们的心，尽管我们努力克制自己的情绪，但不能保证一点都不流露出来。而病人身心脆弱，不耐烦的语言和语气、脸色会让他们病上加烦，那护工与病人、家属之间就很难合作了。"她停了停，提高嗓音，语气有些尖厉地说道："我们希望自己的付出能得到病人和家属的理解，但如果病人或家属不尊重护工，把我们惹毛了，那就立即结账走人。到头来，你另外请人来又要重新磨合，吃亏的还不是病人？"

笔者问道："你刚才讲到，李婆婆的家属把你请回家照顾病人，仍然按医院照顾病人的价格给你，这样轻松些哦！"小吴答道："是轻松些，但还是情愿待在医院，因为还有'外水'。"

笔者诧异地问："什么外水？"

她解释道："我们护理行业有个行规，比如我给别的护工介绍了病人，护理价格是 230 元一天，如果她连续工作了 10 天，她就要给我 230 元抽头（回报），或者充话费、买水果等，吃水不忘挖井人嘛！在医院护工之间互相帮忙介绍工作是很多的，那抽头的机会也就多，收入自然就多些。"她继续说道："如果伺候的老人因病去世，家属除了给当天（哪怕凌晨 1 点）的工钱外，还要给我们'送终费'800 元到 1 000 元不等。"

听完护工吴姐的一席话，笔者对"病不起"感同身受。回忆起几天前何姐满面愁容说的一席话："去医院看望老同事，他请护工的费用是 180 元一天。我们从企业退休，每月的退休金才 2 000 多元，咋个请得起！我记得我们小时候，医院根本不准病人家属留在病房过夜，都是护士照顾病人。现在护士不管照顾病人了，只管打针、发药，整理病历等，这就逼着病人及家属请护工照顾。这实际上是把护士的工作转嫁给病人，大大增加了病人及家属的经济负担。"

一位曾经在医院当护士长的老人的哀叹回荡耳边："现在国家给我们报销医药费 95%，但我们出不起护工费啊！以前我当护士长的时候，带领护士们给病人打针、输液、送药、换药，换洗被单、擦洗身体、翻身、洗头、剪指甲、接屎端尿哪一样不干？有时候病人患了褥疮，骨头、神经都露在外面了，护士一样要给擦洗、换药，小心伺候。护士，护士，就是护理病人的人士。怎么到我老了，护士该做的这一切，就变成该我自己掏腰包了？病人的经济负担本来就很重，再加精神负担，我们负不起啊！"继而，她那洪钟般的呼吁回响耳际："让护士干好自己的本分！"

八、因病致贫，制度疗沉疴

民谚道："什么都可没，唯愿别有病。"道出了人们对生病的恐惧。时下，"看病难""看病贵"困扰着国人。家里一旦有人患重病，往往会形成"病倒一个人，坍塌一个家"的局面。

（一）因病致贫案例

福建福州 14 岁的黄剑锋因患有中枢性呼吸功能衰竭，无法自主呼吸，住院仅 37 天就花光了 10 万元，而他父母月收入共计 2 200 多元。由于无钱继续在医院治疗，病人被接回家中。父亲通过买、借、租等办法，弄来氧气瓶、氧气机、呼吸机，在家里自制了一个 ICU 病房。一次突然停电，呼吸机、氧气机停止工作，护工将导管从胸口开口处插入黄剑锋的肺中，不停挤压呼吸球，输送着氧气，最终才让他恢复了呼吸。

2017 年秋，在泸州某医院住院部的一个大病房里，担架抬进来一位 50 来岁的大嫂，尽管被病痛折磨得很憔悴，但依然透露着干练的气质。听她丈夫讲，妻子原来是合江县一个村支书，靠着勤劳，在乡场上开了一家小面馆，日子还算过得去，儿子刚结婚去广东打工。一天，妻子突然昏倒，送来医院后，经检查诊断需要动手术，费用十余万元。这对每月仅有三四百元现金补助的农村基层干部来说，不是一个小数目。但为了治病，他们当即决定卖掉小面馆筹集手术费，并通知儿子儿媳回泸州打工，兼顾照顾母亲。一家人的美好梦想由此改变。

大学校长病故前向组织书面反映因病致贫。四川某大学原校长身患肠癌五年多来，在四川最好的医院放疗、化疗、手术治疗，花销不菲。除了公费医疗报销外，自己承担了进口药、手术用进口材料，共数十万元。他在病中向省老干部局和学校党委等部门写了一封言辞恳切的报告，其中说道：原来听说因病致贫、因病返贫不理解。自己作为在高校担任主要领导二十几年的正厅级干部，检查出癌症后，几年的治疗花光了几十年的积蓄，还给妻子儿女增添了极大的负担和痛苦，实在病不起啊。

此外，媒体还报道了许多类似因病返贫、致贫的新闻：亲戚卖耕牛借钱于我给女儿治病，几十天全部花光；父母由于没钱给女儿治病，把女儿抛弃在医院；刚攒够妻子的手术费，儿又患重病，抢救儿子花光积蓄，儿病逝，妻治疗无望……

（二）因病致贫的原因

是什么原因导致这么多人因为治病，让原本生活平静或幸福的家庭，由此滑入债台高筑、不堪重负的境地。笔者通过解读国家政策，剖析现状，对其原因作出如下分析和研究。

导致因病致贫、因病返贫的原因是多方面的。一是新兴的医疗保障制度在发展的道路上步履蹒跚，基本实现全民医保，但保障水平低；医保基金入不敷出；以前农村多数国人基本没有医疗保障，他们一旦生病，必须自行负担几乎全额医疗费用。二是由于人口老龄化、患病群体逐年增大，各级政府不堪重负，相当一批企业承担不起，广大农村群众收入又较低。三是大病、疑难病统筹、商业保险没有发展起来，覆盖面很小。四是政府投入长期严重不足。

首先，由于政府投入不足导致医院逐步市场化。政府的保障责任、维护公益职责的缺失，直接助长了公立医院的逐利机制。医院通过大量医疗检查收入和以药养医来维持运行，其保障性、可持续运行机制严重缺失。以药养医和缺乏监管导致医生乱开药、大处方、甚至开药吃回扣等腐败的滋生和泛滥。药品生产流通秩序不规范，医药费用上涨过快。与医院以药养医相应的药品生产流通领域的药品招投标博弈加价、医药代表、红包回扣乱象丛生。

其次，无论城市还是在农村，虽然基本实现全民医保，但保障水平很低，尤其是农村，导致居民承担的医疗费用逐年上涨。广大收入不高的普通家庭，往往病倒一个人，坍塌一个家,最终导致因病致贫、因病返贫现象。据2016年6月末国务院新闻办公布数据显示,全国因病致贫或返贫户在所有贫困户占比上升,至2015年末超过44%。此外,城乡群众还有相当一批因病降低生活水平的人群和家庭。

此外,没有构建起布局合理、分工协作的医疗服务体系和分级诊疗就医格局,就无法有效缓解群众看病难、看病贵问题。

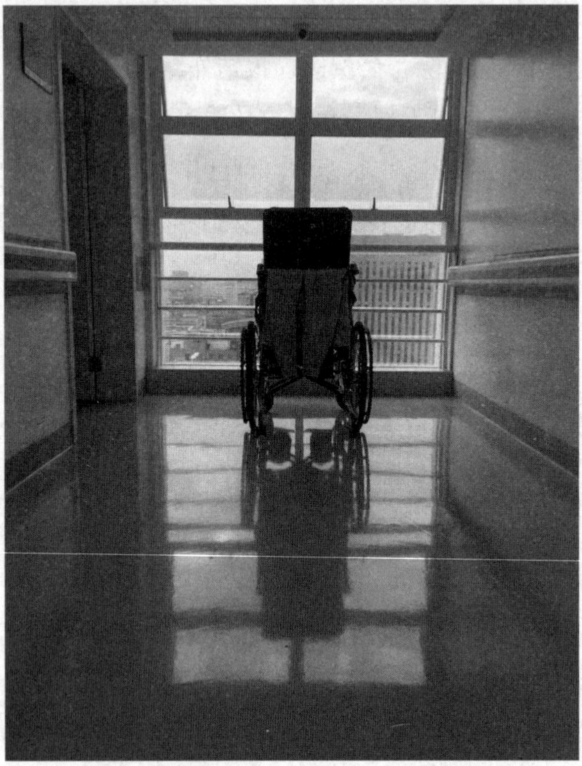
图 3-6　因病返贫何时了　宋小英　摄

最终,城乡和区域医疗卫生事业发展不平衡,资源配置极不合理。公共卫生和农村、社区医疗卫生工作比较薄弱。医疗资源总量不足和结构失衡问题突出,大部分医疗资源流向了医院,从而导致了低级的、基于社区的(或基层的)、农村的医疗机构服务量不足,也导致了医疗资源日益向城市(尤其是大城市)、向高级医院集中。

(三)因病致贫的应对策略

由以上分析可见,我国对医疗事业长期严重投入不足,是导致人们因病致贫或返贫的根本原因。医药卫生事业关系亿万人民的健康,关系千家万户的幸福,是重大民生问题。为此,笔者认为应采取如下策略,缓解这一局面。

第一,加快公立医院改革,发展社区医院,实行全科医生制,重构医疗服务体系。当前我国医药卫生事业发展水平与人民群众健康需求及经济社会协调发展要求不适应的矛盾比较突出,迫切需要落实政府办医责任,统筹医疗服务体系重构。大力发展基层社区医疗事业,构建布局合理、分工协作的医疗服务体系和分级诊疗就医格局,逐步推行全科医生制。重构医疗服务体系,即打破目前我国医疗服务体系城乡之间、大小医院之间、公立民营医院之间、综合医院、专科医院、基层社区医院之间不平衡、不协调、不适应的格局。建立城市综合医院、专科医院、社区医院、农村基层医院、全科医生协调发展的全新医疗服务体系,充分体现公立医院公益性质和主体作用。推进医疗、医保、医药联动,增强改革发展的系统性、整体性和协同性。从实际出发,针对不同地区、不同层级、不同类型的医院,在医保支付、价格调整、绩效考评等方面实行差别化的政策。构建决策、执行、监督相互分工、相互制衡的权力运行机制。

第二，落实公立医院自主权，建立现代医院管理制度。完善公立医院法人治理结构和治理机制，落实公立医院人事管理、内部分配、运营管理等自主权。实行院长选拔制、聘任制，任期目标责任考核和问责制，建立以公益性为导向的考核评价机制。卫生计生行政部门或专门的公立医院管理机构制定绩效评价指标体系，突出功能定位、职责履行、费用控制、运行绩效、财务管理、成本控制和社会满意度等考核指标，定期组织公立医院绩效考核以及院长年度和任期目标责任考核，考核结果向社会公开，并与医院财政补助、医保支付、工资总额以及院长薪酬、任免、奖惩等挂钩，建立激励约束机制。加强医疗质量管理与控制，规范临床检查、诊断、治疗、使用药物和植（介）入类医疗器械行为。全面开展便民惠民服务，加强预约和分诊管理，不断优化医疗服务流程，改善患者就医环境和就医体验。

第三，提高政府补助比例，破除以药补医机制，建立公立医院运行新机制。所有公立医院推进医药分开，改革以药补医机制，取消药品加成（中药饮片除外）。将公立医院补偿由服务收费、药品加成收入和政府补助三个渠道改为服务收费和政府补助两个渠道。通过调整医疗服务价格、加大政府投入、降低医院运行成本等，建立科学合理的补偿机制，切断医院和医务人员与药品间的利益链，降低药品和医用耗材费用。制定出台公立医院医疗服务价格方案，特别是诊疗、手术、护理、床位、中医等服务项目价格。

第四，构建各类医疗机构协同发展的服务体系，优化城市公立医院规划布局。按照中央要求以及本省（区、市）卫生资源配置标准，并结合服务人口与服务半径、城镇化发展水平和群众医疗需求变化，制定区域卫生规划和医疗机构设置规划。将区域内各方面、各层次医疗卫生资源纳入规划统筹考虑。推进社会力量参与公立医院改革。把控公立医院数量、布局和结构，鼓励企业、慈善机构、基金会、商业保险机构等社会力量办医，扩大卫生资源总量。鼓励采取迁建、整合、转型等多种途径将部分城市二级医院改造为社区卫生服务机构、专科医院、老年护理和康复等机构。鼓励社会力量以出资新建、参与改制等多种形式投资医疗，优先支持开办非营利性医疗机构。引导各级公立医院与基层医疗卫生机构建立目标明确、权责清晰的分工协作机制，加强公立医院与专业公共卫生机构的分工协作，在统一质量控制标准前提下，实行同级医疗机构医学检查检验结果互认。

第五，推动建立分级诊疗制度。促进医疗卫生资源下沉，在试点城市构建基层首诊、双向转诊、急慢分治、上下联动的分级诊疗模式。落实基层首诊，基层医疗卫生机构提供基本医疗和转诊服务，注重发挥全科医生作用，推进全科医生签约服务。逐步增加城市公立医院通过基层医疗卫生机构和全科医生预约挂号和转诊服务号源,上级医院对经基层和全科医生预约或转诊的患者提供优先接诊、优先检查、优先住院等服务。促进分级诊疗的医保支付政策。对没有按照转诊程序就医的,降低医保支付比例或按规定不予支付。

第六、推行“药店 + 诊所”等新型销售模式。随着医改的深入,国家大力倡导基层医疗,大病、疑难杂症到医院,小病到基层医疗机构、药店。一方面处方药企可大量进入药店连锁等新型销售渠道,另一方面具备“药店 + 诊所”经营资质的零售门店将改变经营业态,为患者提供更便捷服务。此外,患者在诊所看病后凭医生的处方可到药店取药,既能得到快速、有效的治疗,又节省了到医院看病挂号费用和排队的时间。随着我国快速进入老龄化社会,要加大力度推行“大病到医院,小病到社区或药店”的理念和举措。

九、酿成大祸的“小事”

在各种场合,都能时常听见老年人对公共交通、道路安全的议论。对交通的便捷老人们赞不绝口,但对道路的安全性却颇有微词。老年人群感叹:“年纪大了,最怕摔跤!”

(一)人行道上隐患多

白发苍苍的百岁老人金爷爷身体硬朗,常常独自乘地铁进城。他所在的养老机构地处郊区。提及附近的马路状况时,他说道:“这里有八车道的主干道,一马平川,道旁绿树成荫,煞是漂亮。但去养老机构的岔道的马路上,快慢车道、人行道的分隔线就模糊不清了。郊外的汽车、摩托车、电动车开得特别快,又乱穿,自行车走机动车道,摩托车走人行道,汽车随意调头,我们走在路边很没有安全感。”笔者发现,人行道很窄而且全是泥沙,如果下雨,行人只能走慢车道,十分危险。

“你看看,这些人行道上的盲道都被摆摊的、商店和自行车占用了。他们认为盲道没用。”80 岁的黄婆婆指着地上的盲道呼吁:“健康人不觉得,但盲人走路、老年人防滑离不开它啊!”

旁边一位老大爷接过话茬抱怨道:“你们看看,人行道本来就不宽,这些自行车一放,人行道更窄了,加之人多,摩肩接踵,一不小心就有被撞倒的危险。”他歇了一口气,继续说道:“有的自行车把斑马线前的人行道全部挡住了,要过街还得绕一大圈。”趁老大爷喘气,一位 60 开外的路人插话道:“有时候,自行车摆得把公交车站都挡住了!下雨时,有的公交站还蹚水,乘车都没有地方站。”

图 3-7 自行车挡斑马线,行人安全有隐患 宋小英 摄

“有一次傍晚,我和老伴沿街散步,突然我被什么东西绊了一下,‘啪’的一声整个身体趴在了地上。瞬间身体火辣辣地钻心剧痛,动弹不得。幸好,老伴在身边,围观的人喊打 120,救护车把我送往医院抢救。结果小腿、膝关节、盆骨和手关节全部骨折。在医院躺了近一个月,医药费好几万元。跌倒原因是被人行道上露出的一截约寸长的钢筋绊倒。”一位拄着拐杖,年近 70 的老爷爷愤愤地说道:“我摔倒后才发现,路上这种‘钉子’到处都是。最典型的是成都电信北街有一家全省著名的医院,每天走在这条不足三米宽的人行道上的人成千上万,然而,有一段路就有两颗‘暗钉’并列。这是在马路上施工后留下的。施工完了之后,为什么不好好清理路障隐患?还不知道有多少人会步我后尘。我已经向有关部门反映了这个问题,这医药费得赔我!不解决我的医疗费问题,我就要打官司!”

老爷爷的话提醒了路旁的一位大妈,她说道:“大爷说得对,有的人行道地砖铺得不平,凸起半边地砖,又不明显,尤其是成都电信北街街面很窄,因为那里有家有名的大医院,过往的人特别多,给行人埋下了安全隐患。不久前,我被人行道凸起的半边地砖绊倒,摔伤了膝盖。”说着她撸起裤子,扒到护膝处,现出膝盖上的伤痕,继续说道:“现在膝盖伤虽然好了,但每到天气变化就会痛。上了年纪,一般都有骨质疏松,一摔就是骨折。这不仅给老人和家人增加痛苦,也给国家医疗增加负担。报纸、电视台成天都在说要关爱老人,这些事情到底谁来管啊?”

图 3-8　人行道“暗钉”暗藏安全隐患　宋小英　摄

（二）公交车上便民设施“睡大觉”

公交车驶入成都市区某一站台，笔者见一位坐着轮椅的长者欲上车。他请人帮忙，把公交车下客门梯子正中间的一个金属件搬起来，搬起来的是一个板子，然后在公交车与路面之间形成一个斜坡，他一摇轮椅就上去了。然后再请人将那个板子收回去，公交车踏板又恢复了原样。周围的人都看得惊讶不已：“还不晓得公交车上有这个神器！”公交车司机告诉说这个神器叫‘翻转式公交车用轮椅上车斜坡板’，大多数城区公交车上都有。其他乘客议论纷纷：“公交车上既然有便民设施，为什么不好好宣传一下？为什么让人受罪，让它睡大觉？”

一位约 50 来岁的大姐说道：“早要是晓得，就不遭罪了嘛！有一次脚受伤，上不了车，还是儿子把我抱上去的。如果有这个斜坡板，像我这样有腿疾的人，都可以慢慢走上去了嘛！”

笔者在另一些公交车上，问司机翻转式公交车用轮椅上车斜坡板的使用情况，大多数都说用得少，其中一位说道：“这台车已经运行五六年了，这个板子没有用到过 10 次，主要是要用手搬不方便。”在向司机打听这事时，更多的乘客表示：“从来不晓得公交车上还有这个东西！”

图 3-9 公交车"手动轮椅上车斜坡板" 宋小英 摄

城区公交车的便民设施"睡大觉",那城郊的公交车是什么情形呢?笔者专门搭乘城郊公交车,向司机打听此事,他说:"我们这车是十多年前的老车,没有这个设备。"笔者心想难道郊区的老年人、残疾人就不需要便利设施了吗?

(三)电动公交车老年座席减少

2018 年春节,成都推出了崭新电动公交车,坐上去感觉启动和行车平稳,更加舒适。细观察车厢后发现,整个车厢共有 17 个座席(车身长 18 米),前半车厢有 8 个座席,其中老年人座席 4 席。与普通车(CNG,车身长 12 米)比较,老年人座席由 6 个减少到了 2 个。

有两件事情放在一起,着实令笔者费解:一是国家倡导尊老爱老,每月给老年人发老龄交通补贴,为出行提供便利;二是国家倡导环保出行,鼓励乘坐公共交通,但新推出的电动公交车老年座席减少,岂不相互矛盾?

(四)公交优惠卡背后的忧患

王大姐向笔者讲述邻居姚大妈的故事,她说:"75 岁的姚大妈乘公交车时,突遇急刹车摔倒,小腿骨折。"旁边的刘大妈接过话茬说道:"这种事情多了。成都乘环线公交车同一个门上下车,我家老头子上车时,被一个着急下车的人撞倒,幸好周围有人扶着,不然又是一场横祸。"

"其他城市 60 岁或 65 岁就可以享受公交优惠卡。为什么成都要 70 岁才能享受?年纪大了乘车更不安全。"穿着黑底红花衣服的大姐一脸疑惑地说道。

一位头发花白,戴着眼镜,气质儒雅的长者慢条斯理地说道:"现在老龄化相当严重,享受公交优惠卡的年龄应该下调到60或65岁,不然会增加老人出行的安全隐患。一般能够到处走走的老年人年龄在60至70岁,70岁以后能够单独出行的老人并不多,80岁以上,想走都走不动了。如果70岁才给予公交优惠,就算拿到卡,老人还有多少机会独自出行?就算出行,也增加许多安全风险。老人乘公交被摔倒的事件太多了。因此,这个政策能真正给老年人多少优惠?考虑还欠周到。"

据朋友介绍,上海市政府调整给予老人交通补贴的形式,把以前每月给老人充值公交卡次数,改为以货币形式每月发到老人账户上,让不同健康状况的老人自己决定出行与否。这既享受国家福利,又确保老人安全,同时也减轻了公交压力。

(五)手扶电梯自动化水平有待提升

在一家养老机构,一群老人正围坐一圈谈论着各自乘地铁的经历。

60多岁的李大姐一边摇着扇子,一边给大家讲述她亲眼所见:"有一次,我在华西地铁站乘车,看见一对老夫妻乘坐上行的电梯时,电梯本来应该是上行的,但是突然开始卡壳般地抖动,同时还在倒退。老大爷努力抓旁边的扶手,根本抓不住,被甩了出去;老婆婆虽然没有被甩出电梯,但是被狠狠撞在了电梯的侧边。大家一定要小心哦!"

83岁的王老太太得意扬扬地向同龄人分享自己的"历险记":"有一次,我拖着一个手拉车在地铁入口,一边是楼梯,一边乘手扶电梯。我腿不好,又拖着手拉车难以保持身体平衡,迟疑了半天,还是一步一步地走楼梯下去的。"其他老人们都责怪她不应该去冒险。

一位大姐忽然想起了什么,说道:"我上次走到地铁入口,看见一位工作人员正在楼梯边试用一个座椅式电梯,说是帮助老年人和残疾人上下楼梯用的,但之后再也没有看见过了。"

"快速公交车站的手扶电梯晚上8点就关闭,太早了!"60多岁的刘大伯接过话茬说道:"老年人的腿多多少少有问题,很不方便。管理部门为省电,但如果老人爬楼梯摔倒了,国家的医疗负担何止这点?真是得不偿失。何况还有其他腿脚不便的人,也要乘电梯呀!"

这话似乎引起了共鸣,大家七嘴八舌地说道:"要是腿不好,下楼梯相当吃力。""手扶电梯,一般晚上8点就关闭了,太早了!""既然提倡大家绿色出行,就应该提供完善的服务。""有关部门算小账,影响了便捷出行的自由,拉低了人们的幸福感。"

图 3-10　如有座椅式自动电梯多好

十、综述一：中国医疗保障体制改革：挑战与对策

当前中国的医疗体制改革来到了一个新的十字路口。看病难、看病贵和因病致贫、因病返贫的问题以及医疗保障覆盖面小、水平低、不公平，已经成为当前中国最大的社会问题。医疗体制中出现的种种问题已经引起全社会的关注，政府对此也将医疗体制的进一步改革提上了议事日程。笔者认为，中国医疗改革应当走"有管理的市场化"路子，重构中国全民基本医疗保障体制，即实行全民基本医疗保障体制和大病医疗保险体制；建立完善全科医生、社区医院、专科医院、综合医院的全社会医疗体系；全面加大政府医疗保障投入，保障全民基本医疗的需要和大病医疗保险的补助；实行医疗机构、药品生产流通企业、卫生监督管理部门、医保管理机构分离；通过一系列制度安排，按照"保基本、兜底线、促公平、优服务、可持续"的原则，抓住资金来源多元化、保障制度规范化、管理服务社会化三个关键环节，建立更加公平有效可持续的全民基本医疗保障制度。

（一）加快推动城乡基本医保整合，尽快完善全民基本医疗保障制度

推动城乡基本医保整合，是让全体人民公平享有医疗服务资源，不断增强医疗服务获得感的重要制度性保障，注重以公平可及和群众受益为目标，在实现覆盖范围、筹资政策、保障待遇、医保目录、定点管理、基金管理"六统一"基础上，加快整合基本医保管理机构，着力提升医疗服务利用水平和保障水平，提高公共服务效能。同时，加快推进基本医保全国联网和异地就医结算，推进医保“一卡通”，逐步实现跨省异地安置退休人员住院费用直接结算，逐步实现符合转诊规定的异地就医住院费用直接结算，解决跨省异地就医结算问题，最大限度满足广大人民群众的需求。

（二）全面加大政府医疗保障投入，健全医保筹资和待遇调整机制

医保筹资和待遇调整机制是全民医保制度建设的一项基础性制度安排。逐步建立与经济社会发展水平、各方承受能力相适应的基本医保稳定的可持续筹资机制，不断加大政府医疗保障投入，大幅提高政府卫生支出占财政支出中的比重，建立个人缴费标准与居民收入相挂钩的动态调整机制，明确待遇确定和调整的政策权限、调整依据和决策程序，使筹资标准、保障水平与经济发展水平相适应，待遇调整与筹资水平相适应。同时，积极推进医保省级统筹，按照分级管理、责任共担、统筹调剂、预算考核的思路，建立医保基金调剂平衡机制，增加医保基金共济能力，防范基金运行风险。

（三）健全医保支付机制，完善医保经办服务体系

医保支付机制是医保制度最核心的机制，是维护基金安全的重要制度设计，具有利益调节、资源配置、成本控制、激励创新等功能。通过加强医保基金预算管理，全面推行医保付费总额控制，重点推进按病种或按疾病诊断分组等付费方式，建立适应不同人群、不同疾病、不同服务特点的多元复合式医保支付方式。建立科学合理的医疗服务质量评价和指标体系。以此让医保既保群众健康，又促行医规范，激励医疗机构加强自我管理，发挥医保对医疗机构和医务人员的激励与约束作用。继续优化和简化经办服务流程，强化电子社保的应用，做好各项医保制度间的衔接，建立“一站式”结算机制，提高基本医保经办服务效率和质量，为群众提供更加方便快捷的服务。

（四）积极发挥医保制度的托底作用，进一步完善大病保险制度

大病保险政策是医保体系的重要组成部分，也是美国等发达国家成功的经验，对于更好守护困难群众生命健康具有重要的作用。进一步全面推进和完善大病保险制度，探索向贫困群体倾斜的具体办法，采取降低起付线、提高报销比例等措施，着力解决困难群体因病致贫、因病返贫等问题。同时，做好基本医疗保险、大病保险、医疗求助制度的衔接，真正为群众“病有所医”兜住底线。

（五）建立完善全科医生、社区医院、专科医院、综合医院的全社会医疗体系

政府应逐步推行全科医生制，支持家庭全科医生签约服务，逐步做到居民都有自己的全科医生，看病必须先找全科医生，全科医生诊断不清或无法治疗的疾病，才安排患者到医院就诊。支持城市社区医院（医疗服务中心）和农村基层卫生院发展，积极发挥医保政策的调节作用，促进基层首诊，引导患者有序就医，支持分级诊疗制度建设，居民到城市社区医院和农村基层卫生院看病，按照全民基本医疗保障制度安排实行免费，相关费用由政府承担。全面推进医疗体制改革，规范医疗服务行为，研究制定医疗服务医保支付标准，促进医疗服务价格体现医务人员技术劳务价值，推动公立医院建立现代医院管理制度，支持公立医院改革。逐步放开医疗服务，容许外资、民营等社会资本开办医疗机构，满足广大群众的多层次需求。

（六）医药行业进入转型创新、提高质量、全面升级阶段

我国目前医药行业主要问题是行业集中度不高，创新不足，国产药品质量较差。为此，中国医疗产品供应链面临质量标准的全面提升：药品、医疗器械审评审批标准全面向欧美最高标准看齐，创新药、市场急需产品有望获得加速审批；仿制药一致性再评价势在必行，推动已上市药品质量快速提升，行业进入创新发展、提高质量、全面升级阶段。随着三医融合，四位一体，覆盖城乡居民的基本医疗卫生保障制度将逐步建立。基于我国人口结构老龄化、全面放开二胎政策、医改政策继续深入、人均收入水平提高等因素的影响，未来我国医药行业将长期维持中高速平稳增长。

十一、综述二：破解养老护理人才奇缺“三板斧”

随着医疗事业的快速发展，特别是养老产业异军突起，使本来就供不应求的护理人才更是炙手可热。同时护理人员工作强度高，付出与收入不成正比的状况，更加速人员流失，这使护理人才市场雪上加霜。护理人员通常指从事照顾和护理病人和老人的工人（护工）和护士（专业护理人员）。虽然二者职责都是负责照顾老人，但分工却不同。护工主要任务是协助维护老人卫生、仪表及仪容、进餐、安全，协助医护人员观察病情等。护士是指经执业注册取得护士执业证书，依照相关条例规定从事护理活动，履行保护生命、减轻痛苦、增进健康职责的卫生技术人员。他们负责执行医嘱，给病人注射、给药治疗，采集检验标本；巡视、观察病情及输液情况，发现异常及时报告医生；协助手术、急危重病人的处理；负责备血、取血，护送危重病人外出检查等。本书重点分析养老机构招聘护理人员难

以及队伍不稳定问题的原因，提出对策。

当前养老机构招工主要面临以下三大难题。

（一）招聘护工难

由成都城市从业人员的年龄结构和对养老行业认知的情况来看：90后认为这是一个脏、累、苦的工作，宁愿待业也不愿意跨入，因此在城市养老机构一线，对失能、半失能老人进行照顾的人数微乎其微；80后对这个行业认可度较低，认为是伺候人的工作，会被人看不起，因此在一线从事护理工作的少之又少。

目前，70后是养老机构护理人员的主力军。在成都郊区一家民营养老机构，居住着138位老人，其中大多数是失去自理能力的老人。承担照顾和护理他们的是67位护工。这些护工是通过社会公开招聘的合同工，多是来自农村的40多岁的中年妇女，文化程度为初、高中水平。入职后，经过用人单位简单的专业培训，初晓护理知识，把帮助失能老人大小便、卧床老人翻身、从床上移动到轮椅上等重活做得得心应手。个别护工虽目不识丁，但仍能努力工作。笔者在调查中了解到，一位护工在交接班时，由于写不了老人的名字，填不了《交接班报告表》，只好口述交班。事后找来其他表格上老人的名字拍照，再一笔一画地写成方块字填入。尽管文化程度不高，他们凭着一颗热忱的心和一定的专业护理知识，仍得到了老人们的认可。这个群体的特点是：年龄偏大，文化程度偏低，初具护理知识，有人生阅历，富有爱心，善解人意，勤劳踏实；但他们中不乏把护理工作当作生计，一旦另有出路，会立即转行。这个人群的短板在于护理专业知识不到位，缺乏精神卫生、心理健康知识，面对很多老人存在智力障碍、意识不清、情绪不稳等特殊情况无能为力。因此，这个行业急需提升养老服务从业人员专业技能和服务水平。

（二）招聘护士难

养老机构通过社会公开招聘，招到省市卫校、护士学校的大中专毕业生，可谓凤毛麟角，即便迎来“凤凰”，也未必能留得住。

一家养老机构的管理人员，说起招聘、留住专业护理人员就是一肚子的苦水。她说道，我们与一些专业学校合作，提供实习基地，接纳毕业生就业。有一次学校送来了实习生和毕业生共20多个，把我们高兴坏了。考虑到她们对养老机构护理老人的接受程度，在分配工作时，尽可能让他们与同龄人在一起，也没有安排她们到一线工作，只是让她们指导护工。很多实习生，在现场指导护工工作时，往往只站在老人卧室的门口，不愿近距离指导，有的甚至捂着鼻子；如果老人发生大小便失禁现象，她们则转身不见踪影。一般来说，她们的日常工作就是给老人量量血压，摸摸脉搏，巡视老人情况，有的就从事行政管理工作。即便这样,每到发工资时,我们都很紧张,生怕辞职书飞来,但害怕的事情还是发生了:一个月后,走了一半人;两个月后只剩几个人;三个月不到,全部走光。

另一家养老机构的管理人员说道,公开招聘专业人员来工作可能性太小。倒是来自护理专业院校的实习生,到养老机构实习一段时间后,经过老师的潜移默化的言传身教,不仅积累了护理的临床经验,还在职业道德方面提高了认识,对老人爱心、耐心有所增加,能够自愿留下的人稍多。一位年仅 19 岁、毕业于某卫校的年轻人,在某养老机构实习中,表现突出,受到实习单位的器重,他毕业后选择了留下。现在已经担任护士组组长兼财务管理。同时他还把许多同学介绍到这里工作,虽然有来有去,但总体来说加强了该院的专业技术队伍建设。

一位国有福利院的副院长无不担忧地说道:“投入了大量人力物力和时间培养的护理人员,还存在着随时离开或者被挖走的可能。”世界卫生组织对各成员国卫生人才资源统计结果显示,许多国家护理人才紧缺。我国护士的数量远远不够,医护比例严重失调。按照卫计委要求,我国医院的医生和护士的比例是 1∶2,重要科室医生和护士的比例应是 1∶4。而目前全国 1∶0.61 的医护比例远远达不到卫计委的要求,与 1∶2.7 的国际水平相差很大,与发达国家 1∶8.5 的比例相差更远。我国的医院尚在闹“护士荒”,养老机构专业护理人才情况就更加不容乐观了。

(三)招聘养老行政管理人才难

一家养老机构营运中心高管说道:“现在养老产业发展迅速,但管理人才奇缺,急需大量养老产业行政管理专业的人才。一般的专业学校,比如医科大学、卫校等,设有养老护理管理或老年护理管理,但没有养老行政管理专业。我们到大学就业部招人,别人告诉我们没有这方面的专业。这就造成了人才缺口,市场需要与供给不足的矛盾。”

之所以出现上述三大难题,究其原因主要有以下两方面。

首先,社会传统观念的偏见影响入职。“干这个行业,社会对身份的认可度低。”这是一家养老机构护工大组长的切身体会。身为 70 后的他,以前从事美发行业,从网上看到招聘广告后,应聘加入这个行业。当妻子和亲友得知他将要做这行时,十分不解:“这可是给人擦屁股、伺候人的事儿啊!”他说,自己在应聘之前,印象中的养老院还是 20 世纪 70 年代农村“五保户”的样子,老人住在环境破败、低矮潮湿的平房里,脏兮兮且孤苦伶仃。参观养老机构后,看到老人住在现代化的电梯公寓里,房间明亮宽敞,生活、家电设施齐备,冬暖夏凉,一日三餐菜肴丰富,老人们在这里得到了无微不至的照顾,而且领导与同事之间亲如一家,良好的人文环境和工作环境让他和亲友重新认识了这个行业。从业一年多来,自己由一名普通员工成长为一名管理几十层大楼里的护理人员的大组长。

80后对这个行业认可度较低。认为自己年轻、文化程度较高，到任何行业都受欢迎，都能挣钱养家，没有理由把风华正茂面对风烛残年，没有必要去干侍候人、被人看不起的工作。刚刚从学校护理专业毕业的90后，认为养老是一个朝阳产业，但受社会和家庭的影响，多数人对养老行业仍存有偏见。他们进入医院工作的意愿远远大于进入养老机构工作的意愿。其职业期待首选是医院，理由是薪酬待遇好，有职称评审和明确晋升通道，更有社会地位；在尚未找到理想的医院时，才把余光转向养老机构。把那些硬件设施高端、环境条件非常好、待遇高的养老机构作为暂时的栖身之地；至于条件一般，甚至环境条件差、护理设施不齐全、劳动强度大、待遇低的养老机构，基本不予考虑，或者仅作为权宜之计，临时过渡。有的甚至宁愿在家待业啃老，也不愿意迁就。他们即便暂时入职养老机构，也难以安心，一旦有相关工作机会，哪怕待遇低些，立即跳槽。有着39年临床护理经验的易连军坦言："这个行业，一般人都不愿意做。在护养院，我可以给出比医院护士更高的工资，但是很多年轻人宁愿去做护士或者扫大街，也不愿给老人端屎端尿。"其主客观原因，正如省民政厅副厅长魏峰的分析那样："由于年轻人缺乏足够临床护理经验，用工缺乏硬性约束，再加上工作内容脏、累、苦，工资水平有限，往往带来在岗护工难以长期延续的问题，总体用人困难。"

其次，工作脏、累、苦，强度大。一家社区养老机构的管理人员说，根据老人身体状况，自理程度，一般每个护工要照顾5个左右程度不同的老人。薪酬是底薪加提成，护理的老人越多，提成就越高。当然，我们会把工作量控制在护工能力范围内。事实上，照料失能、失智老人的工作更加繁重、复杂。很多老人存在智力降低与意识变差、情绪不稳定等特殊情况，这给本来就繁复的医疗护理、生活护理更添精神护理的难度，不仅需要护理人员有高度的责任感、爱心、耐心，还要具备护理的综合素质和随机应变的能力，这不仅使护理人员感到体力透支，也造成了极大的精神压力。

40多岁的赵姐，在一家民营养老机构护理了4个老人：1个失能，2个半自理，1个活力老人，对他们进行24小时跟踪和护理。她重点描述了对失能和半失能老人一天的照护工作："照顾他们按时起床、睡觉，早晚给老人洗漱各一次，定时喂水、喂饭、喂药、做理疗，每隔两个小时观察老人肢体和精神情况，每3个小时给老人翻身一次，每天给老人擦身。对危重老人要24小时陪伴床边，同时要兼顾老人的精神生活。尽管我有家人需要照顾，但干了一天下来，我都需要别人来照顾了。"

一位民营养老机构护工的经历，比较集中地反映了护理行业的脏、累、苦。她说道："有一次，一位患阿尔兹海默病（老年痴呆症）失能卧床的老人大小便失禁，我刚刚给他换了尿不湿及弄脏的裤子和被单，并洗干净、晾好，在回到房间的路上，就有人急急忙忙地告诉我，老人又拉了一裤子。回到房间一看，老人正坐在床上笑眯眯地把玩着自己的大便，同时由我照护的另外两个老人也在喊我。那一刻,我简直晕了,想立马走人!这么脏累的活,一个月的薪水不到3 000元呀!"

另外,待遇低于其他工作。据另一家民营养老机构的男护工介绍:所在单位提供包吃住的条件,负责给自己购买五险(养老保险、医疗保险、失业保险、工伤保险、生育保险),从工资中扣除自己缴费部分,每月能拿到手里的薪金2 000多元。由于是当地人,有住房,妻子也在工作,虽然有一个小孩要供养,但还能支撑得住。自己是凭着看好行业前景,热爱这份工作才坚持下来的。但如果是外地人来此打工,要供养老小、缴房租或还房贷就很难坚持。

据多家养老机构管理人员透露,护工人员平均做一到两年就会离开,流失率一般达10%~20%。繁重劳累的工作、难免的委屈和低薪,造成了这个人群流动性大,说走就走,这给需要情感呵护的照护工作带来了断崖式的用工荒和难以稳定、长期延续的问题。

针对发展养老产业所遇到的上述问题和原因,笔者提出如下三点建议。

一是大力培育人才。中共中央、国务院在2016年发布的《"健康中国2030"规划纲要》中指出,要积极促进健康与养老、旅游、互联网、健身休闲、食品融合,催生健康新产业、新业态、新模式。十年后,中国的刚需市场是万亿级的康养产业,对从事老人医学、保健医师、家庭护士的需求量将越来越大,而人才供给却难以满足要求。因此,教育部、卫计委等六部委把护理专业列入紧缺专业,予以重点扶持,同时在联合召开的"制造业和现代服务业技能型紧缺人才培养培训工程"新闻发布会上宣布:将加大护士的培养,使我国的医护比先达到1∶1,每年培养各层次护士15万人。虽然这与发达国家医护比1∶8.5还有相当距离,但也将缓解人们对护理专业人才的需要。因此,各地还应加大力度,不拘一格加快护理人才培养,成都市社会福利服务中心2018年7月,开办的养老护理员培训班就是一个很好示范。西华大学成立了大健康管理学院,开设护理管理等新专业,2018年秋季已经开始招生。这些不拘一格降人才的方式还应该大力推广。

二是"医、养、教"结合,提高护理人员社会地位。为应对日趋严重的老龄化趋势,推动医养结合、候鸟旅居等特色养老服务发展,普通高等和中等卫生专业学校,除了传统的专业外,还应进一步设置贴近市场需求的课程和专业,比如当前急需的集医疗护理、康复保健、安宁照护、生活照料、护理员培训于一体的"医、养、教"结合课程体系,通过将医(实训基地)、教(卫校)、养(养老中心)三者结合,为医养结合养老机构提供专业人才。同时有关部门领导应改变观念,拓展思路,调整政策,对养老护理、医养结合人士开辟高等、中等学历教育,并尝试把养老护理职业纳入职称评定系统。如同技术工人、教师、医生护士职称评定一样,开通养老护理职业人员职称评审和晋升通道,合理地解决从业者社会地位尴尬、待遇低、缺乏职业生涯规划的问题。把护理人员的专业培训、职业成长作为推动养老事业的重要方向，把握好人才和观念这两个关键因素，最大限度地满足养老市场的人才需求。

三是提高从业人员待遇。随着经济效益较快增长，人们的工资水平也在增长，同时物价水平也在不断攀升。据2017年最新薪酬报告：北京、上海工资水平最高，年平均超过70 000元。据高校招生网资料显示：从护理专业院校毕业的专业护理人员，在北京、上海等地每月薪金一般可达4 500（年薪54 000）元左右；而普通护理工人，在成都每月薪金一般为2 000～3 000（年薪24 000～36 000）元左右。由两组收入数据对比可见，护理行业的薪资待遇偏低，这与该行业脏、累、苦、强度大的工作不能匹配。更别说国外护理人员的优厚待遇，在美国、澳大利亚护理人员的年薪是8万～10万美元，“一人做护理，全家可移民”。因此，应建立与工作强度相适应的、反映劳动力市场供求关系的薪金待遇，形成合理有序的收入分配格局。保障护理人员基本收入待遇，同时以服务效率和服务质量为目标导向，实施有效的激励与约束，处理好保障与激励的关系。

扫一扫

第四章　心理健康

一、概述

从农耕社会到工业社会、现代社会，人们的养老观念随着生产方式的改变而改变。在农耕社会，由于生产力落后，人们需要依靠家族人力密集型的劳动才能有所收获，人与人之间的依附性极强。进入工业时代，机械化大生产提高了生产率，人们的依附关系相对减弱。进入现代社会，特别是城镇化的发展趋势，产业从农业生产向工业、服务业倾斜，人们逐渐脱离土地，进入城镇从事工业和服务业，人们的依附关系进一步减弱。生产方式的变化改变着人们的生活方式，进而影响人们的养老观念。

千百年来，我国崇尚“善事父母”的孝文化几代同堂，赡养父母，抚育子女，“养儿防老”是亘古不变的养老观，也是传统养老模式。跨入现代社会，传统观念逐渐动摇，“养儿防老”向着“养老靠己”演变，家庭养老向着社会机构养老、抱团养老方式演变。时代的变化、社会的变化，养老观念及养老方式的变化，让今天的老年人群一时间难以适应，因此产生心理涟漪，甚至是狂澜，这给老年人群心理上带来极大的冲击，许多担忧和重重忧虑不期而至，继而产生了一系列心理阴影和疾病，其主要表现有以下几个方面。

第一，孤独无助，心情抑郁。有些老人仍守“养儿防老”的传统观念，认为在自己的生命历程中已尽赡养老人、养育子女的责任和义务，当自己进入老年阶段时，子女理所应当为自己养老送终。然而当子女们为了生活、为了工作难以待在其身边、为之养老送终的现实情况发生时，两代人之间就会发生观念的冲突，产生代际矛盾。老人会感到非常困惑、迷茫。“养儿防老”的传统为什么到我们这代人就行不通了？加之老年人面对生理机能下降，子女不够孝顺，缺少来自原单位的关心，老同事、朋友的问候，在遇到难题时，就可能产生“不中用”“被遗弃”的颓败感受。

第二，自卑心理。所谓自卑，是指自我评价低、自愧无能而丧失自信，并伴有自怨自艾、悲观失望等情绪体验的消极心理倾向。在社会养老观念变迁的背景下，老年人群中不仅体弱多病、无儿无女、无依无靠、儿女不孝、经济困难、多次求助遭受冷遇的老人容易产生自卑心理，那些有儿有女、经济基础较好、身体健康的老人也会产生自卑心理。劳动是社会价值观产生的源头，当老人离开工作岗位，便产生了“无价值感”，这是老人自卑的源头。“从学理上分析，价值观是社会成员作为‘社会人’对事物重要性评价的内在认知，其本质是社会个体根据事物对自身的重要性而产生的主观评判标准和优先性选择的观念。”[①]“人生的价值包含自我价值和社会价值两个方面。人生的社会价值，是个体的人生活动对社会、他人所具有的价值。衡量人生的社会价值的标准是个体对社会和他人所作的贡献。”当人们在工作岗位上付出劳动时，对社会做出贡献，实现社会价值是显而易见的，相对容易的；老人退休后，失去了参与社会工作的平台，多数人回归家庭，其人生自我价值主要体现在家庭。“自我价值是个体的人生活动对自己的生存和发展所具有的价值，主要表现为对自身物质和精神需要的满足程度。”老人由于增龄体衰，社会活动范围相对狭窄，不能给社会、家庭做出什么贡献，甚至生活难以自理，一切依赖他人帮助，是社会、家庭的包袱，从而产生自责、内疚、无价值感的自卑心理。其表现是精力减退，精神萎靡，对日常活动丧失热情和兴趣，缺少愉快感和成就感，对未来生活悲观失望等。

第三，依赖心理。老年人退休后，不仅离开了工作岗位，还离开了由工作关系形成的人际圈，离开了快速发展的社会环境和积极向上的文化氛围。回归家庭后，有的老人画地为牢，不愿主动突破封闭的环境，积极参加社会活动，逐渐与充满勃勃生机的社会脱节，内心孤独无助、忧郁自卑，特别希望与自己有血缘关系、亲密关系、关爱自己的人来关心自己，给予温暖和帮助，并对他们产生依恋、依赖情感，认为只有他们才能给自己带来人间温情。有些老人思念不得，便通过把小事闹大，惊动儿女或亲人，让其关注自己，真可谓煞费苦心。这折射出老人的被动、依赖、脆弱的心理。加之在现实生活中缺少爱和关注，他们生活中的依赖、生存中的信赖、生命中的依靠等精神需求得不到满足。

第四，惶恐不安，唯唯诺诺心理。在面临选择如何养老这个重大问题时，不少老人既希望挨着儿女，又担心被儿女嫌弃，唯恐自己老无所依，又害怕成为儿女负担。因此，老人难免会产生无所适从的茫然心理，思虑过多，忧心忡忡。在日常生活中，往往表现得要么对儿女唯唯诺诺，小心翼翼；要么惶恐不安，无所适从。这会直接影响自己和家人的情绪及健康，乃至产生家庭矛盾。

第五，固执偏激，自暴自弃心理。养老中的偏执心理是指固执己见的执拗情结，主要表现为固守“养儿防老”观念的偏执。面对社会转型、家庭功能变化的养老新形势，有的老人不能随变而变，努力适应，把不能居家养老、子女不能侍候于榻前视为“忤逆不孝”。一怪自己命不好，二怪自己教育不当，三怪社会世风日下。老人一味固执己见的偏执心理，必然会影响自己的健康，也会让家庭超负荷运转，家人身心疲惫。此外，部分老人对如何养老缺乏深思熟虑。早年随遇而安，晚年失魂落魄，自暴自弃，不仅自己没有生命质量和尊严，还给社会、家庭和他人也带来不良影响。

---

① 崔岩. 当前社会公众的社会价值观认知研究 [J]. 山东大学学报（哲学社会科学版）2016，6（15）：2.

综上所述,老人在养老过程中的表现,其实也是适应社会变化过程中的必然。增龄体衰会遇到生活中的困难和问题,会发生矛盾和心理冲突,产生一些不良情绪均在所难免。老人和家属以及社会要正确面对,积极排解。除了社会、家庭的关心外,老人要学会调节自己的心态,从容面对,冷静处理,做出明智的选择。

二、独上高楼陪电视

周末午休时间,在一养老机构,来探望老人的几个年轻人碰巧在一起聊到了以前老人在家的状况。一位留着寸头的年轻人说:“我妈妈来这儿之前一个人住在公寓楼里,吃了饭就看电视,看着看着就打瞌睡,睡到自然醒,一会儿又感冒了,整天病恹恹的。”“我爸喜欢成天盯着电视出神,跟人接触少了,慢慢就得了阿尔茨海默病(老年痴呆症)。”清瘦的女子凄然地说道。穿着黑色裙子的女士接过话茬说道:“有时候,我们带姥姥去玩儿,她话少。我小孩说,太姥姥只看电视不说话。”

在另一家养老机构的大楼里,笔者发现每个老人的寝室都配有壁挂式大彩电,在一个6人房间里,有的老人正坐在跟前聚精会神地看,有的坐在床上边吃东西边看,有的似看非看,有的躺在床上望天花板。在会客厅,笔者看到老人们围坐在一个壁挂式大彩电前,状况也大同小异,他们相互之间没有交流。笔者问他们:“为什么喜欢看电视?”“为什么不摆摆龙门阵?”

他们七嘴八舌地回答:

“有些电视还是有看头!比如健康节目、历史剧、抗战片……”

“不看电视咋个混嘛?看电视还好混些。”

“与其说些东家长、西家短,还不如看电视有意思!”

“电视再好看,也没得与人说话有意思嘛!但没得人来给我说话呀!就只好看电视!”

“一天到黑都见着的,哪有那么多话来说?说啥啊?”

“彼此太熟悉了,不需要说什么,看对方一眼,就晓得他想说啥子了。”

该养老机构的工作人员介绍,喜欢看电视的老人一天陆陆续续能看3至4小时。

这正如李良荣在《新闻学概论》中描述的:“广播电视把偌大的地球变成了一个小小的‘世界电视村’。但在这个‘世界电视村’里,构成社会的细胞——每个家庭之间、甚至每个人之间却变得封闭起来,变得‘机’声相闻,老死不相往来。”老人们每天独自默默地看电视,少有交流,这使他们虽然过着群居生活,但内心却封闭而孤寂。

据美国、日本2017年的调查表明,每人每天用于看电视、听广播的时间平均在360分钟以上。我国城市居民每天看电视的时间也达到了108分钟,平均每天每人拥有闲暇时间的为 183 分钟。这意味着,有许许多多的人下班回家后就足不出户,关起门来不是看电视就是听广播、读报刊①。老年人群看电视、听广播的时间更甚。随着大家从街坊、大宅院迁居到楼房,以前随时可以与街坊、邻居聊天的情形,被老死不相往来所代替,大家待在家里,老人、小孩看电视,中年人、年轻人玩儿手机。人与人之间促膝谈心的情感互动被看电视的单向交流所取代,人情淡漠了,人际关系疏远了。

人与人面对面的双向交流,有眼神、肢体语言、语言交流,还有语调、语气、语速的变化,无不传递着双方的情感信息。然而,人与电视机长期单向交流,容易引发一系列老年精神疾病。

美国研究人员调查了 135 例患有老年痴呆症病人和 331 例健康老人后发现,老年人看电视时间的长短与患老年痴呆症风险的大小存在如下关系(见表 4-1):

表 4-1 老人看电视时间与患老年痴呆症风险比例表

老人每日看电视时间	发生老年痴呆症危险比例
多看 1 小时电视	增加 1.3 倍
多进行 1 小时社会活动	降低 18%
多进行 1 小时智力活动	降低 16%

研究表明,老人沉湎于电视,容易自我封闭,从而减少外界信息对大脑的刺激,长此以往就会引起大脑认知功能的蜕变。因此,老年人要自己主动走出家门,融入社会;家庭成员要引导和鼓励老人积极参加社区等活动;社区要组织社交活动和智力活动,比如养鱼养花、做手工、跳舞唱歌、看书下棋等,从各方面减少老人看电视的时间,最好控制在每日一小时范围内。老人看电视后,要让其复述电视节目内容或电视剧情节,以此锻炼思维和语言表达能力。

三、“电话里”的儿子请回家

现代社会的高速发展,不仅加快了人们的工作节奏,也打破了人们生活的时空。虽然“父母在不远游”的古训与当前生活已不相适宜,但“孝敬父母”仍然是多数儿女的意愿。由于没有与父母同在一城生活,绝大多数人只能通过电话来表达孝心。有儿女的关心父母心里如喝蜂蜜。然而在父母在生病、病重的时候,电话的问候和安慰能给父母带来什么心理效应呢?

① 李良荣. 新闻学概论 [M]. 上海:复旦大学出版社,2017.

（一）思念儿女的蒋婆婆

见到83岁的蒋婆婆时，她正在一家养老机构的文体大厅躺在按摩椅上享受着。她退休前是一所大学的管理人员，有两儿一女。两个儿子现已经定居美国，女儿在成都工作。早已当祖母的她，早年就与老伴儿去一家养老机构住了三年，老伴因病去世后，她移居到现在这家养老机构，这里条件良好，一群同龄人，一日三餐有人管，小痛大病有人问。蒋婆婆啥也不愁，唯有一个痛点——思念彼岸的两个儿子和孙子们。

除了向笔者讲述儿子们小时候的趣事，蒋婆婆还讲述了两岸电波传情的故事。她回忆道："早年，儿子们通过读书、考试定居美国。那时候通信很不方便，要打电话还得去邮电局等候邮局拨国际长途。多数时候是儿子打来，他提前告诉我，然后去邮电局等着。国际长途费贵得出奇，几分钟就200元，那真叫长话短说。尽管这样，我期待儿子的电话，远远超过其他的一切。"

话说现在，蒋婆婆脸上荡开了笑容，儿孙们每周末都会与她手机视频，看见儿孙们的生活场景，自己也似乎走入儿子家，在客厅看电视，花园遛狗，在厨房处理杂务，郊外散步……有一次，孙子用并不顺溜的中文说"奶奶我想你"还对着屏幕送上一个飞吻，蒋婆婆乐不可支，也隔着屏幕回赠。那朗朗笑声，那灿烂的笑颜，融化着她的思念，她似乎喝下一碗碗"心灵鸡汤"。然而当视频结束时，环视养老机构四壁时，顿觉这一切不过是海市蜃楼，失望、空虚又围绕着她，挥之不去。

（二）忘年交薛阿姨

周末傍晚，笔者到医院看望住院的忘年交薛阿姨。刚坐下不久，"滴滴滴……"一阵电话铃响起。薛阿姨的丈夫、年逾古稀的姚伯伯急忙掏出手机接电话，那端传来清晰的声音："爸爸，你和妈妈还好吧？"

"好，好！你们好吗？"姚伯伯连声应道，并激动地告诉老伴："儿子打来的！"两人随即交换了下眼神，似乎达成了默契。

"你们收到我给你寄来的墨鱼了吗？"电话那头的儿子问。

"收到了。以后别寄了，这里什么都买得到。"姚伯伯说道。

"我妈呢？给她说几句。"儿子要求道。

姚伯伯迟疑地看了下老伴，继续说道："你妈跳广场舞去了。"

"听你声音，好像有点嘶哑？"电话那端有些狐疑地问道。

姚伯伯忙解释说："我最近有点上火，没关系的。"

"你吃点清热的药没有呢？"

"吃了,好多了!"

……

放下电话,姚伯伯望着薛阿姨,两人脸上都露出了复杂的笑容。当得知这电话来自他们在广东工作的儿子时,笔者调侃地对姚伯伯说道:"嘿,撒谎啊!"姚伯伯脸上仍写满笑意地说道:"不这样,咋办呢?他那么远跑回来一趟耽误工作嘛!再说,我还撑得住!"

"其实,住院期间,特别想儿子、媳妇在身边。你看看老头子,佝偻着背,成天来回给我送饭,照顾我,心里不安啊!"薛阿姨心疼地看着姚伯伯,继续说道:"我最担心的是,如果哪天他摔倒了,谁来照顾我们?电话问候毕竟代替不了儿子在面前啊!"

两位老人的目光不约而同地望着窗外,夜幕已经降临……

(三)高龄的李爷爷

待在四川一个三线城市的李爷爷,与老伴没有一儿半女,早年过继了弟弟的儿子,视为己出。儿子很有出息,考取了山东大学,并在那里遇到了他生命中的最爱,毕业后在那里工作,并娶妻生子,从此两代人的积蓄都贡献给了铁路局、航空公司。李爷爷的老伴儿早年已经先他而去,今年,李爷爷98岁了,身体日衰,十分希望退休后的儿子能够陪伴在自己身边。但儿子也是年近80,三代同堂、自身难保的人了,父子俩只能在电话里絮絮叨叨。值得欣慰的是,在这期间有一个孙女考取了四川的一所大学,并在成都安家。孙女好像是替爹尽孝,一直让李爷爷住在自己家里,细心照应。有一天,李爷爷吃饭时,伸出去的筷子忽然僵在了空中,嘴巴歪在了一边,隔了几秒钟又恢复正常。孙女和孙女婿赶紧带他去医院检查,在路上李爷爷气若游丝、断断续续地对孙女说道:"我跟你爸这辈子的缘分啊……都在相片、信里、电话里啊!我怕是不行了……喊他回来,我要见……活生生的儿子!"入院的第二天,李爷爷就驾鹤西去了。

电话、手机是现代化的通信工具,让远隔前千里,甚至重洋的人们不仅可以听见对方的声音,还可以看见对方影像,真是"天堑变通途"。然而,声音只能听见、影像只能看见,毕竟不是一个有血有肉人、有温度的人站在面前。在这世界上,最心疼你的是父母,你来日方长,他们却去日不多,两辈人相见时间与日递减。即便如此,在病中的他们,仍然顾及你的工作、家庭。抽空多回家看看这世上最无私、最爱你的人。即便有代沟,除了问安不知道说什么好,没有关系,握着父母那干瘪的手,让他们感受到你的温度与力量,这是他们依恋人世的源泉,是活在世上的信心。

四、一隅独居，自在杖朝

八月一到，孩子们都放暑假了，老人赵凤荣的屋子又热闹了起来。赵凤荣儿孙满堂，每到这时家里总要摆上三四桌，北方的夏季也是三十几度的高温，她忙前忙后，脸上背上都是汗，却总是乐呵呵地笑着。

赵凤荣今年 81 岁，生活在辽宁朝阳的一个小村子，自老伴儿去世后已经独居十多年了。腿脚有些不太灵便，倒也不影响日常生活，只是要常吃着药，走久了要歇一歇。她对自己的健康状况还算满意，有点美滋滋地说："和同龄那些听不清、看不清、脑子也不太灵光的老太太比，咱们这已经算好的了。"

儿女却有些放心不下，老人的大女儿在县城工作，她自己的女儿也已经结婚工作，生活没有什么负累，总想把老人接到自己的身边，好好孝敬老人一下。但赵凤荣每次去了也只是待两三天，最多一星期就吵着闹着要回家。

"不是姑娘和女婿对我不好，你看这些现代的微波炉之类的我也用不明白，还挺危险。自己腿脚不利落，想下去走走都很费劲，哪怕下去了也不认识谁，一个人逛逛又得回去，哪里赶得上在自己院子伺候伺候菜园，出了院子就能和别的老头老太太聊聊天，多舒服啊。"

不去城里也好，毕竟太过吵闹。老人的小儿子就和老人在一个村，也想着把老人接到自己家里去照顾，老人也拒绝了。

老人说年龄一大，和年轻人生活习惯上就有所不同，有些距离怎么都是好的，太近了就容易有矛盾。"比如说我牙口不太好，就喜欢吃点稀的，但是让他们年轻人也跟着吃稀的，他们这一天做什么都没力气。要是大家都吃自己喜欢的，就要做两份，太麻烦了。他们年轻人也挺忙挺累的。"老人的小儿子在搞养殖，和儿媳妇每天都是从早忙到晚，老人说但凡自己还能照顾自己，就不去给儿女添麻烦，自己的儿女自己最心疼。

老人最愿意睡完午觉坐在大门前的石墩上，一棵和她年纪差不多的大树总能给她撒下一片阴凉。如果路过有卖豆腐的，那就再好不过了，赶紧喊住。晚上去自己的小院子揪几根葱叶，做一份小葱拌豆腐。老人说，年纪越大，就越吃不得大鱼大肉，越清淡越好。

外面有风言风语说老人可怜，这么大岁数还是自己过，老人也只当没听见。她说不是只有贴在身边才是好，儿女对她好得很，外面不知道罢了，人得知足。

老人的电视之前还是"大背头"，去年大女儿给换成大屏液晶电视，每天晚上自己看一会连续剧就睡觉。老人说："也不是从来没觉得孤单，但是和年轻人生活习惯不太一样，自己八点多就要睡觉，对于现在的年轻人而言有点太早了。"老人的大孙子放心不下奶奶,就在她隔壁房间睡,这样一来有事情可以马上知道,二来也可以解决作息不一样的问题。

老人日常所需的蔬菜水果和衣服鞋子,由在镇上上班的小女儿负责。小女儿每周都要打来电话问老人缺什么或者想吃什么,然后买了送回来。买的衣服都要最舒服轻便的,虽然老人有时候会觉得有点花哨,但小女儿说,偶尔有件颜色鲜艳的衣服,才不失为一个时髦的老太太。

大儿子每过两年就会把老人家的墙重新粉刷一遍,说这样老人会心里觉得敞亮;二儿子把老人手机的9个按键都设置成了儿女的电话,老人想找谁,只要按一个键就行了;因为老人在的地方是北方的村子,需要烧炕,小儿媳每天把炕提前烧好,把需要续的木柴也抱进屋子里,老人就可以方便地拿了。

老人说起儿女,笑得皱纹开了花。"儿女和自己都要有自己的生活,养老不是总在身边转,心里惦记着就足够了。"

赵凤荣所在村子的村主任陈士勇说:"在我们村子里,虽然也有一些老人跟着儿女一起生活或者选择去敬老院,但像赵凤荣这样愿意自己生活,乐得自在的老人还是占大多数。"

赵凤荣的儿孙回来看完老人,一起吃过饭,就要重新投入工作了,一台台车开出老人的小院。老人自己收拾收拾院子,穿着儿女带回来的新衣服,出门去和村子里其他"姐妹"们一起聊家常了。

五、快乐长寿的秘诀

快乐、延年益寿,是每个人的心愿。实现心愿的奥秘在于有好心态,有目标,有行动力。好心态,让人情绪平稳;目标,让人生活充实;行动,让人心无旁骛,避免空虚。以下几位老人的经历,足以证明。

(一)人过七十方学艺

斗室临窗的书桌前,一个背影似一尊雕像,一动不动。走近一看,"雕像"左手紧握一方石头,右手正操篆刻刀左拼右杀,似龙蛇翻飞,一会儿沟壑险滩,一会儿横跨冰山,一会儿漫天飞舞,一会儿蚕吐细丝,千丝万缕。"雕像"似乎感觉有人"偷窥",抬起头,转过身,摘下眼镜,笔者忙抱歉不以,"雕像"则呵呵一笑。他留着寸头,下巴的胡须长出白茬,瘦削的脸上长出了老年斑,一双不大的眼睛炯炯有神,上穿一件浅蓝色衬衣,下穿藏蓝色长裤,脚穿一双北京布鞋。他姓宋,年过80岁。

图 4-1　宋锡九老人坚信："锲而不舍，金石可镂。"　宋伟京　提供

说起篆刻，宋老指着书房挂着《精神》《奋飞》《松鹤》等几幅字画和篆刻的作品，自豪地说道："这些都是我的作品，也是自己装裱的。"宋老介绍说，有一次参加书画展，需要裱画和加盖印章，去商店里一问，印章最快要一周、裱画要一两个月才能取件。宋老找朋友帮忙刻章、裱画，参展之后，袖子一挽，开始拜师学篆刻、学裱画。那年，他七十岁，一干就十年。

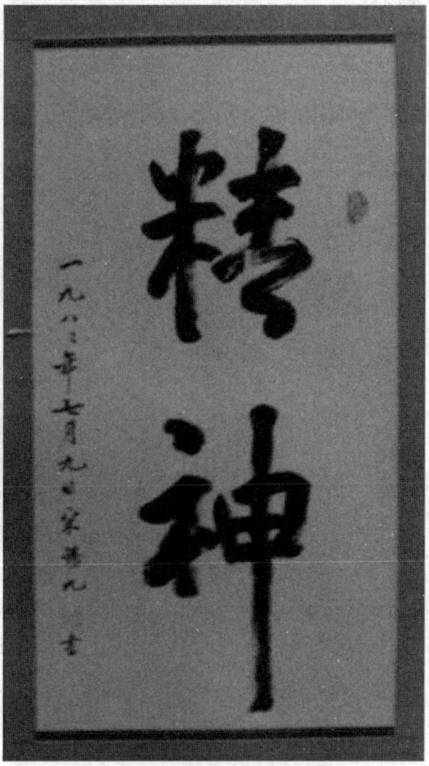

图 4-2　宋锡九老人对后代的勉励

宋伟京　提供

在这期间，他还兼顾给《成都晚报》等地方报写稿、投稿。当宋老不断有作品见诸报端，参加老干部画展屡屡获奖时，在他书桌的抽屉里，朋友找他帮忙的金石，排成了一个长长的龙蛇阵。为此，宋老日出而作，日落而息，从不爽约。每每看到朋友捧着自己作品的那份感激，宋老心里别提有多高兴了。

宋老拿出一个红皮练习簿，翻开一张《作品统计表》：仅 2017 年，写作新闻稿 4 篇，书画 4 幅，裱画 31 幅，篆刻 103 方，被报社和地方党史资料采用 97 方。宋老在泼墨、篆刻中找到了生活的目标，目标让他找到了自己的价值。

说起十年学艺的体会，宋老笑道："如果没有当初参加画展，需要裱画和加印金石的催逼，也许我不会去学这些手艺，也就没有后来在《成都晚报》等报刊上发表作品、被记者访谈的经历。我的生活也许就不会像今天这样充实。”他停了停，看着墙上自己的书法《精神》说道：“我相信——锲而不舍，金石可镂。”

（二）读书随处是净土

夏日午后，行人无几，知了聒噪，笔者拐进闹市区一家社区养老机构，但见翠竹万竿，掩映着两排灰砖瓦房，窗棂镂空，庭院整洁又敞亮，弥漫着文人雅居的书卷气，顿觉幽静中仿佛有丝竹管弦随清风徐来。

餐厅窗明几净，有着茶吧的清雅。卡座上有一本皱巴巴、厚厚的手抄本，笔者漫不经心地翻开，一篇篇散文、诗歌映入眼帘，那一行行苍劲有力的钢笔字令人眼前一亮。正欲仔细品读时，感觉窸窸窣窣有人走来，抬头只见一位身材矮小、有些佝偻的老婆婆正寻找着什么。原来，她就是本子的主人。笔者惊讶：苍劲的笔力竟出自面前这位羸弱的老人！

图 4-3　张惠芳老人正在写读书笔记　谢天开　摄

请老人坐下，我们从这手漂亮的字说起。得知 91 岁的张惠芳老人早在几岁时，就走进了父亲的私塾课堂，看书写字成为她生活中的一部分，从少女到做祖母，从教育跨界到建筑业从未中断。她的三个儿子也耳濡目染，在“文革”后先后考上了大学，其中二儿子成了作家和教授，受中央电视台之邀，担任《话说薛涛》节目的主嘉宾；三个儿媳妇分别是医生、高工、网络作家，真可谓“一门六才子”。张婆婆在丈夫去世后，也曾在儿子家轮流居住，但见儿子媳妇们工作和带孙子、重孙繁忙，知书达理的她主动要求到机构养老，在这里她发现了另一个宜人世界。“上午看书写字，下午与老年朋友散步聊天。”张婆婆描述着自己的生活。“厨房当书房，餐桌当书桌……”

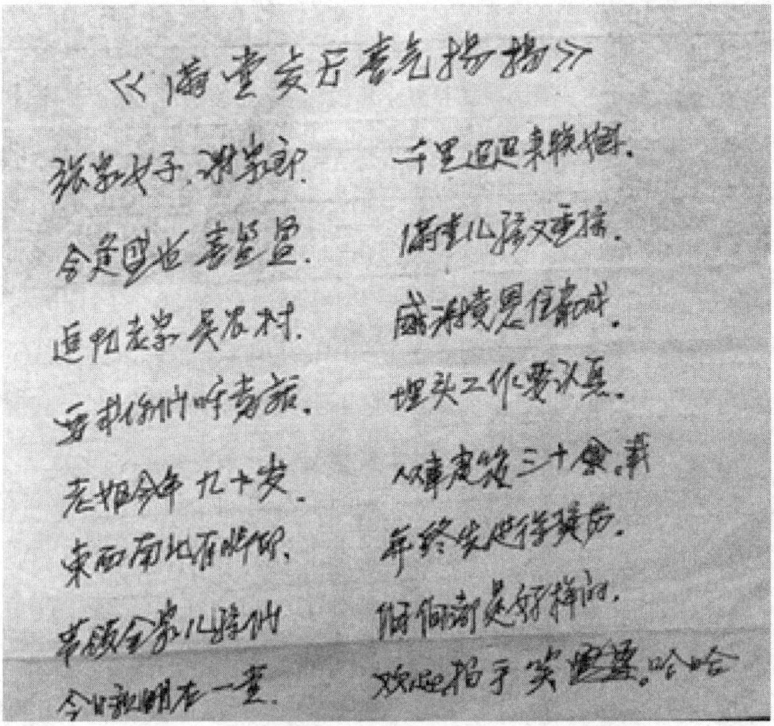

图 4-4 张惠芳老人的原创诗歌 林雪 摄

这是张婆婆自己创作的诗歌，折射出了她酷爱学习的良好习惯。在养老机构，虽然有一间布置雅致的书房，但喜欢看书报、舞文弄墨的老人较多。张婆婆发现食堂窗明几净而且安静，是又一个理想的读书环境。她信奉“闭门即是深山，读书随处净土”。只要有一张干净的桌子，她就可以静下来或创作，或抄写文章。看那厚厚的手抄本，就知道非一日之功。“每天抄写三篇字，已经成为我的习惯，我要一直写下去……”张婆婆轻轻地说道，黑黝黝的眼睛放着清亮的光芒。

（三）有志者事竟成

近日，笔者看到国内外一些老年人因为给自己设定了生活目标，他们在完成目标的过程中，获得了快乐和成就感，实现了自身价值。

据《现代快报》（记者陈敏）文章，《“励志奶奶”70 岁开始考大学 20 多门课都是一次过》报道：“最近，我在‘啃’大学英语，就差这一门了，其他课程我都是一次性通过的。报了 10 月份的考试，希望能顺利通过。”说这话的是 77 岁高龄的老人刘若南，被人誉为“活到老、学到老的‘励志奶奶’”。人们总要问：“为什么以前不学英语呢?”刘若南说道，自己一直喜欢美术，以前零零星星地学过一些，缺乏系统化、专业化学习。直到 70 岁的时候，偶然了解到国家自学考试系统,只在本科阶段开设了美术专业。只有高中学历的刘若南便决定先考大专,再考本科,于是便踏上了自考学习之路。

人们仍然好奇:"为什么如此高龄还要学英语?"刘若南回答道,这么多年我一直有一个梦想,就是想学美术。由于学历考试系统,开设了英语必修课,我必须通过。50年前学过的英语已经归零,现在要从起跑线开始,确实太难了。但我国自古就有很多"活到老,学到老"的榜样。别人可以做到,我为什么做不到?我这么大年龄考大学,不是为找工作赚钱,而是给自己一个明确的目标,一步一个脚印地往前走。学习中尝遍酸甜苦辣,都因为有信念支持,自然就有了蚂蚁啃骨头的劲头。我已经通过了20多门课的考试,英语这最硬的骨头,我一定啃得下来!每天学到一些新知识,认知就提高一些,我就觉得满足一点。活了这么多年,我觉得最好的朋友还是知识,它不会嫌弃你,只要你真正掌握,它就永远属于你。

笔者还曾经读到《80岁老人与其俩孙子同时大学毕业》的消息。据哥伦比亚广播公司迈阿密台报道,萝丝·萨尔加多上周末从佛罗里达州迈阿密戴德学院毕业,获得教育文学副学士学位。萨尔加多已80岁,她是和她俩孙子一同拿到文凭的。这位80岁老人不仅坚持上学,而且还在打工挣钱,上班和上学须换乘5辆公交车。"我只想对年轻的或年老的学生说:你要每天努力学习,因为学习是美妙的。"萨尔加多告诉《迈阿密先驱报》的记者,"我明白还有许多东西等着我去学。"对这位时髦老人来说,未来一片光明。萨尔加多正考虑着做新的行当。"因为我喜爱诗歌,所以我正考虑为孩子写诗。我打算为孩子们做些配图故事,"萨尔加多说(据哥伦比亚广播公司迈阿密台报道),"我热爱绘画和教育以及任何与孩子有关的事情。"

六、老年人心理现状及自我调节

王婆婆从超市出来,拄着拐杖慢慢地向"家"的方向走去,身旁的中年人一边小心地扶着她,一边拎着大大小小鼓鼓囊囊的塑料袋,两人亲昵地交谈着。王婆婆要回的"家"不是自己的家,而是一家养老机构,王婆婆身边的中年人,不是她的女儿,而是养老机构的服务员。

王婆婆有一双儿女,均成家立业并独立门户。女儿在外地工作,每隔一两年都会携家带口回来看望母亲;儿子在本市上班,也隔三岔五地来与母亲聊聊天。但更多的时候,是王婆婆独自一人,已73岁高龄的她,做饭常常忘记拔电饭锅的电源,洗澡曾经摔断盆骨。最让她难以言说的苦是成天形影相吊,无人说话,孤寂日甚一日,于是儿女把她送到了养老机构。

王婆婆独居的生活现状是当前许许多多老年人生活的一个缩影。大海潮涨潮落，海浪一波又一波，当它推着时间悄然走入21世纪时，在中国以猝不及防的速度掀起了巨大的“银发浪潮”。目前，我国老龄人口正以每年3.28%的速度增长。据专家预测，到2030年我国老龄人口将近3亿，而空巢老人家庭比例或将达到90%，这意味着届时将有超过2亿的空巢老人。这让还没有完全做好养老准备的家庭和社会措手不及。

与此同时，社会细胞——家庭也在急剧变化。几乎每一场婚礼之后，都会诞生一个“新巢”，产生一个“空巢”。不久“新巢”会有幼雏鸣叫，“空巢”会有一声声叹息。“新巢”自顾不暇，“空巢”或自身难保，或奋不顾身相援。然而，由于年龄、观念、生活方式的鸿沟，“新巢”与“空巢”难以重组。“空巢”老人面对夕阳已经无心、无力“从头越”，从容走好人生归路，是他们的现实问题。

（一）老年人心理现状

社会是一个善变的魔方，它带动着家庭细胞一同变化。时代的变化、社会的变化，养老方式的变化，让老年人群一时间难以适应，产生了心理涟漪，甚至是狂澜，许多担忧和重重忧虑不期而至。

1. 孤独无助产生抑郁心理

居住在农村的卢爷爷，年过古稀，有四个子女均在外地打工。卢爷爷与徐婆婆一辈子男主外，女主内，夫唱妇随，感情很好。有苦恼的事，两人聊聊天也就过去了；有棘手的事，两人商量商量也就解决了。卢爷爷性情开朗，常常与同龄人一起种田逛街，打牌喝酒，只要他在就不缺朗朗的笑声，大家都喜欢跟他一起玩儿。

但自从徐婆婆病逝后，独居的他仿佛是失群的孤雁，孤独而沉默。子女们回家看望他，他神情漠然，热情似被西风吹散，活力似被老伴带走。与他聊天，有问才有答，似挤牙膏。每逢过年过节，卢爷爷看到邻居家，儿子媳妇、女儿女婿拖家带口，提着大包小包地回家，大家围坐一起喝酒吃肉、谈天说地时，再看看自己空落落的家，只有孤灯相伴。出门跟同龄人一起娱乐、聊天时，提到儿孙话题，人家满脸的幸福感，自己只能尴尬赔笑，内心酸楚，暗自伤感。想找子女聊天，或者子女打电话来，总是那几句套话，草草说完就无话可说了，子女总是那么忙碌，也无暇与自己聊聊天。

后来，卢爷爷感到孤寂的时候，再也不愿意打电话给子女了，就让这种孤寂难受的情绪啃噬着自己，卢爷爷愈发不想出门，不想说话，渐渐患上了抑郁症。有一次卢爷爷患病毒性重感冒，半个月了尚未痊愈，他无奈地给子女打电话，想他们回来陪伴。但大儿子说，最近生意忙走不开；小儿子说，装完房子就回来接他；一个女儿说每天要送娃娃上学脱不开身，一个女儿说，家太远，请不到假。

卢爷爷感觉自己被儿女们抛弃了,孤独无助,失落的情绪笼罩着他,挥之不去,排解不开。一天深夜,他把自己吊在门框上,追寻老伴去了。

2. 自卑心理

首先,老年人群随着增龄体衰,自卑心理与日俱增。疾病会引起老人丧失部分或全部生活自理能力,或者丧失适应环境的能力,很多老人就会觉得自己成为大家的包袱,产生自卑无用感。84 岁的袁婆婆,早年毕业于中国人民大学和北京钢铁学院(今北京科技大学)两所名牌大学,后供职于钢铁设计院,20 世纪 50 年代曾参加我国重钢、昆钢、攀钢等大型钢铁厂筹建,现场勘测,设计蓝图,风风火火的巾帼英雄。知性而要强的她,由于晚年得了严重的骨质疏松,病卧床上,生活依赖他人,觉得给儿女增加了很大负担,因而非常自卑。她常常在能触及的纸张,如病历、膏药包装纸上写道:“痛啊,救救我吧!”“生不如死!”“我不想活了啊!”甚至还悄悄自残,企图结束生命。她还常常悲观叹息:“七十三、八十四(岁),阎王不请,自己去。”言语间表达出饱受病痛折磨,失去了生活勇气的悲观心理。

其次,家庭矛盾、家庭经济窘迫,让老人觉得在街坊邻居面前没有颜面,也会引发自卑心理。任大姐夫妇早年经商,晚年经济条件较好,本来十分优秀的儿子因意外精神失常,为了治疗和康复,任大姐一家的生活陷入困境。除了给儿子治病,她几乎不与人交流,总怕别人嘲笑自己“凤凰落架不如鸡”。不到半年功夫,仅 50 多岁的她,头发全部苍白。

此外,因老化引起的生活能力下降,离退休后角色转换遇阻等情况,都易引发悲观情绪。有的老人总觉得自己老了,不仅不能为家人、社会做贡献,还会成为负担;有的认为自己条件差,什么都不如人,因而悲观失望,自我贬低,自暴自弃。这给自己健康带来了极大危害,也给社会和他人带来不良影响。

3. 言此意彼的依赖心理

在一家养老机构,笔者在护理人员那里听到很多老人的趣事。

88 岁的余爷爷患有心脏病。刚入住时,他每隔 40 分钟就要按一次呼叫器,护理人员看见红灯闪烁,心急火燎地赶到他面前问:“余爷爷,有什么事情需要帮助?”他责怪道:“你们这么久也不来看看我!我有心脏病,随时都可能见阎王哦!”老人稍有不适,便要求护理人员带他去看医生。有时候还故意把饭弄到地板上,然后按呼叫器叫人去打扫。

性格温和的肖婆婆,忽然有一天与同寝室的康婆婆吵得脸红脖子粗,原因是肖婆婆怀疑康婆婆偷了自己 800 元钱,并要求换寝室。本层楼的组长调解无果,又闹到院长那里。院长只得叫来了两位婆婆的儿女。肖婆婆见女儿来了,心情大好,也不计前嫌,很快向康婆婆道歉并和解。

方爷爷入住两人间寝室后，分别以室友打呼噜、起夜太多影响休息为由，要求院方换房。当管理人员揭穿他“醉翁之意不在酒”“求重视”“求关注”的小秘密后，他露出孩子捉弄大人得手后那种得意而羞愧的表情。

见多识广的护理人员很懂老人的心理：思念儿女一般不会挂在嘴上，但他们会把小事闹大，让院方叫来家属解决，从而达到自己的目的。老人们依恋亲情真可谓煞费苦心。

4. 惶恐不安、唯唯诺诺心理

老年丧偶的刘爷爷，独生女儿出嫁，自立门户。女儿念他一人在家，多次要他搬来与自己同住，但刘爷爷一直没有行动。其实他内心也很纠结，自己独自在家，首先遇到吃饭问题。以前老伴在世，他得生活基本上是“衣来伸手，饭来张口”，女儿没有出嫁，还可依靠。但现在自己几乎顿顿吃面，虽有时会去超市买点卤菜下酒，但有一顿无一顿，饮食很不规律；衣服脏了，自己放进洗衣机也还能够解决，但家里的清洁卫生就一塌糊涂了，每次女儿回来就当清洁工。女儿既要上班，还要带孩子，还要东奔西跑来照顾自己，每次看见女儿那疲惫的样子，刘爷爷都心疼不已。

最终，拗不过女儿的孝心，刘爷爷去了女儿家住。为了安排好家人的生活，女儿很早就起床为家人磨豆浆、蒸馒头、鸡蛋，还要协助女婿打理事务，因为急着上班、送孩子去上学，两人常常顾不上吃，或抓一个馒头就走了；中午，都不回家吃饭，但女儿却在头天晚上就给自己备好了午餐，热热就吃；晚上，女儿买菜回家做饭，女婿接孩子回家，饭后两人有的还要加班，有的还要陪陪孩子。如果他们哪一个出差几天，这个家就会运转失灵。

刘爷爷尝试着为女儿分忧，但他做的饭不是夹生就是稀饭，做的菜不是太咸就是没味，反正倒掉的比吃的多；帮着洗衣服，把深色浅色、内衣外衣合在一起洗，还曾经洗坏了女儿的高档真丝裙。女儿看见刘爷爷的窘态，哭笑不得。刘爷爷见自己帮不了忙还添乱，给女儿增加不少负担，而且在女儿这里，不认识邻居，很是寂寞，于是他还是闹着回到了自己的“老巢”，过起了“空巢老人”的日子。

5. 固执偏激、自暴自弃心理

今年 89 岁，已是太祖母的齐婆婆是一个很讲究生活质量的人，身边有四个女儿，大女儿年逾 70，小女儿年近 60，均当祖母。多年来，齐婆婆无论居家，还是生病住院，她从不请人照顾自己，一定要让四个女儿亲力亲为。特别在生病期间，齐婆婆不能容忍眼前一刻没有女儿的身影。女儿们也很孝顺，轮流照顾母亲，令人羡煞。但近年来大女儿年事已高，自身难保；二女儿患病也常常住院，力不从心；三女儿家有偏瘫的丈夫，需要照顾；四女儿带孙子，顾此失彼。像从前那样亲力亲为地照顾母亲，已经不太现实了，大家有意请人照顾母亲。母亲知道后，勃然大怒，寻死觅活。这让女儿们既难堪，又发愁。

齐婆婆身边有“四朵金花”，老魏则有远走高飞的“一门三杰”。据《文萃报》2018年6月报道，“一门三杰”的老魏有三个儿子，一个比一个厉害：一个毕业于清华，一个是纽约大学硕士，还有一个是剑桥博士。他有房、有保姆、有钱，还有那最具标志性的限量版、价值9万元的阿玛尼大衣……但最后却孤独地死在了水沟里。

儿子们也曾经表示接他到国外或北京去养老，但老魏认为国外说鸟语，北京不好玩儿，死活不愿意。起初，老魏还积极参加了一系列老年问题活动协会，甚至参加了社区老年义务治安巡逻队。但增龄体衰后，老魏患上了老年痴呆症。类似过年时节，趴在冰天雪地里昏迷的情况不断发生，仅半年内警方接到十几起类似的警情，事主都是老魏。

究其原因，一是思念与环境的矛盾不能协调。老魏思念儿子们，但他们不能放弃事业回家，老魏又不愿离开熟悉的环境，两相僵持没有得到调和。二是面对现实不能规划生活。当儿子们不能回家，自己没有自理能力时，凭老魏的经济条件，完全可以入住高档养老机构颐养天年，确保晚年的生活质量和人格尊严，减少儿子们的牵挂、也不给社会添乱。

6. 投资理财、功利心理

有些养老机构为了吸引老人及资金，既解决客户来源，又引导老人投资理财。正如2018年9月12日，央视曝光《养老机构骗老人投资，涉案超5.4亿》中所说：“江西南昌有一家名为‘天地自然’的养老机构承诺，老人把钱投进养老山庄，不但可以在山庄吃饭、购物、就医、参与旅游团，每年还能给老人6%～14%的返利。老年人在解决养老后顾之忧的同时，还能让手中的钱升值。于是，老人们纷纷拿出自己多年的积蓄，成为该山庄的会员。……‘天地自然’的会员根据缴纳钱数的不同分为银卡、金卡、钻石卡，存的钱数越多，在养老山庄消费时享受的折扣就越多。如10万元以上的会员可以享受2.5折优惠。即每个房间每天需要268元的房费，按照2.5折的价格算下来，每天房费仅为67块钱，吃饭只要12块钱，而且还能拿到额外的利息。在第一年老人们如约拿到该公司承诺的收益后，更多的老人加大了投入。”有些老人一算账发现，把钱存在养老机构，利息比存银行高，还可享受费用折扣更划算。甚至自己存钱后，还鼓动亲友。钱存入机构后，又成天担心：“老总不要跑路了哦！”几天没有见到老总，就疑神疑鬼，心神不宁，寝食难安。这些心理负担会让自己徒增烦恼，不利身心健康。这些老人的担忧也不无道理，企业经营客观上是存在市场风险的，试想万一规避不及，老人及亲友的养老钱就将化为泡影，付之东流。社会上这样的前车之鉴不胜枚举。2018年10月，武汉一位78岁老太太被骗子高息蛊惑，去银行取存款10万元准备给骗子，幸而被警方发现拦下。俗话说得好：“钱不是万能的，但是没钱是万万不能的。”因此，对待自己的养老钱，老人切不可功利心太重。

(二)老年人心理的自我调节

老人在养老过程中,也是适应社会变化的过程,在此过程中会遇到困难和问题,也会发生矛盾和心理冲突,由此产生一些不良情绪均在所难免。因此,如何排解这些问题和解决这些矛盾是关键。除了社会、家庭的关心外,老人要学会调节自己的心态,从容面对,冷静处理,做出明智的选择。老人心理的自我调节主要有以下几种方法。

1. 坦然面对"老去",提高心理承受力

首先,要正视"人亦老"的现实,并相信自己是幸运老人。坚信我们面临的医学科技、交通通信、物质条件、人文关怀、社会服务都是历史上空前未有的。对于如何养老,我们选择余地很大,完全能够根据自己的情况,选中最适合自己的方式安度晚年。从心理和物质方面确信我们生在世界和平、科技发达的好时代,是最幸运的老人,我们老有所养,老有所乐,老有所依。

其次,认识生命是一个自然衰亡的过程。人老了体力和精力渐衰,身体免疫能力下降,生活中自然会遇到许多困难、烦恼、力不从心、无能为力的事情,这是生命的自然过程。我们早早调整好自我心态,提高面对各种困难和突发事件发生的心理承受能力。有了充分的思想准备,有了良好的心态,当上述一切情况与我们不期而遇时,我们就会坦然接受,从容面对,笑对人生。

最后,要了解一些心理学知识。学会倾诉,遇到堵心的事情不妨与他人说说,既让自己从郁闷中解脱出来,也可以听听别人的见解,或许能让自己豁然开朗,茅塞顿开。学会自我暗示,当自己产生自卑心理时,不妨进行积极的自我暗示:"我是最坚强的人!""我能挺得住!""一切都会好起来的!"一旦有了这些积极心理感应,我们就会发现情况比预想要良好。学会转移注意力,当心情烦闷、郁结时,可以通过听听音乐、唱唱歌,或者跳跳舞,或者通过运动、逛街、购物等方式,分散自己的注意力,排解烦恼的情绪,使自己恢复平静、身心愉快。

2. 充分认同自己的存在价值

社会经济的发展,带动了文化的发展,其积极向上的生命力,促进人们以活跃的、阳光的态度参与社会工作与生活,从而形成积极的文化心态和品质,并驱动着人们以这种良好心态和情绪去生活,去进行社会交往。然而,老年人群退休后,渐渐地便脱离了社会主流文化和主流群体,形成了一个较为闭合的老人社交圈。由于疏离主流社会,缺乏与时俱进的文化与观念的输入及改变,老年群体逐渐被边沿化,造成群体的失落感,并波及每个成员,影响其心理健康。因此,老年人群不能作茧自缚,要主动突破自己的自卑心理,克服惰性，走出家庭的狭小天地，积极参与力所能及的社会活动，找回社会价值和自我价值。人老了，经验丰富，可以与年轻人分享；人老了，社会阅历多，可以告诉后来人哪些路不能走；人老了，可以量力而行，做些公益，实现社会价值；人老了，心闲了，可以拾起少年梦；人老了，自由多，可以漫游天涯，看世界，实现自我价值。总之，无论我们多老，只要我们存在，家人就安心、就温暖这就是我们存在的自我价值；尽管我们什么都干不了，只要我们存在，就是老有所养、老有所依社会工德的体现，这是我们存在的社会价值。

七、走出孤独的路径

黄昏的公园空荡荡，在葱茏树木掩映着的亭子的一角，蜷缩着一个白发苍苍的老人。为什么不回家？他在这里等谁？笔者上前与之交谈，不知是因为陌生感还是不愿意说话，老人神情淡漠，张了张嘴，却没有说什么。据经常在这里锻炼身体的大伯说，老人每天午后都会来这里坐到黄昏以后才慢慢地离开，也不知道他家住哪里。以前，时常看见他与老伴在这里转悠，但现在却独自一人坐在这里发呆。

2018 年初夏，笔者在报纸上看见一条消息《绵阳六旬老人自缢身亡 因无法承受爱妻离世》，还配有警方警戒现场的图片。不足一月，又见网络消息《67 岁老汉跳入 4 米深渠自杀 因女护工对她干了这事》，女护工对老人照顾比较细致体贴，让老人产生情感依赖感，但护工并不理会老人这份情感，老人便跳河欲自杀。

据新闻报道，有位老人被骗子骗取大量金钱，子女报警后，老人为骗子开脱："我愿意被他骗，他会陪我聊天，逢年过节都给我打电话。"老人明明知道骗子有所企图，但骗子在行骗过程中，会嘘寒问暖、关怀备至，这正是老人需要的精神呵护。但在极度的孤独和渴望陪伴下，老人试图用金钱留住关心。这些现象均是老人情感无所依而产生的孤独、寂寞感所致，这也是老年人群的普遍现象。

（一）老人孤独的原因

笔者认为，可以通过社会、家庭和老人自身三个方面的努力来帮助老人们走出孤独。本文重点从老人层面来分析原因，并提出建议。引起老人独孤的原因，不外乎有以下四个方面。

1. 告别社交场所

在我国，人们对职业有很强的依赖性，因为所从事的职业决定着人们的社会地位和收入，工作单位是其主要社交圈。当一个人从单位退休回到家里后，社交活动的"主战场"迅速收缩，如果不主动出击"开疆拓土"，社交资源将会逐渐萎缩，导致社交减少，精神枯萎，生活沦陷。

薛教授在大学工作时，一天上完6节课后，仍精神饱满。经常看见他在校园与教职员工或学生聊天文地理，侃天南海北。学理工科的他，年近花甲仍能一字不漏、一气呵成背诵《将进酒》《卖炭翁》《饮酒》……常常让年轻老师和文科学生听得一愣一愣的，自愧不如。仅几年后，再见退休后的薛教授，当年“羽扇纶巾”风流倜傥的风姿，演变成秋风吹过，白发飘絮，身体佝偻，目光暗淡，说话气虚的古稀老人了。原来，他经不住老年失伴的精神打击，走不出相濡以沫的情感，整日待在家里回忆过去，患上了抑郁症。

2. 生活环境改变

以前整日黏着自己的孩子，长大离巢了；以前相濡以沫的老伴，驾鹤西去了；以前热热闹闹、人来人往的家，变得安静、空荡荡了……这让一些老人难以适应。此外，有的老人随子女背井离乡，到他乡带孙子，成为“老漂族”。客居孩子家，在家里自己做不了主，在社区没有乡里乡亲唠家常；没有老伴的唠叨，没有乡情的滋润，社交圈局限在家里几十平方米、几个人之间，内心如同荒原。

3. 生理机能衰退

随着老人增龄体衰，身体机能日益退变，身体遭受疾病的困扰，心理上饱受无助和孤独感的折磨，导致躯体症状和疾病愈发严重，如失眠、心血管疾病、气管炎、骨质疏松等老年慢性病。有些老人的疾病虽然并没有严重到相当程度，但在“空巢综合征”的作用下，很容易引发神经质的疼痛感。病人在看病、检查、治疗、恢复的过程中，如果疼痛稍有复发，就会引起心理感应，加剧疼痛，再到医院看病。这是一个循环往复的过程，病人一般难以自拔。

有一位老人退休后，在家无聊，身体有点小恙，便总怀疑自己有病，非要儿子陪他去医院做各项检查，检查结果显示一切正常，但他怀疑检查结果不准确，要儿子陪他再去另一家医院检查。从医院出来过马路时，老人被电瓶车撞成骨折，在医院一躺就是一个月。儿子兼顾上班、接送孩子、伺候老人疲惫不堪，自己也支撑不住病倒了。

据心理医生分析，老人由于生理机能衰退，引起各种不适，本属于正常现象。但由于没有及时得到家人的关心和问候，心理需求没有得到满足，长此以往就会引起心理、生理以及性格的变化，有的表现为对百事漠然，不感兴趣，不想说话，不愿行动；有的表现为性格偏执，古怪、自私、吝啬，与人交流困难，难以相处；有的表现为借故找碴，引起儿女、亲人关注。

《阴雨天》
廖荣龙2018.8.23摄于香港坚尼地城

图 4-5 艰难的回家路

在上述案例中，老人身体其实没病，就是希望通过儿子陪伴自己看病、检查的过程，得到亲情的陪伴。这种情况在老年人群中比较普遍，更有甚者常常装病，甚至说自己病危，让家人打电话叫回在外打工的儿女。精神上寂寞，生活上不便，身体上不适，孤独感加重，使他们渐渐陷入孤独泥潭，进而诱发各种疾病。

4. 情感依赖性强

部分老人除了工作、劳动之外，兴趣爱好太少，甚至一无所好。使闲暇时间特别多，日常生活特别无聊，除了看电视，就是睡觉，无所事事，眼巴巴地盼望着孩子回家，带来亲情的欢愉和温暖。然而，孩子们的忙碌，使愿望往往落空，孤独之感尤甚。

王爷爷的儿子长大独立门户了，老伴生病去世了，一个完整的家就支离破碎了。他整日顾影自怜，也曾试图走出孤独为社区邻居做做好事，比如搭把手拎下篮子、陪陪邻居孩子玩、给困惑的邻居出出主意等。但似乎收效甚微，别人也没有怎么关注自己。于是他想到有句古话：“好事不出门，坏事传千里。”他开始在社区乱扔垃圾，引发大家不满和指责，这下他终于求得了关注度，满足地“偷着乐”。

某日，警方接到一独居老太太报警，声称儿子偷走了她的救命钱。警方到现场调查后叫来她儿子。儿子回家后一头雾水：我啥时偷你钱了？这时老太太笑眯眯、慈爱地为儿子端茶送水，嘘长问短，安抚惊魂。后来民警才知道，老太太想儿子了，用“有困难找民警”的法子，达到了目的，令人哭笑不得。还有的老人，故意与邻居发生争执并扩大事态，其目的就是希望儿女回来帮助协调解决。借机让他们回家一趟，见上一面，听听他们的安慰，哪怕是指责也舒服。

伴随着离退休和年岁的增加，老人要走过离职、离伴、孩子离巢，甚至失独、失能、独居的过程。经历每一个过程，对老人来说都是人生的一次重大挑战和心理冲击。特别是这些都发生在他们离开职场社交圈、年岁日高、心理脆弱的特殊时期，其冲击力超乎寻常。这一时刻，他们特别脆弱，需要情感依赖和支持，需要关心和呵护；这一时刻，与他们有着血亲关系的儿女、至爱亲朋的关心有着特殊效果。因此，老人对这些人尤为依赖。没有他们，老人会产生被抛弃感，孤独寂寞，度日如年，老人的世界会坍塌。

然而，老人的儿女、至爱亲朋各自有工作、有家室，难以满足老人的渴求。其实，换一个思维角度来看，孩子们不来打扰自己，说明他们已经能够自立于世，父母应该感到欣慰。因此，老人要转变观念，既要体谅孩子和亲人，减少依赖。又要转变观念，不要画地为牢，把自己精神世界局限在儿女、亲友的小世界，要打开视野，走出家门，参与社会活动，结识新朋友，拓展社交圈，活出老年生活的精彩。与其等待别人救援，不如自救，培养自立精神和能力。

（二）减少孤独的方法

老人减少孤独的自救方法主要有如下几方面。

1. 适应变化，转换角色

人生是一场大戏，昨天我们在职场，扮演的是领导、精英、成功人士、普通劳动者的角色。今天我们退休在家，扮演的是儿女、夫妻、父母、爷爷、奶奶的角色。那么，我们就要尽快入戏，演好新角色，完成角色的转换。在家里当慈祥的长者，多干家务，少说闲话，力所能及帮儿女，不给子女添负担，用爱心温暖家人，尽享天伦之乐。与外人交往，要心态平和，友善待人，传递温暖，分享快乐。

老葛从一家中型国企厂长位置退休后，马上进入家庭主妇的角色。早上送孙子上学后，买菜做饭、打扫卫生、与老母亲聊天，下午接回孙子，督促完成作业，四代同堂一起吃晚饭、聊天，晚饭后陪丈夫一同散步，锻炼身体。面对姐妹的夸赞，她很内疚地说：“以前我忙得顾不上他们，亏欠很多，现在要加倍偿还和报答。”

2. 顺应自然放眼看世界

人乃万物中一生灵，茫茫沧海之一粟。正如苏轼《前赤壁赋》所言：“盖将自其变者而观之，则天地曾不能以一瞬；自其不变者而观之，则物与我皆无尽也。”从事物易变的一面看来，天地间每一瞬间都在变化；人与万物一样，经历着大自然生长、勃发、衰竭、消亡的规律；而从事物不变的一面看来，万物与自己的生命同样无穷无尽，代代相传。我们从襁褓到独立于世，我们的孩子从稚嫩到成熟，不都是成长、离巢吗？从我们离不开父母，到父母离不开我们，但最终都要渐渐地离开，新生代又呱呱诞生，这循环往复不就是大自然的规律吗？因此，不必“哀吾生之须臾，羡长江之无穷”。有了这样的眼界和心胸，我们就应该为子女离巢而祝福他们前途似锦，为伴侣西归而祝福他(她)天堂安息，为自己衰老而庆幸新生临近。

放眼辽阔的世界，开阔宽广的胸怀，走出单调、孤独的生活。老人可与家人、志同道合的亲朋好友结伴旅行，在风景如画旅程中，心情会更加舒畅，更容易结识、接纳新朋友，分享快乐，共度美好时光，从而激活老年人旺盛的精力，使“老夫聊发少年狂”，这对身心健康大有裨益。

3. 生活有目标，增强信心勇气

很多老人以前在职场工作，万事都有条不紊，因为做事有目标、有计划。但退休后的生活就信马由缰，失去了目标和计划，甚至把退休看成“无用”“回家等死”，不自觉地被颓废情绪所控制，精神坍塌，疾病由此而生。经常听职场的朋友感叹：我退休了一定要满世界跑，一定要每天跑步锻炼身体，一定要学唱歌跳舞，一定要学习书法……但退休后，一阵心血来潮后都复归平静。事实上，退休是人生旅程的另一段风景，也应该有看人生另一段风景的“旅行计划”，有规划就有生活目标，就能发掘生命潜能，就有精气神。

笔者友人的儿子大学毕业成家后，夫妇也相继退休。夫妻俩把自己的爱好当作大学课程来安排：“退一”看世界；“退二”打拳击剑；“退三”弹琴画画；“退四”看书习字、“退五”养花养宠物……说到做到，夫妇俩便捡起儿子淘汰的相机、手机和旅行包去旅行，老年大学也常有他们的身影。随着增龄衰老，便待在家里上午写游记，下午做家务或锻炼身体，晚上与儿孙一起吃饭聊天。几年后见到他们，仍童颜鹤发，精神矍铄。

4. 坚持继续学习，培养兴趣爱好

“活到老，学到老”是一种生活状态，更是一种精神状态。学习有两个好处：一是益智；二是保持良好心态。通过不断的学习，让大脑频繁地接收信息刺激，这实际上就是大脑体操。适当用脑可以保持记忆和大脑敏捷，延缓衰老。在法国巴黎，2018 年度“世界杰出女科学家奖”颁给了全世界最顶尖的 5 位女科学家，其中就有 82 岁的中国科学家张弥曼；现年 92 岁的 Paul Greenyard，是美国洛克菲勒大学的一位神经科学家，早在 2000 年就荣获诺贝尔医学奖的他，至今还保持着每周 6 天，每天从早 9 点至晚 10 点的工作时间。Fuzena bajcsy，84 岁，机器人学家，如此高龄还在继续发表论文。从 20 世纪下半叶开始，诺贝尔奖得主的年龄就有“增长”趋势，平均年龄 72 岁，这些老人仍然在通过自己的努力，改变着世界。

“What’s your name?” “What country are from?” “Are you working in shanghai?” 在杭州西湖英语角，戴着遮阳帽、穿着浅蓝色 T 恤，一件衣服袖子随意地打结在胸前，一身瘦骨嶙峋的丁奶奶用一口流利的英语，正与一个外国小伙子对话，那精神、那容貌看上去也不过 60 多岁。一打听才得知丁奶奶年已 80 岁。别以为她是科班出身，她退休前是工人，没有学历，没有专业，只有爱好，只有努力。住在西湖边的丁奶奶，在英语角一学就十多年，从不间断。开始老外说英语，她就在一旁边玩边听，后来拿着书边学边练口语。用她的话说就是：“Study very hard(慢慢地努力学习)”看样子，她在学习中找到了快乐和满足。除了读书、写作，老人还可以拓展学习的范围，如书法、绘画、摄影、弹琴、唱歌、舞蹈、拳术、棋艺、养花、种菜、垂钓、手工制作……在这些艺术中，均深藏着海洋般的学问，遨游其中其乐无穷。老人可以选择自己感兴趣的一两门学科，并把它当作余生的事业和工作来完成，既满足了自己的兴趣爱好，使自己生活充满朝气和阳光，又能从中获得成就感、价值感和愉悦的好心情。

5. 适当做事，获得价值感

著名人口学家邬沧萍曾经指出，老人的价值由社会价值和个人价值构成。其价值首先是在社会建设中起到作用，其次是在家庭中起到作用。老人退休，只是完成了人生一个阶段的任务，他们还有下一阶段的工作需要完成，或继续为社会献余热，或为子女带孩子，间接为社会做出自己的贡献。能否让老人顺利转入下一阶段的工作，这需要社会、家庭和老人自己三方共同努力。老人可以凭借自己丰富的实践经验，为企业提供知识、资源咨询服务，为年轻人就业、创业提供经验支持，把自己人生经验和技术笔录下来传与后人。

老年人根据自己的身体情况和意愿适当从事一些力所能及的工作是有益的，可以保持良好的精神状态和良好的心态。特别是脑力劳动，虽然记忆力和思维能力会有所衰减，但仍保持大脑活力。古今中外这样的例子不胜枚举，隋唐医学家孙思邈 101 岁写就《千金要方》，北宋司马光晚年完成史书《资治通鉴》，明代医学家李时珍 61 岁写成药学专著《本草纲目》，近现代作家鲁迅、巴金、冰心高龄仍然发表文学作品，当代作家莫言年过半百、医学家屠呦呦年过花甲，分别问鼎诺贝尔文学奖和医学奖。国外政治家恩格斯 74 岁完成了马克思《资本论》第四卷的整理工作，科学家爱因斯坦、居里夫人、霍金高龄仍然在从事科研工作……大量事实证明，年龄并不是禁锢自己为社会献余热的障碍和理由。

再看看普通老人，家住上海的严伯伯，退休后主动加入社区志愿者组织。每逢上海开大型会议，都会看到他们的身影，给南来北往的客人指路、接受询问；为社区活动宣传、跑腿；为小区看家护院等，成天忙得不亦乐乎。退休后，焦会计这里打工，那里兼职，每月都要给几家企业做财务报表，既给社会做出了贡献，又给家里增加了经济收入，老有所为赢得了社会和儿女的尊重。

老人如果无所事事，一味静养，容易产生“被遗弃”感，进而影响精神生活。现在人们爱老、敬老，就是把老人供着。一抹桌子，子女让你坐着别动；一洗碗，家人把你扶到客厅看电视……这不让做，那不让摸，生怕磕着碰着，这样看似敬爱老人，实则有走入误区之嫌，剥夺了老人动手动脑的机会，使身体机能加速退化，让老人产生“简直就是废人”“吃饭机器”的无价值感。因此，适当让老人做一些力所能及的事情，鼓励老人主动地参与到家务劳动中来，既可以锻炼身体机能，保持活力，还可以给家里减轻些负担，增进与家人的情感，增加自己的存在感和价值感。

6. 不做“宅”老，广交朋友

老人由于身体机能逐渐衰弱，精力减退，喜欢宅在家里。还有些老人，随子女移居到陌生的环境生活，这给他们出门交流再添障碍，这不利身心健康。为了自己身心健康，为了减少子女的负担，老人要面对现实不当“宅”老，大胆走出家门，主动与人交往。可以给自己布置阶段性出“宅”交流计划：第一阶段，刚开始出门交流，可以与老人和小孩子主动打招呼、玩耍，做浅层交流；第二阶段，逐渐与志趣相投的朋友，特别是忘年交朋友敞开心胸，进行较深入的交流，有助于排解心中的苦闷，在人际交往中，要注意尊重别人的性格和习惯，不强求他人，多欣赏、赞美别人，取人之长补己之短，提高交往艺术；第三阶段，多关心他人，为他人提供力所能及的帮助，建立新的人脉，尽快融入新的环境之中，排解孤独，增加快乐。

7. 寻找伴侣，相互扶持

俗话说：“少年夫妻，老来伴。”伴侣在老人生活中占有重要的位置。老年夫妻在生命的后期，难免会有一个要先离去，离开相濡以沫、朝夕相处几十年的伴侣，这给在世的老人打击很大。很多人由此一蹶不振，乱了生活的方寸，甚至迷失生活的方向。因此，再婚对老年人来说，既可以给自己找到生活的伴侣，鼓起生活的勇气，也可以找到精神上的支柱，交流沟通，排解孤独。在诸多条件合适的情况下，老人应该考虑重新组建家庭，让生活重新充实起来，回到正常的航向。

康伯伯与李阿姨双双失偶，经人牵线重新组建了家庭，由于两人在婚前就有约定，各自与儿女商定、安排好财产和身后事宜，婚后生活彼此照顾，精神相互慰藉，回家有人聊天，出门有人陪伴，相敬如宾，家庭和睦。但现实中也不乏再婚前了解不深，婚后生活失意，劳燕分飞的重组家庭。老樊与徐阿姨的老伴先后离世，两人一见钟情，接触不久就组建了新的家庭。由于老樊生病住院，因为财务和照顾病人方面的原因，徐阿姨与对方子女闹起了别扭，产生了隔阂；后来在两人生活中，矛盾不断，加之双方子女的搅和干扰，两人只好分手，这给双方都造成了伤害，给自己晚年平添烦恼。因此，失偶或离异的老人再婚一定要谨慎行事，找到适合自己的伴侣，牵手愉快地度过幸福的晚年。

8. 运动排遣孤独，保持乐观

医学心理学专家指出：心理适应，最主要的就是对于人际关系的适应。运动锻炼不仅可以提高心理健康，调整积极的情绪，消除精神压力和孤独感，还可以增强体质，已成为促进老年人心理适应能力的良好形式。

散步是老年人最好的运动方式之一，不受场地、气候限制，简单易行。老人可以与家人、朋友结伴而行，既有人际交流，又能锻炼身体。黄大姐退休前是一家企业的会计，由于其工作性质原因，她坐得多，运动少，患上了三高，从此药不离身。退休后，有了大把时间，于是每天坚持万步左右，经过体检，各项指标有了明显改善。此外，游泳也是一项很适合老年人的运动项目，利于对膝关节的保护。廖老离休后，与一帮老头儿每天坚持游泳、洗冷水澡，从夏天到冬天，一年又一年，到70岁时，居然能够冬泳了。人们友善地称他"活力老头儿"。袁老师退休前是一名中学教师，退休后仍在民营中学做高考辅导，70多岁的他把每天坚持运动看成是减压的法宝。以前他每天在小区爬18层楼10个来回，现在他减少了爬楼次数，增加了每天跳绳和单杠项目，跳绳每分钟100多次，连续跳10分钟，做引体向上30个。他深有体会地说："运动不仅让自己思维敏捷，而且精力充沛。"

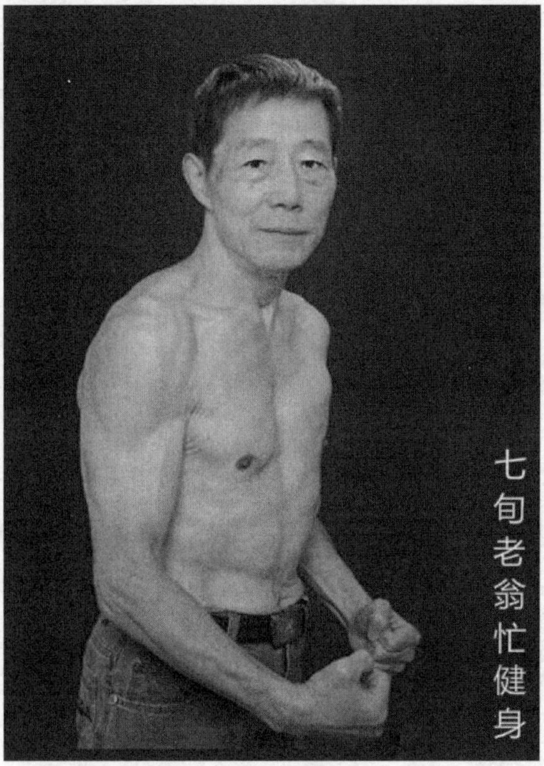

图4-6 袁老师：健康活到老 袁永详 提供

综上所述，老人年龄登上了人生高点，眼界也应该高远，放眼俯瞰大自然，万事万物都有自己的生长规律，人类乃自然之子，生老病死，复归自然，是生命的完美过程。有了这开阔的胸襟，达观的认识，我们就会摆脱一切尘世中的纷纷扰扰，一路小曲，步履轻盈，从容不迫地走在铺满霞光的大道上，去拥抱西边那壮丽的夕阳。

八、立好“生前预嘱”

树上的片片绿叶，在秋风中红了、黄了，为绵延的山脉抹上了壮丽景色；彩叶翩翩飞舞，飘飘洒洒，静卧黄土，演绎着生命的轮回。这个过程恰如人生。“死”是指生命的终止。“死亡”不仅是“死”，而且有“从此离去”和“归于虚无”的意思。公元300年希腊哲学家伊壁鸠鲁说道，死亡是我们“在”的时候，它“不在”；我们“不在”的时候，它“在”①。

儿女和朋友发现，喜欢主动电话联系、独居的韩婆婆，一周都没有信息，儿女上门查看时，发现她躺在床上已经长眠。

“岁数大了，QQ也不闪了，电话也不来了，微信也不响了，信息也只有10000（电信局信息）了。”一个长者的翩然故去，留给老朋友一片寂静、空灵、凄冷，令同样高龄的老人惆怅、暗自伤感……

住在养老机构患高血压的杨婆婆，血压一般在140～150毫米汞柱。医务人员每次给她量血压，如果她得知实情，就会惊恐地躺在床上“绝食”，面对医护人员的安抚，她伸出4个指头说：“我94了，要死了！”言语间透出对死亡的恐惧和绝望。

老家在四川邛崃农村、现今在一家超市打工，年过50岁的江婆婆，谈到“生老病死”时，并不像普通农村老人那样讳莫如深，而是一脸坦然，她说道：“在北京打工十年，我和工友们说起这事儿，都觉得当自己老了动不得的时候，就算儿女孝敬，何必拖累他们呢？就自己解决吧！”

刚从四川甘孜旅行回来，学药学专业，在一家医院药房工作了一辈子，退休后又被返聘工作到68岁的刘大妈，谈到此行最大收获时说道：“尽管这辈子看惯了死亡，但看了天葬后仍然很震撼，同时更加明白：人生就是一个过程，好好活着，坦然离开。老与死相比较，其实死亡并不可怕，迄今离开的人比活着的人多；可怕的是‘老’。因为老到不能自立的时候，长期卧病在床，事事依赖他人，连累家人，连累子孙，连累朋友，医务人员也跟着受累，久而久之，不仅自己心理负担重，而且也会渐渐失去做人的尊严。尤其如果遇到不孝儿女、不良保姆，被虐待，那真是生不如死。人的生命质量体现在自立和尊严上。”

其实，人人知道死亡不可避免，但少有人为之做好准备。以至于很多人突然离世却有很多事没有来得及给家人交代，有的突发疾病处于弥留之际，但已经神志不清，或称为植物人，无法决定自己的生死，任由亲人和医生对自己进行延缓生命的机械性抢救，承受使用心内注射、心电起搏、切开气管或安装呼吸机等折磨和痛苦。有一位老父亲，突遭车祸被送到医院后，已经意识不清。医生检查后告知，抢救过来可能是植物人，要家属决定是

① 罗点点. 我的死亡谁做主[M]. 北京：作家出版社. 2011：36.

否抢救，子女电话请示异地的母亲，一致决定抢救。活过来的父亲在病床上一躺六年，成为植物人。家人从精力到财力都支撑不住了，母亲这才后悔道："早知这样，就不抢救了！"

罗点点在《我的死亡谁做主》中写道：我的亲人也遭遇不测。60多岁的她，没有"三高"（血压、血脂、血糖）病，喜欢户外活动。在大海中游泳时脑血管破裂，导致溺水，呼吸停跳约20分钟，才被抢救过来。由于大脑缺氧时间过长，造成不可逆转的永久性伤害，已经昏迷两年了，靠胃饲管维持生命。其实，她在体健时，我们曾经多次谈到别人类似状态，她和我多次表示，如果有一天自己遇到这种情况，一定不要靠生命支持系统维持生命，自己受罪，拖累家人，浪费钱财，毫无意义。但是她没有留下正式文书，所以她丈夫、儿子和我们很难做出拔掉胃饲管的决定，况且亲人之间也会有不同的意见[①]。

其实，与其发生这样的尴尬情况，何不当自己意识清楚的时候，就把自己身后事安排妥当。早在20世纪80年代，知识界一些老年人群就已经行动起来，提前留下"遗嘱"，向亲人交代：当自己处于弥留状态，没有意识、没有生存质量、可能成为植物人时，放弃抢救，甚至连葬礼从简都交代妥帖，避免亲人茫然无措，也避免陷入伦理道德的泥淖。

这种理性的做法，今天叫"生前预嘱（Living will）"，正被世界各地的人们所接受，公认为"尊严死"。

国外很多人早在自己壮年、身体尚好的时候，甚至提倡年满18岁，就立"生前预嘱"。因为人有旦夕祸福，对生死从来都难以意料，既然如此，何不提早做好准备呢？这是正视死亡的客观态度。

台湾著名作家琼瑶创作了很多精彩的文学作品，并被拍成电视剧，影响广泛。她不仅早年就给家人留下"生前预嘱"，近期还将它公之于众。她说，以前没有公布，担心儿子媳妇迫于舆论、道德压力，不按照自己意见办；现在公开就是让公众知道，在弥留之际不抢救，自然归去，丧事从简，不举行告别仪式，不存骨灰是自己的意愿。

另一位很喜欢音乐的老人，在临终关怀病房里，时常坐在病床上，拿着手机听音乐。在生命尽头来到时，他向家人交代了身后事："人终有一死。我死了不开追悼会，不收别人的礼金。墓地老贵，就海葬吧！"那苍凉的声音在安静的临终医院病房里回响……

生命树上无论什么颜色的叶子都美丽，人们对生命死亡的意义理解尽管不同，但尊重个人意愿的选择，生命之叶都能有尊严地翩翩飘落。

九、让逝者在温暖中告别

面对不可避免的疾病和死亡，人们的选择依次是"无肉体痛苦"和"不被疼痛折磨"；

---

① 罗点点．我的死亡谁做主[M]．北京：作家出版社．2011：142.

其次是“留着善别”，希望自己的死不要拖累家人，给亲人妥善处理后事留下余地；最后是“去者善终”，意指安详离去，如死前能得到尊重等。这也是传统所言的“善终”[①]。

时下不少地方开设临终医院或临终病房，其目的就是让生命垂危的人，在临终得到关怀，帮助其在舒适的环境中，安详地告别人世。这也被越来越多的人所接受。

在临终医院见到60余岁的她，正处于昏迷状态。她先生介绍道，曾经日子过得很艰难，现在女儿成家立业，还有了孩子，正当享受清福时，她体检查出肝癌并已到晚期。当知道自己生命进入倒计时，她最大的愿望就是无痛苦、干脆地离开。家人送她到这里，日夜相伴，尽最大可能地满足了她的心愿。

95岁的刘婆婆，气息奄奄地躺在临终病房里。亲友和医护人员的温馨照顾，给她减轻了许多痛苦。老人家总爱盯着房门像是盼望着什么。医护人员了解到，老太太没有子女，家里有行动不便的老头子没有人照顾。护理人员为了满足她最后心愿，提出代她去家里看望老爷爷，老婆婆点点头，如释重负，眼角流出了感激的泪水。

在临终医院见到患胃癌已到晚期的刘爷爷，身着天蓝色衣服半躺在床上，老伴守候在旁。见笔者来，便饶有兴致地聊天。他说，已经想通了生死问题。谁都想长命百岁，但如果完全依赖他人，自己和他人都痛苦。在这里得到了很好照顾，自己感到宽慰。他愉快地回忆着年轻时候追老伴的情景：那时候她长得漂亮，性格温柔，但家庭出身地主。在“文革”年代，组织希望我划清界限。我心一横，娶了她。我们有两女一儿，日子过得很好，至今不悔。

台湾学者赵可在近年研究中说，临终患者通常认为“善终”有三个层面的意义。一是身体平安：包括痛苦减至最低，临终过程不长，身体完整、清洁，能活动。二是心理平安：能接受死亡、放下、了无牵挂、不孤独，死在喜欢的环境中。三是思想平安：无太多杂念，觉得人生圆满或渡过苦海即将上岸[②]。随着人们对死亡认知的加深，其态度也更为理性。当死亡来临，亲人留不住，医生无能为力时，亲人能够做到的就是多给那些无人照料，生活又不能自理的老人安抚，多多陪伴在身旁。医护人员则要对症处理临终前病人的病症，尽量减轻临终痛苦，满足老人的临终愿望和要求，给将要逝去的生命多一些温暖。

十、综述：精神赡养路在何方

在调研中，不少养老机构反映绝大多数儿女对老人都比较孝敬，其表现分两种情况：一是定期或不定期地看望老人，给老人留下大堆营养品和生活用品，或塞一沓钞票来表达

---

① 罗点点. 我的死亡谁做主[M]. 北京：作家出版社，2011：37.

② 罗点点. 我的死亡谁做主[M]. 北京：作家出版社，2011：37.

孝心，但他们停留的时间较短；二是全年不见儿女踪影，一旦出现就以大把钱财作为补偿。其孝敬的特征是给钱财的多，给时间陪伴的少。

晚辈孝敬老人，既报答养育之恩，又希望父母健康长寿，有力地弘扬了中华民族的传统美德。晚辈希望老人健康长寿，却不清楚怎么做才能如老人所愿，如自己所愿。

首先来看老人健康长寿需要什么？世界卫生组织提出健康标准："健康是身体上、精神上和社会适应上的完好状态，而不仅仅是没有疾病和虚弱。"① 由此可知，健康不仅是指身体无恙，还指心理上的健康。

社会经济、科技的长足发展极大地改善了人们物质生活条件，对当今的老年人来说，衣食住行的生活需求已基本得到满足，然而精神慰藉却留下了很多空白。据养老机构反映，老人的儿女对养老机构的要求是："只要保证老人有吃有喝，穿衣暖，安全，少生病就行了。"也就是说，能够提供生理需求的基本保证即可。对老人的照料仍然沿用物质匮乏时代的习惯和方式，重物质，轻精神。

老人进入老年阶段后，老人的心理状态、生理功能都将发生衰退，生活自理状态也会发生变化，特别容易因外界因素的刺激，引起寂寞、孤独、抑郁、失落、焦虑等负面情绪，这就特别需要精神慰藉，因此对老年人的照顾实际上包括生活照料、医疗照料、精神照料和经济支持，也就是物质支持和精神支持②。

在现实生活中，我们对老人在物质层面的孝敬，应该说做得较好；因此，在今天这个不缺物质的时代，更应注重对老人精神层面的关心和呵护。

但对老人精神层面的照顾，儿女普遍存在三大误区。

误区一：有些子女认为，把老人托付给养老机构，或亲友照顾，就把赡养老人的物质生活和精神生活义务一并托付给对方，由对方全权负责。

"所谓精神赡养，是指在家庭生活中，赡养人根据法律规定或约定，在对赡养人履行物质赡养的同时，关注老年人的心理需求和精神需求，照顾老年人的特殊需要，使被赡养人在感情和心理上得到精神的慰藉，能够愉悦地安享晚年，享受家庭特有的天伦之乐。"法律工作者王培认为："从法律层面看，对老人的精神赡养只限于家庭生活中，晚辈对长辈的赡养，不存在于社会中。社会对老年人的关心只是从道德层面进行精神慰藉③。换言之，如果儿女把老人委托给社会养老机构代养，那么养老机构并不是老人的赡养义务人，而只是代养人，代养行为属于合同法调整的范畴；养老机构与老人之间的关系是按照合同约定，提供服务和被服务的关系；老年人与儿女之间的赡养关系，并不因为儿女与社会养老机构签

① 杨力. 心理养生忠告[M]. 北京：北京科学技术出版社，2007.

② 翟宏，谭海燕. 当代中国养老方式演变探析[J]. 赣南师范学院学报. 2009(5)：103-106.

③ 翟宏，谭海燕. 当代中国养老方式演变探析[J]. 赣南师范学院学报. 2009(5)：103-106.

订了代养委托合同而终止。养老机构只能给老人提供生活劳务服务,并不能代替子女进行精神赡养服务。精神赡养是子女不能够委托出去的义务,是子女永远不可推卸的责任。"

误区二:缺乏基本知识,忽视老人病变过程。据临床医生反映,当老人突发某个疾病时,很多儿女、年轻的家属会措手不及,并感叹:"哎,我父亲(老人)怎么突然间就这个样子了!"之所以没有思想准备,源于平时对老人病变信息的不了解和忽视。

事实上,人的身体机能和智能一般在30岁开始呈下降趋势,进入老年阶段则出现提速。如某个正常的退休老人,某一天忽然说"我想回去上班";忽然有一两次说话不清楚了。普通人难以意识到,这是阿尔茨海默病(老年痴呆症)前兆的反映。因此,子女或晚辈在关心老人精神生活方面,既缺乏这方面的常识,对老人关注也不够细心,忽视了老人身体微妙变化发出的警示,酿成重疾和严重后果。

误区三:不懂老人反常行为背后的深意。据一些养老机构反映,有的老人有意无意会去拿别人的东西,或者故意把小事扩大化。当问询老人为什么要这样做时,他会说:"我娃娃好久没有来看我了!"当养老机构叫来他儿女或家属解决问题时,儿女会觉得十分委屈:"昨天才来了的啊!"而老人却在一旁窃喜。原来,这一切难以理喻的行为,都源于老人思念儿女和亲人。这些令人心碎的故事,恰恰反映了儿女对父母、晚辈对老人精神赡养的忽视。老人精神上的缺失,任其买再多东西、给再多的钱,都是无法弥补的。

既然精神赡养对老人十分重要,也是儿女不可推卸的义务和责任,那么如何在精神层面关心老人呢?

首先,要及时对老人形成的心理障碍进行干预。老人容易在三个阶段产生心理障碍,一是退休后,从繁忙的职场回到清闲的家中,环境、角色、人际和生活规律都发生了变化,会产生失落感和自卑感;二是突发绝症,被疾病、死亡的恐惧所困扰;三是突然失伴,感到生活失衡,人世清冷、孤独、空虚。在这些节骨眼上,老人如果没有得到及时的疏解和引导,易出现老年性抑郁、焦虑、孤独和多疑等心理疾病,进而影响身体健康。因此,在这些关键时期,除了老人自救外,晚辈要积极进行干预。对于退休的老人,要让他们明白,这是完成了人生的使命,跨入了生命的又一个美好历程,应该尽情享受;对于突发疾病的老人,要安慰开导他们,相信医学、相信科技的神奇力量;对于突然失伴的老人,要鼓励他们坚强,尽快走出阴影。

其次,要尽量满足老人的内心需求。老人独处易产生空虚寂寞感,晚辈要尽量关注他们,帮助他们充实精神生活。比如子女及家属陪老人看一场老人文娱表演活动;倾听和分享他们过去的故事,给他们创造条件,让他们把自己的奋斗史、养家的艰辛、喜欢的老歌曲、老习俗、老街坊的故事制成录音、写下来、画出来,留予后人。在这个过程中,他们将产生愉悦感和价值感，对于身心健康都大有裨益。

综上所述，在物质高度发达的今天，儿女、晚辈对老人的关心也应该与时俱进，在给予老人物质支持的同时，更多给予心理上、精神上的关心。中医倡导："养生先养心理，抗衰先抗心老，治病先治心病。"老人心里舒畅，精神焕发，才能够如我们所愿：开心快乐，健康长寿。

扫一扫

第五章 经济管理

一、概述

随着我国人口平均寿命的延长，人们有更多时间享受晚年生活；但养老费用也在同步增长。如果国家和个人养老储备不足，将使养老生活面临无限风险。

中华人民共和国成立初期，我国人口的平均寿命为40岁左右，20世纪70年代为60岁左右，现在为74岁左右。我国退休制度对退休年龄的规定，在中华人民共和国成立初期是男60周岁、女干部55周岁、女工人50周岁，一直沿用至今。随着时间推移，越来越多的人离开工作岗位，加入退休大军，退休人员占人口总量的比重不断扩大，使社会老龄化现象日益严重。值得注意的是，随着人均寿命的提高，养老保险缴费年限和领取待遇年限比例存在失衡，导致了养老金缺口不断增加，这将影响我国养老金制度的可持续发展。因此，国家以历史唯物主义的客观态度，适应经济社会发展，拟对社会保障制度、退休制度进行改革，中共十八届三中全会通过的《中共中央改革关于全面深化改革若干重大问题的决定》指出："建立更加公平可持续的社会保障制度。坚持社会统筹和个人账户相结合的基本养老保险制度，完善个人账户制度，健全多缴多得激励机制，确保参保人权益，实现基础养老金全国统筹……研究制定渐进式延迟退休年龄政策。加快健全社会保障管理体制和经办服务体系。"从而保护人民群众的合法权益。国家尚在调整未来的养老制度，规划社会养老金储备，作为个人及家庭来说，未雨绸缪显得尤为重要。

古人云："预则立，不预则废。"人过60，渐渐走向衰老，养老和医疗是必须面对的生活，做好财务安排，才能应对自如，从容老去。

面对养老财务问题，农耕时代的传统习俗依赖"养儿防老""多子多福"。然而，今天工业化、现代化迅猛发展，特别是国家实施独生子女政策和城镇化发展，传统家庭格局、经济格局发生了巨变：家庭结构小型化难以承载家庭养老功能，老一辈从事农工商等工作，有独立经济收入、独立住房，养老观念和方式也由"养儿防老"转变为"养老靠己"。

那么，老年人群如何做好养老计划及财务安排呢？

养老计划是人们按照自己的经济来源，对晚年物质和精神生活、医疗等方面的消费支出做出预想性收支平衡的财务安排。

目前,我国60岁老年人群的财务特征主要是,经济主要来源于退休金,较之工作时期收入锐减,但衣食无忧;子女已成家立业,较之抚育阶段,经济负担大为减轻;自己身体尚健,财务支出侧重于生活、文体和医疗,有些尚要补贴子女。总而言之,收入减少,负担减轻,花销减少,略有结余。这为养老和医疗储备创造了条件。

今天老年人群的财务来源主要由房产、积蓄、退休金和“献余热”所得四大块构成。在金融产品较少的年代,老年人传统理财方法是把钱放在银行,优点是安全、收入稳定;缺点是收入低,难于抵御通货膨胀。今天投资渠道多和金融产品十分丰富,老人的理财观念也发生了很大转变,有的通过各种形式学习理财知识,有的通过理财顾问指导,在财务安全的前提下,对自己养老财务做出合理安排,并呈现四大格局:现金规划、投资规划、养老规划、保险规划。

现金规划是指老人普遍有些储蓄,一般会留下3～6月的生活费作为生活备用金,余下部分则购买一些收益稍高且固定的理财产品,以备急用。

投资规划是指老年人群的投资风格趋于稳妥,主要投资于金融理财产品、保险、商业、房产和古玩字画等领域。有的投资于国债,以求资金安全,收益稳定;有的入股亲友开办的工商企业,以小投入博取长期稳定收益;有的早年就投资古玩字画、红木家具等,现在收益翻番。这些投资,除了房产以外,其特点是投入金额不大,收益普遍高于银行利率,但资金存在一定的安全风险。

养老规划是指尽量为养老储备,省吃俭用,精打细算,以备不时之需;有的入住社会养老机构,用积蓄或余钱缴纳数万甚至更多的“会员费”,一是早日订下床位,以防涨价;二是有的养老机构实行缴纳“会员费”额度不同,给予不等的优惠政策,甚至高息回报;有的早年购置房产,与儿女同住或入住养老机构后,将空置房屋出租、出售,其收益继续投资,或支撑养老机构的费用。

保险规划是指现今老人保险意识增强,除拥有国家提供的医保外,还通过购买意外伤害、重大疾病、住院医疗、养老等商业保险,以“四两拨千斤”之力,分散养老压力,为充满财务风险的养老生活构筑又一层保护屏障。这一理财方法正被越来越多的老年人所采纳。

然而,在农村和一些边远地区,仍然有一大批老人,由于社会保障不足,自己没有经济来源,或来源不能支撑晚年生活,不得不沿用传统养老方式,即尚能自理时,帮衬儿女;不能自理时,只能依靠儿女。晚年生活幸福与否,只能仰仗儿女是否孝顺和他们的经济能力,自己不能主宰自己的养老生活,这就使养老生活充满更多风险。

无论准备与否,衰老正步步逼近。绝大多数老年人希望自己能从容老去,既给自己人生画上圆满句号,也不给社会和子女添麻烦。为此,他们正用各种方式,实施着养老财务计划。

二、"农转非"老人的经济生活

（一）老人韩婆婆

家住四川宜宾市区，现年70多岁的韩婆婆早年在农村务农兼会计，中年在宜宾市金融部门工作，退休后自主创业，在闹市区开了一家中等规模的茶馆，经营良好，收益稳定。从务农到经商，从上老下小到空巢老人，韩婆婆的经济收入和生活发生了巨大变化，其人生轨迹从微观上折射出中国社会经济转型时期所发生的深刻变化。

在中国农业社会背景下，韩婆婆祖祖辈辈均在宜宾城郊务农，到父辈出现了转机。她父亲以数学特长进入一家公办学校教书，维持着一大家子十来口人的生计。由于兄弟姊妹众多，韩婆婆小学毕业便放下书包，拿起锄头务农。在生产队，她算有文化的人，便一边务农，一边当会计，后来还当上村里的妇女干部，在20世纪70年代，她家除粮食蔬菜自给自足外，主要现金收入是卖猪，一年收入不足千元。

20世纪60年代，韩婆婆与一位当兵的同乡结婚后，有了两个儿子。丈夫转业后进入宜宾市一家银行工作。随着金融行业的快速发展，需要增加人员，20世纪80年代末，韩婆婆便由农村进入城市，成为一家银行的正式职工。作为金融行业的双职工，收入稳定，这使韩婆婆的生活也发生了变化。

1. 经济收入增加

韩婆婆一家四口在20世纪70年代务农期间，经济收入主要靠韩婆婆种田、养猪和丈夫的工资，一年总收入不足千元；20世纪80年代末，夫妻进入金融行业后，家庭年收入1 000多元，虽算不上宽裕，但生活和供养老人和孩子完全有保障。随着职位升迁，两人工资不断提升，孩子们参加工作、成家，老人过世，两人经济逐渐宽裕。特别是2000年以后，韩婆婆夫妻经营茶房，经济条件更是锦上添花。

2. 住房条件改善

20世纪80年代末，韩婆婆的丈夫在银行福利分房中分得一套三居的住房，家从农村搬到了城市。随着银行业的快速发展，双方单位经济效益的变化，继而房地产业蓬勃发展，双方单位集资建房，2000年前后，韩婆婆先后买下了一套位置不错的大户型房子和一个商铺。由于购房早、地理位置好，当年花几十万购买的房子，如今价值数百万，韩婆婆坐拥财富增长。

3. 生活便捷优越

从农村到城市，韩婆婆家里不用担水拾柴，水电气全通；购买日常生活用品，不用赶集，到农贸市场买；做饭洗衣不用烧柴、到河边，有电器代劳。生活年支出由20世纪70年代在农村的几百元，到80年代年末进城后增加到约3 000元。2000年以后，韩婆婆夫妻开茶房，吃饭有茶房部的工人做，出门都是车来车去，外出游玩都入住高档酒店，生活花销大增。虽然经济支出较以前成倍增加，但生活水平较之以前不可同日而语。

4. 教育资源改善

20世纪70年代，两个儿子均在村办学校读书，后转入城市学校就读，虽然学杂费、各种补习班的教育支出比过去大幅增加，但为了孩子们的前途，韩婆婆夫妻在所不惜。两个孩子大学毕业后，工作和收入稳定。韩婆婆经济上从不操心儿孙，自己的日子过得越发滋润。

5. 医疗费用报销

以前在农村时，韩婆婆及父母和孩子的所有医药费自掏腰包。来到城市后，自己的医药费由单位报销，老人和孩子看病仍自己掏钱。但幸好大家身体好，医疗支出不大。现在夫妻俩均有医保，前几年韩婆婆几次突发心脑血管疾病，多次住院，医保均报销了80%费用。

6. 社会地位提高

韩婆婆夫妻户籍由农业人口转为城市户口，工作由务农到金融，随着职务的晋升，其社会地位也不断提升，社交活动越来越多，交际越来越广。以前逢年过节仅局限于家族亲人聚会，现在扩大到亲友范围。特别是两人退休后经营茶馆，每次聚会均由韩婆婆做东。古道热肠、侠肝义胆的两人心甘情愿，并乐在其中，在家族和朋友圈颇有号召力。广泛的社交带来了宽广的人脉，促进了经营的良性循环。

像韩婆婆这样，由农村来到城市发展、定居的农村人口，在20世纪末急剧上升。20世纪80年代，中国主体人口仍是农业人口，但国家从调整社会经济结构，更快发展经济的战略出发，推出了农村城镇化、城乡一体化的政策，从根本上解决了“三农”（农村、农业、农民）问题，从此开辟了农业人口向城市转移的新途径。产业由农业转向工业，各方面的资源向城市聚集，由此城市人口享受着较多的社会福利和相对稳定的收入，城市生活令农村人无不向往。跨入21世纪，我国城市迅速扩大，工业、科技、服务业迅猛发展，农村耕地被大量占用，大批失地农民户籍实现了“农转非（非农业人口）”，并涌向城市寻找工作和定居，其生活发生了翻天覆地的变化。

（二）贾婆婆姊妹

年满71岁的贾婆婆，2002年从宜宾一家公办学校退休迄今16年了，享有一份稳定的退休金。20世纪七八十年代，她在村办小学教书，每月有20多元的工资收入，加上种地和养猪收入以及丈夫在城里运输部门的工作收入，一家人年收入900元左右，其家庭收入令村里人羡慕。20世纪90年代初，贾婆婆“农转非”后，在一家公办学校继续教书，每月工资 300 多元。如今贾婆婆的每月退休金 4 800 余元，每季度还有医疗保险 100 多元；其丈夫每月退休金 6 000 多元，夫妻俩每月生活花销支出 2 000 元左右。现在，贾婆婆夫妻身体尚健，生活自理，养老生活无忧。虽有一些存款，但轻易不动，以备生病住院之需。

贾婆婆的妹妹和妹夫，今年分别 67 岁和 68 岁，虽然如今仍是农村户口，家有房子和耕地。但自 1995 年两人携子女进城打工以来，就没有离开过城市，经过多年打拼，终于在城里买了一套房子，如今价值已经翻了几番。这些年贾婆婆的妹夫仍在一家服务机构打工，包两餐伙食，月收入 2 800 元，妹妹及妹夫两人生活费每月支出 1 000 元左右。收入虽然不高，但衣食无忧，何况老家还有住房和耕地，儿女也在同一城市工作，因此对养老生活并不担心。

图 5-1　年近花甲的打工者　宋小英　摄

像韩婆婆、贾婆婆等这样庞大的人群，在改革开放前均为农业人口。当时，国家通过户籍制度把农村和城镇人口，人为地分为性质不同的农业人口和非农业人口，国家对这两类人的就业、教育、住房等实行有差别的社会福利政策。这在客观上将农村人口与城镇人口——主要是农民和工人分为两个经济利益不同、社会地位有别的社会群体或阶层。20 世纪 80 年代，在我国改革开放的大背景下，随着国家产业政策调整，农业比重大幅向工业转移，韩婆婆等生活也随之发生巨变，地域方面经历了由农村到城市、由欠发达地区到相对发达地区的迁徙；职业方面从农业向工商服务等非农产业流动；社会阶层方面，从低收入农业劳动者阶层向其他较高的职业阶层流动。这种向上的社会流动，使他们的生活变得越来越好，如果不遇到重大疾病或长期卧病不起，晚年生活基本无忧①。

三、养儿不靠儿，养老靠自己

在一家养老机构康养区见到，她着一件黑底白花的短袖衬衣，脚蹬按摩机，一头乌黑

① 杨文娟. 再现一种社会流动——对 701 矿工流动的个案研究 [D]. 南京：南京航空航天大学研究生院人文与社会科学学院，2010.

的卷发衬着精致的五官,大眼睛,眼窝微陷,愈发显得鼻梁挺拔。交谈中得知,这位气质美女姓李,刚满 71 岁,退休前是一家企业的管理人员。家住附近的李女士夫妇,已办理入住手续,尚未进驻但时常来这里享受娱乐健身设施。

笔者问道:“看上去很年轻啊,为什么来这里养老?”

女士微微一笑答道:“我儿子给我添了两个孙儿,自顾不暇,哪里有精力来管我们?手机微信有句话:‘50 后是尽孝的最后一代,靠自己养老的第一代。’所以,养老早安排,多一份从容,少一份忧虑嘛!”

李女士坦然地继续说道:“不仅靠不了儿子,他们还要靠我们呀!我把市中心的房子给儿媳妇和亲家住,我搬到近郊的温江住,每月还给儿子经济补贴,周末回去看孙儿,还要大包小包地买,贴钱出力做贡献呢!”

“啪啪啪”射钉声声入耳,循声望去,60 出头的刘师傅,正赤膊上阵大汗淋漓地往天花板上钉木板。在某小区装修现场,木条钢条瓷砖横七竖八地躺着,但刘师傅的活路却有条不乱。他从包工头手上领了这木匠活,三天内做完 180 平方米房子的木匠活。

趁刘师傅喝茶的功夫,笔者与之交谈得知,刘师傅老家在安岳,出来打工已经十多年了,自己与儿子们已在成都郊区买了 4 套房子并安家,彼此相隔不远,每套房子 80 多平方米。李师傅伸出四个指头,很有成就感地说道:“四套房子,我才花了 32 万元装修费。”

“刘师傅,以后会去养老机构养老吗?”笔者单刀直入。

“……”沉默。刘师傅似乎想都没有想过这个问题。

笔者换了一个角度提问:“以后会靠儿子养老吗?”

“靠哪个哦,靠自己!我有房子!”刘师傅声如洪钟,底气十足地自问自答道。

“有房子还是需要有人伺候啊!你动不得的时候,谁来照顾你呢?”笔直刨根问底。

刘师傅胸有成竹地说道:“有钱还怕莫得人照顾?他们可能跑得飞快哦!”

“刘师傅,您有社保吗?”

“有。我和老伴每月各交 500 元。”

听着刘师傅好大的口气,笔者不禁试探地问道:“一个月交 1 000 多,你们咋生活呢?”

刘师傅底气十足地反问道:“我一个月没有七八千元进账,咋行?”说罢,李师傅抹了一把额头上的汗水,又拿起了射枪。

“啪啪啪”,富有节奏的声音在安静的小区回荡……

四、你不理财,财不理你

2018 年夏,在一家普通的农家乐,遇见一位年过 82 岁的张教授。他白发苍苍,身着白衬衣，灰色长裤，皮鞋锃亮，当聊起老人如何规划养老生活时，他扶了扶眼镜，文质彬彬地感叹道："夏天过了，秋天就要来了，人生的冬天也不远了。我的养老财务安排是，每月养老金收入，除去花销就存在银行，收益不高，只图保险。还有两套房子，如果需要可以变现，养老钱问题不大。现在任务一是锻炼身体，二是悠闲过好余生。"

图 5-2　养老早计划　　　　宋小英　摄

摇了摇手中的折扇，头发向后梳得一丝不苟的老先生笑了笑，说道："我这辈子，收藏了很多宜兴紫砂壶，其中有一把器形经典，是用天然老料，纯手工做的，是世代做壶大师的关门之作，十多年前我出价 800 元买的，现在已经价值过万。像这样的藏品，我家里还有一些。现在年纪大了，后代又不喜欢这些，只好慢慢变现，拿来养老。"

老家在宜宾的曾大哥，喜欢喝酒，他眉飞色舞地说道："你们喜欢钱，我喜欢酒。那些年每到春节，名酒的价格飞涨。我看准了这个规律，每年过完春节，就开始囤酒，春节出手。这一来二去，赚得还可以哦！"他端起茶杯喝了一口，声音低沉地说道："但餐饮大滑坡后，酒就不好卖了。现在我家还码了好多名酒，哪天给你们带两瓶来。"

"与你们的投资理财不同。"季老说道，"早年我们送儿子出国留学时，与他签了一份合同，留学费用以借款方式给他，以后工作了再慢慢还。目的是培养儿子自立和契约精神。现在儿子毕业了，在美国开了一家四川餐馆，慢慢有了盈利。他脑袋一转，希望把他的学费债务变通成我们的投资，每年按照本金的 10% 给我们分红。我们答应了，这小子说话算数，我们已经两年拿到了分红。加上我们还有些储蓄和每月八千多元的退休金，养老钱差不多了。"

周末，在市区某小区，汪女士的女儿带着先生和两个孩子来看独居的母亲，母女俩在厨房里一边做饭，一边聊天。“妈，我今年业绩不错，奖金会超过去年，你喜欢什么，我给你买。”女儿往汤里加了些调味品，表达着孝心。

汪女士一边切肉，一边慈祥地笑着对女儿说：“你有两个孩子，留着吧！经济上我有安排，你甭操心。”

女儿无不担忧地问：“你又买什么理财产品了啊？”

为让女儿放心，曾是一家企业会计的汪女士和盘托出了自己养老规划，她说：“我买了一份保险：每年存入 1 万元，5 年后每年可以领取 6 000 元；连续领 5 年后，每年领 3 000 元，一直领到 88 岁，届时保险公司退还全部本金，这份保单同时还附带住院医疗保障。”汪女士觉得，现在房产限购不能炒，股市风险大，保险可以给自己多一份保障。虽然现在准备的养老金基本够花，但未来的养老费用一定比现在高，未来不愿意因经济原因而降低生活质量。买商业养老保险交得多拿得多，活得久拿得久，稳定的收益与生命等长，子女也可受益。于是汪女士取出银行存款，一口气买了 10 万元。她对女儿说：“以后我老了，用这笔钱请人照顾，或入住养老公寓，你有空来看看我就可以了。”

说话间，饭香菜熟，一家人说说笑笑围坐一起。

在村子里，蒲先生住房的房顶与别人不同，被一层玻璃覆盖，在太阳的照射下闪闪发光，他把安装的这套光伏发电系统，称为“提款机”，每天坐在家里喝茶，都有 30 元的收入落入口袋。

见到蒲先生时，他正在家门前整理杂务。只见他皮肤黑里透红，脸上写满岁月的沧桑，虽然只有 50 多岁，但比实际年龄苍老许多。

话题从光伏发电系统聊起，笔者问道：“什么机缘，让你与光伏发电扯上了关系？”

他点上一支烟说道：“从四川农业大学毕业后，回乡发展。很关注国家农村经济政策，想找一个国家政策支持，又能够实现‘被动收入’的机会，安排好晚年生活。”

“农村养老不是历来靠儿子吗？”笔者问道。

蒲先生露出两排被烟熏得微黄的牙齿说道：“虽然有两儿一女，他们长大后会有自己生活的压力，‘养儿防老’在农村未必靠得住，还是靠自己好些。”

他吸了一口烟，接着说道：“早就听人说光伏发电可以赚钱。一个偶然机会接触到生产单位，他们派人上门给我讲解、测量后，帮我算了一笔账：我家的屋顶可以安装 5.1 kW 大小的光伏发电系统。如果‘全额并网’，每度电能卖 1.18 元。也就是说，坐在家里喝茶、打麻将，每天都有 30 元的收入，一年收入上万元。投资资金 5 ~ 6 年就能全部收回。不仅生产厂家给产品保质 20 年，而且国家还给补贴 20 年。”

蒲先生深吸了一口烟，朝天吐出一个圆圈，继续说道：“我默算了一下，这套设备至少运行20年,收回成本后就是净赚。20年间,我收益可达20万元以上,何况这套设备不止用20年,我现年55岁,到我75岁,它还能一直为我赚钱。”

“不担心20年以后形势和政策变化吗?”笔者提醒道。

他掸了掸烟灰,说道:“环境保护是长期国策,电是清洁能源,不会有变。我还有退休金、医保做支撑,老年生活多了一层保障。”

他掐灭烟头,开心地笑着说:“靠谱!”

五、老人财务管理百态

人生进入暮年时节,老人们一般都会对自己的财务进行计划安排,从而安享晚年。但这些安排因人而异,不同的安排会给老人带来不同的归宿。

(一)经济自给自足不操心

百岁老人金爷爷入住一公立养老机构已好几年,耳聪目明的他说道:“这里收费根据自理和住房情况来定。我能够自理,住单间,每月包吃包住2 750元。我的收入完全够支撑,还有结余。如果不能自理,费用就很高,所以身体好,就省钱。”

白发苍苍的邝婆婆年满80岁,入住养老机构已半年,她说:“这儿很不错,我这辈子就从这里升天了!”她算了算账说道:“我每月退休金3 500元,交给养老机构3 200元,每月还要买些生活用品和自费药,不够就用我的房租补贴。”邝婆婆亮出底牌道:“我有一处老房子在出租,单位早年分配的,现在能值七八十万元,就留给两个儿子。”

(二)管好自己的救命钱

一对年过90岁的夫妻,早年旧房子被拆迁后,在赔偿金与安置房之间,选择了赔偿金,然后拿出部分租房住,余下的存入银行。眼看房子价格飞涨,女儿们劝他们买房,用银行的存款交首付,每月给房东的租金拿来还按揭。但老人认为,以后要去做公证太麻烦,便置之不理。对自己的退休金,老人每月让女儿取回后,支付生活费,其余就自己收好,需要存取,再由女儿去办理。

三年前还能完全自理的两人,现在身体渐渐衰老,老爷爷记忆不好,老婆婆骨质疏松,举步维艰,两人几乎每年都要住院。这些年来,他们日常生活或住医院期间,都需要两个年逾60岁的女儿和女婿们齐上阵。尽管如此,至今他们也没有对自己的身后事给两个女儿交代半句,女儿也不知道老人的财务状况。两位老人认为自己身体还好,说这些事情晦气。别人都说两位老人会理财,女儿们并不同意:如果会理财,就应该买房子,而非存银行。主要是他们多年与社会隔绝，只认存银行的传统理财方式。对于财产，老人不说，女儿不问，但都明白：百年之后，都是儿女的。

（三）抠门吝啬的"葛朗台"

在南方一个小山村，有位老人过世后，子女从他床下翻出9万元，但儿女苦涩地说："再多钱我们也不领情。十年前我们贷款创业，一分钱掰两半花，他分文不减追着要养老费，结果把应急钱存成死钱，如今我们腰缠万贯，分这几个钱有啥用?"这令人联想到法国现实主义作家巴尔扎克在小说《欧也妮·葛朗台》中给我们描绘的一个守财奴的典型代表——欧也妮·葛朗台的父亲。

从这位乡村老人身上，我们看到了中国欧也妮·葛朗台父亲的身影。有些老人，过度抠门吝啬，把钱财看得重于亲情和人情，造成人际关系紧张，得不到应有的亲情和关心，这样做失之偏颇，得不偿失。俗话说"人聚财散，财聚人散"，老年人理财虽然是必需的，但也不能成为一毛不拔的吝啬鬼，也不能过度节俭，以致影响自己的生活质量。

（四）执迷不悟的"高老头"

无独有偶，法国现实主义作家巴尔扎克还给我们讲述了一个《高老头》的故事：高老头遇到一个偶然机会，大赚了一笔钱。为了让两个女儿攀上好亲事，他把自己大部分财产都分给了她们。但她们眼里只有钱，两年后，她们就把父亲赶了出来，高老头租住在破旧的公寓里。20年间，他把自己的心血和财产都给了两个女儿，最后自己就像被榨干的柠檬，被女儿们抛弃。

家在福建、90多岁重男轻女的甘爷爷，早年就把自己的房产全部给了唯一的儿子，但儿子不太争气，让甘爷爷沦落到没房子住的境地。他只好觍着脸在三个女儿那里轮流住。妹妹批评他："你这辈子，最大的错误就是把房子给了儿子。"甘爷爷反问妹妹道："如果我错了，那你怎么没有分到父母的房子呢?"他妹妹没好气地说道："那时旧社会，重男轻女嘛!"

年满90岁的廖婆婆，瘦高的个子在一群佝偻的老人中，格外引人注目，她有些焦急地看着远方，似乎在盼望着什么。在银行工作的廖婆婆，早年丈夫因病去世后，自己供养一儿一女。他们都很争气，女儿在北京发展，儿子在成都工作。为了给儿子安家，她卖了自己的老房子全力支持，自己便与儿子媳妇住在一起。85岁以前，廖婆婆完全能够治理，但之后身体日衰。她担心自己不测，便把自己的房子和存款交给儿子管理，便入住一家养老机构。缴费的日子临近，但儿子连个影子都没有。这些天，看见其他老人的儿女或带着孙子，或手拎大包小包来看老人并缴费，自己心里双重难受。原来，廖婆婆的儿子离婚后，沾上了赌博,几近颓废。以前儿子经常来看望自己,现在来得越来越少,来了话也不多。工作人员悄悄告诉笔者:"廖婆婆如果不及时续费,她的入住资格就要受到影响。"

在一家养老机构的4人间里,遇见了身材清瘦、91岁高龄的刘先生正坐在轮椅上,戴着老花镜看《晚霞报》。他不仅能念出小标题,还能流利地写出自己的名字。刘先生曾经是石油部门的工程师,一直保持着关心时政的习惯。据工作人员介绍,刘先生因为高龄体弱,老伴和两个女儿把他送来养老机构,护理等级是失能全护理。耳聪目明的刘先生倔强地说:"我能够走,但他们不让我走!"笔者问他:"这一生最大的遗憾是什么?"刘先生迟疑半晌,才慢慢地说道:"这辈子,老伴儿把我的工资、奖金全部管起来了,现在拿给女儿做生意去了。女儿有工作,挣钱还不少。哎,我现在身上只有一点零花钱了!"说着刘先生无可奈何地摇摇头,沉默不语了。

六、以房养老的人

炎炎夏日,湖边的柳树如亭亭玉立的少女,那瀑布般的柳枝,如青丝垂入水中,随风摇曳,苍翠而灵动,悄然地阻隔着灼热的阳光,过滤着汹汹的热浪。人们躲进她的身影,一边欣赏着她的倩影,一边享受着阵阵凉风。树下一群老人,正喝茶,聊着各自的养老计划,笔者前往聆听。

一位看起来只有70多岁的长者起身离开座位,踱了两步,只见他留着寸发,皮肤黑里透红,腰身笔直,1.7米以上的个子,着浅褐色短袖衬衣、雪白长裤,脚着黑色皮鞋。他风度翩翩地说道:"我从一家服装企业退休,每月退休金3 000多元,生活没有问题,但养老有些问题。"见大家目光聚焦于自己,期待下文,他继续说道:"好在我的房子遇到了政府拆迁,我用赔偿款买了一套50多平方米的房子,还剩几十万存在银行,这就是我的养老金了。房子我自住,以后肯定给儿女。但钱现在还不能给,否则用钱还找他们要,那就没一点自由了。生前用不完,就留给儿女。尽管儿女表示要给我钱,但我说彼此都只有几十年,各自好好过。至于节日给我红包,那是另话。"

他的话触动了坐在旁边一位年纪67岁,头发花白,着白底蓝花休闲衣的女士,她说:"我有一对儿女,现住女儿家。我有一套老房子出租,我希望能遇到拆迁,得到补偿。但听说政府出了很多政策打压房价,还实行租售同权(租用国家提供的房子,一定时间后,可以优先购买),给租房人补贴。我担心自己的房子以后租不出去,想卖掉它。于是我给儿女放话:你们管我,我就把房子留着;你们不管,我就卖房,请人照顾,或者去养老院。儿子媳妇听了不表态,女儿说不能卖!以后两条地铁都要从那儿经过,升值潜力大!"

"我把南充老家的房子卖了将近二十万元,存在银行,这是我的养老钱。"这群人中最年轻、62 岁的王女士道出自己的打算："我现与女儿住在一起，她不许我去养老院。假如她哪天撵我走，我就用这钱租房子住，请人照顾我，能请一天算一天，没有了到时候再说。"

不太同意王女士观点的魏大姐拿出一张最新的银行利率表说道："银行虽然保险，但没法抵挡通货膨胀。如果把五年前能买 80 平方米房子的钱存入银行，五年后根本买不到了。因此，我很后悔当初只是存钱，没有买房。"

78 岁郭婆婆从远处拎着一袋水果，健步如飞地走来，她约 1.5 米高，古铜色的皮肤，脸上的皱纹如刀刻一般。听见大家的话题，她快人快语地说道："原来我家住温江街上，以前'打土豪，分田地'时就搬到了乡下，分到一亩多田、宅基地两三亩。现在被政府征地，我们又回到了温江城区住了。"

"哦，那政府赔了你们多少钱和房子？"她笑着回答笔者道："我家有六口人，老两口、大儿子和媳妇及孙子，还有一个幺儿。按人头算，赔了套三、套二各两套房子。"

"这么多房子啊？那你养老没有问题了哦！"笔者把话引入正题。

她笑眯眯地说："一家一套房子。两个儿子是一套三，我们和孙子是一套二。我和老伴打算以后挨着儿子住，把我们这套房子腾出来出租，收的钱就拿来生活、医病。"

笔者刨根问底道："你的房子一个月能租多少钱？"

"我听儿子说，一套二可以租两千块钱。"她又补充道："我们跟哪个生活，钱就交给哪个，他们包完。"

笔者笑言："那儿子们都要抢着养你们吧！"

她眼睛笑成了一条缝。

神色有些暗淡，坐在一角当"收音机"的齐大伯叹了一口气，终于开口说道："你们都是有产阶级，我是真正的无产阶级啊！"大家面面相觑，继而望着他。齐大伯说："我原来在成都郫都区有一套三的小产权房子，100 多平方米。怕办不到证，卖了 20 多万元。亲戚鼓动我投资一家医药企业，不仅有高息回报，而且会很快就要在美国上市，而且新股一般都要翻番。我取出银行存款，凑齐 30 万元投了进去。原来打算试水半年就退出来，哪知道至今一年多了，本息无归。听说像我这样理财亏本的人，全国过千万，资金过亿！"他又叹了一口气说道："我现住单位分的老房子里，每月靠退休金生活。如果遇到生病，就只能靠医保了。儿女管我，我就活，不管就听天命了！"

七、综述：早年巧理财，晚年有尊严

当代老年人群，伴随着共和国的风雨成长，经历过童年饥饿、青年下乡、中年下岗的艰辛岁月，形成了他们特别能体谅国家困苦，特别能吃苦，特别能忍耐的精神气质。这表现在面对社会转型、国家改革大背景，城市产业工人，尤其是中年人，经历了国企改革的末位淘汰、停薪留职、内部退养、自谋职业的阵痛，虽有少数人下海经商后发家，但绝大多工人，薪资待遇走低；有的从农村到城市，身份经历了从农民到工人，再到下岗工人、无业游民、退休老人。面对自己“未富先老”的现状，他们一不给国家添麻烦，二不怨天尤人，而是依靠自己能力或继续创业，或“献余热”以改善老年生活；有的则默默地计划着有限的养老金，省吃俭用，努力保持收支平衡，并将余额通过多种途径进行理财，努力让养老金增值，确保晚年生活和医疗所需。

当代老年人群，多数已经转变了传统养老观念，清醒地认识到“养老不靠儿，靠未雨绸缪”，尽管如此，他们仍然在经济和精力上，一边替儿女分担着养育下一代的重担，一边对养老生活做出理性的财务安排，尽最大努力不给社会和儿女增加负担。

当代老年人群，继承了中华民族厉行节约的优良传统，为了挤出更多资金投入理财，确保晚年医疗费用，一些老年人过于省吃俭用，过度降低生活成本，使生活质量大大降低，这种舍本求末的做法，导致自己身体每况愈下，得不偿失。因此，老年人群应该在确保自己生活质量的前提下，适当理财，不能为理财而亏欠自己的生活。

老年人群理财应该以资金安全为第一，切勿贪图高息，导致血本无归。这种前车之鉴不胜枚举。俗话说得好：“钱不是万能的，但是没钱是万万不能的。”因此，对待自己的养老钱，老年人切不可功利心太重。

对于农村老人来说，“养儿防老”的观念仍然根深蒂固。因为缺乏靠自己养老的现实条件，农村老人有的没有社保，更没有公费医疗。仅靠土地经营收入不足以养老，仅能解决吃饭问题。农村“五保户”制度，并不适用于绝大多数有儿女的农村老人，他们丧失劳动力后，不得不依靠儿女养老。但面对独生子女的家庭小型化，养老功能弱化；农村劳动力流入城市，子女与父母分处异地，难以照顾；社会道德滑坡，虐待老人现象屡屡发生。这令农村老人养老状况不容乐观。因此，国家应该加大对农村社会养老保险的投入，建立统筹基金和个人养老金账户结合的社会养老保障制度，确保农村老人老有所依。老人及子女，应拿出部分积蓄，投资一些稳妥增值的项目和金融产品，谋划老人健康和养老保障。让老人“老有所养，老有所乐”，过上自立、有尊严的老年生活。

扫一扫

第六章　他山之石

一、概述

人口老龄化程度在人类历史上前所未有的明显，如今已经发生。世界范围内 60 岁以上老年人所占比例在不断增加，同时 15 岁以下年轻人所占比例却在减少。21 世纪初世界人口接近 6 亿老年人，是 50 年前记录数目的 3 倍。到 21 世纪中叶，世界将有约 20 亿老年人，其数目将在历史上首次超过年轻人的数目，人口老龄化的趋势大体上是不可逆转的。

人口老龄化是一个世界性问题，不仅关乎老年人的生活，而且也关乎社会文化、经济及人口等社会生活的方方面面，引起了各国政府及社会各方面人士高度重视。特别是一些早已迈入老龄化社会的发达国家，在应对策略上摸索出了一些成功的经验。

首先，发达国家政府建立了完善的养老保障体系。如以瑞典为代表的福利型国家负担制；以新加坡为代表的"企业 + 个人负担型"具有强制性特色；以美国为代表的"自我保险为主 + 国家资助为辅"型，兼具强制性与自愿性。这些模式从制度上确保了老年人的养老医疗保障。

其次，发达国家的医疗保障制度日趋完善。如英国实行全民保险模式，经费 80% 来自财政，大约 12% 来自国家保险基金，还有一小部分来自向病人收费。由于英国是这一制度的鼻祖，这种做法被称为英国模式。实行这一模式的国家有加拿大、法国、澳大利亚、韩国。德国实行社会保险模式，国民按收入的一定比例交纳保险金，高收入者多交，低收入者少交，无论多交少交，有病都能得到治疗。美国实行医疗商业保险模式，主要有两大类：社会医疗保障和私人医疗保险，在私立型商业保险模式为主的情况下，医疗服务以个人消费为主，政府对特别人群（老年、残疾、低收入等）提供费用补助，或采用特殊医疗保险方式；国家仅负担医疗保险中的一小部分，大部分由患者或企业承担。

再次，发达国家大都实行了延缓退休年龄的改革措施。近年来发达国家大都掀起了以提高退休年龄为主要内容的改革，很多国家参考的退休年龄都在 60 岁到 65 岁之间。目前，世界各国男性平均退休年龄约为 60 岁，女性约为 58 岁。不过，发展中国家的法定退休年龄普遍低于发达国家。

最后，很多国家都增加退休金额。退休职工领取的退休金并无固定额度，要视退休年龄、工作年薪和年限、供职岗位等情况而有所不同。少者，领不到原工资的50%；多者，可以领到原工资的100%以上。

在养老模式方面，各国如“万花筒”般绚丽多彩。美国在养老社区建设大型娱乐休闲场所，发挥其社交功能，老年人既享受娱乐、锻炼身体，又进行社交活动，令其身心愉悦，活力四射，成为活力养老模式的典范。英国推行以社区照顾为主的养老模式，在社区内对老年人提供周到而温馨的服务和供养，使其在养老社区感受到似家中的温暖和照顾。这种模式的特色是政府引导并出资，依靠社区照顾为依托，各种社区照顾机构既有政府出资社区举办的非营利性的机构，也有私营、商业性的服务机构。日本“居家养老、居家看护”的居家养老模式是对居家养老的老年人提供更多的经济和医疗支持，包括居家服务和社区服务。澳大利亚的养老机构主要分为两类：一是老年护理院和老年公寓；二是社区和家庭养老。此外，澳大利亚形成了一套相对完整的老年医疗保健管理（GEM）模式，以制订有效的出院计划、老年综合评估和多学科的集成管理为特色，为所有老年人获得连续性的医疗保健服务提供先决条件。

此外，养老方式因不同老年人有不同喜好而绚丽多姿。譬如开房车旅行、亲友间“抱团养老”、失伴老人同居养老、回归田园养老、旅居养老、候鸟式异地养老、工作养老等。这些新潮的养老模式，满足了老年人多样化的需求，值得推崇和借鉴。

二、各国养老的基本国策

老龄化社会已经到来，我们无法回避。2011年世界人口总数已达到70亿，老年人口占总人口比例逐年增长，老龄化是一种全球趋势，尤其是发达国家进入老龄化社会更早。继法国成为第一个老龄化国家之后，很多国家也紧跟其后，超老龄化社会、老龄化社会相继出现。美国、欧盟诸国、日本、澳大利亚、加拿大和新西兰等国家已经进入老龄化社会数十年，甚至近百年。欧洲作为全世界最“老”的大陆，当前，欧洲65岁以上的老年人已占到总人口的近20%。据莱坊国际预测，2017到2030年，欧洲超过80岁以上的人口增速将达到38%，而同期总人口增速仅为2%，到2030年8%以上的欧洲人将超过80岁。现将各国老龄社会状况梳理如下。

美国在1940年步入老龄化国家，到2000年，老龄化比例上升6.15%。现在美国老年人口占总人口的13%，医疗费用支出占全国医疗总费用的37%。

日本在1970年进入老龄化社会，是亚洲地区最早进入老龄化社会的国家。2011年，日本65岁以上的老人占人口总数的23.3%。预计到2030年，65岁以上老年人口约占总人口的33.3%,75岁以上老人占20%;2050年,65岁以上老人将占总人口的40%。

澳大利亚在1950年进入老龄化社会，2006年老年人口已占总人口的13%,预计到2051年,老年人口将上升至总人口的26%。

加拿大在1851年进入老龄化社会。据加拿大统计预测,加拿大老年人口比重在2021年将达到18.5%,老年人口规模将达到670万人;2041年,加拿大老年人口比重达到24%,老年人口规模将达到920万人;2041—2061年,老年人口比重增幅虽放缓,但仍然表现为增长态势,2061年将达到25.5%。

面对全球势不可挡的“银发浪潮”,世界各国根据各自国情,建立了相应养老保障制度,并日趋完善。

(一)发达国家完善的养老保障体系

当今世界,每个国家的基本国情各不相同,经济和社会发展阶段的多样化以及各自特有的历史文化传统和人口结构,使得世界各国养老保障制度的模式趋于多样化。

1. 瑞典

当前,瑞典社保资金主要来源于雇主的缴费,雇主按照《社会保险法》的规定,缴纳工薪总额的9.45%(独立劳动者缴纳评估收入的9.45%),而政府则负担普遍年金的25%左右的费用,雇员无须缴纳。从出资方来说,政府支出比例最高,因此定义为国家负担的福利型,而雇主相对义务较轻,雇员则只享受权利,并没有必要义务。

此外,保险费用实行“现收现付”,即当年征收的税收用于支付当年的社会保障开支,没有积累。除了基本养老以外,瑞典的社保制度还包括:①附加养老金,全额为平均投保收入数与基数差额的60%;② 2/3地方税收+1/3中央政府转移支付支撑的公共医疗服务(占比90%),医保主要内容包括现金补助和医疗补贴两大类;③雇主缴纳工薪总额的0.6%作为工伤保险,子女津贴、免费教育、1969年起实行的家庭房租补贴等。

强大的国家财政转移支付已经成为以瑞典为代表的福利型国家社会保障支付正常运行的根本保证。社会保障公共服务化,一方面贯彻了“普遍性”原则,保险对象涵盖全体国民且保险项目众多,保障水平也较高,有利于人民生活质量普遍提高,促进社会稳定。通过对不同收入群体采用不同的养老金替代率,促进收入均等化并缩小贫富差距。另一方面,过度依赖公共财政导致福利性支出膨胀,税负过重(目前社会保险税已经成为瑞典第一大税种),而长期高税收、高财政赤字伴随着低经济增速势必难以为继。

2. 新加坡

以新加坡为代表的“企业＋个人负担型”，实质为强制储蓄计划，发挥个人能动性，共济性较弱。新加坡推行中央公积金制度：①凡月收入800新币以上者，一律参加公积金计划，雇主与个体经营者也强制性参与该计划；②雇主和雇员均按一定比例缴纳，最高不超过1 200新币；③公积金账户分为普通账户（占比75%）、特别账户（占比15%）和保健储蓄账户（占比10%）三个，用途不同且不得串支。

3. 美国

美国实行国家统筹、三方共同负担负型：自我保险为主，国家资助为辅，兼具强制性与自愿性，权利与义务双管齐下。美国的养老保障体系主要由养老保险和医疗保险构成。养老保险由社会养老保险、雇主养老保险和个人储蓄养老保险三部分组成。社会养老保险是根据受益人退休前的工资水平、退休年龄及通货膨胀指数等指标确定并支付的，资金来源于工薪税。联邦退休金制度规定养老保险的费用全部由雇主和雇员缴纳，具体来说，受保人缴纳收入的5.7%，雇主缴纳工薪总额的5.7%，独立劳动者缴纳收入的11.4%。而政府对高龄老人提供特别补助。雇主养老保险是各企业自愿建立的，没有共同的制度。个人储蓄保险也是自愿参加，储蓄金一般个人出75%，企业出25%。

由于形成了责任共担，权利与义务对等的原则，政府用于社会保障的转移支付压力明显小于福利型国家。此外，美国企业补充保险（企业年金计划）也对减轻国家财政压力起到了积极作用。以美国为代表的国家统筹、三方共同负担模式，其特征有以下几点：①强调权利与义务对等，只有履行缴纳养老保险金的义务才能获得领取的资格；②以自我保险为主、国家资助、企业承担为辅；③国家统筹体现在，政府制定并通过有关立法作为其具体施策的法律依据。根据EBRI（雇员福利研究所）统计，截至2016年底，美国养老金构成比例为联邦政府＋州政府的强制社保计划占比33%，个人退休计划＋私营保险39%，大公司实行的退休计划（pension plan）占比28%

医疗保险由私人医疗保险和社会医疗保险组成。美国用于老年福利的开支占财政支出的25%，远远超过其国防支出数额。强大的资金支持使得美国养老环境更加完善。《社会保障法案》《美国老年人法》和《禁止歧视老年人就业法》等法律法规的颁布，均维护了老年人的合法权益。美国在发挥政府和国会的职能之外，还积极号召学术界和全国人民参与老龄化研究和发展。从总统到公民，要求每一个人做社区义工，帮助老年人做清洁和护理工作，形成尊老、爱老、敬老的良好社会氛围，使养老事业顺利进行。

4. 英国

英国具有相对完善的法律法规和养老保险制度以保障养老服务的实施。英国的养老保险制度由三部分组成：一是国家基本养老保险，包括每个退休人员获得由国家支付的相等数额的基础年金和根据个人实际缴费年限及基数确定的不等额的养老金，其支付水平每年随物价指数进行调整；二是职业养老金，由企业等单位负责，是养老保险体系最重要的组成部分，新的"退休金法案"规定所有雇员都必须主动加入公司的退休金计划，法案规定企业需要为员工支付其工资的3%作为退休金，另外3%由雇员个人支付，政府再补贴1%；三是自愿储蓄性的私人养老金。英国养老制度的改革，主要体现在延迟退休年龄、推行养老储蓄和国家养老金与个人收入挂钩。

此外，《英国的社区照顾白皮书》为社区照顾提供法律基础。同时英国政府和社会还呼吁国民参与照顾老年人的志愿活动。据数据显示，全国10%的人口参与了照顾老人的无偿志愿服务。

5. 日本

日本的养老金制度由三层构成。第一层是覆盖最广的国民年金(基础年金)，日本法律规定所有20岁以上60岁以下的国民不分职业都有义务参加国民年金。参保者目前每月要向国民年金保险上缴15 040日元(当前汇率约合人民币876元)保费，目前平均每个月可领取55 000万日元的年金。现在日本共有约6 800万人加入了国民年金。

第二层是厚生年金和共济年金制度。在日本受雇于企业等的正式员工有义务参加厚生年金。年金的保费由员工和企业折半出资。而公务员等则参加共济年金，保费也是个人和国家折半。自营业者以及企业员工、公务员等没有工作的配偶等，既没有参加厚生、共济年金的义务，也不享受该年金制度的保障，但可以享受基础年金。

第三层是日本养老金制度中的企业年金。企业年金有很多不同种类，如厚生年金基金制度，固定收益企业年金，固定缴费企业年金。

受老龄化影响，现在日本任何一种养老保险制度都存在支付增多的同时新加入者减少的问题，年金的财政状况越来越严峻，各种养老金也基本上朝着65岁开始领取的方向调整。此外，日本国会议员等政治家还有议员年金制度。

日本具有完善的医疗保险体系，与养老相关的主要有国家健康保险、主要医疗费用融资体系、健康照护保险、老年人健康照护体系等。完善的养老金制度，为养老服务提供强有力的财政资金支持，《雇员年金保险》《国民养老金法》《重新构建社会保障体制》等法律法规为维护老年人合法权益提供法律保障，使居家养老模式顺利发展。

6. 澳大利亚

澳大利亚与其他发达国家一样，澳大利亚养老保障制度也采用三支柱模式。第一支柱是政府提供的基本养老金制度，资金来源于一般税收，其养老金替代率为20%~25%；第二支柱是强制性的雇主缴费的"职业养老金保障"制度，是澳洲养老金体系的主体部分，其养老金替代率大约是40%；第三支柱是其他的养老补充保险和个人储蓄，享受政府一定的税收优惠。同时，政府、非营利机构、商业组织都参与养老服务，增加养老资金来源。

政府为入住养老院的老人提供津贴和补贴，这些费用主要用于两个方面，一是基础护理费用，如吸氧、肠内营养补充等；二是食宿费用。如果老人经济条件不太好，政府会增加补贴，承担本应老人自行承担的部分，以便所有老人能够得到平等服务。强大的资金保障和《老年人保健法》《家庭和社区保健法》《职业年金保障法》《社会保障法》等法律支持，使得澳大利亚的养老服务顺利进行下去，并且老人满意度较高。

7. 加拿大

加拿大的养老保险同样由“三大支柱”组成，即加拿大养老保险计划（Canada Pension Plan，简称 CPP）、雇主养老保险计划（企业年金）和个人退休储蓄计划（类同于我国的个人储蓄型养老保险）。

“加拿大养老保险计划”是一个强制性养老保险计划，参保对象为年满 18 周岁的劳动者。该计划覆盖魁北克省以外的所有地区（魁北克省有类似的养老保险计划，称为 QPP）。参保人在其工作时期缴纳一定的钱给该计划（类似于中国的养老保险），自 60 岁开始可按月领取养老金，金额多少取决于曾经供款到该计划的总额。

加拿大养老保险计划包括以下三种福利。①一般的退休金：按月给 60 岁或以上的退休人士。②伤残津贴：按月给 65 岁以下的伤残人士及他们要供养的子女。③遗属津贴：包括有一次性支付的死亡津贴金及以后按月发给在生配偶或同居伴侣及所供养子女的津贴。

CPP 缴费基数为职工年工资，但工资水平低于免缴额度（目前为 3 500 加元 / 年）的部分不纳入缴费基数。缴费比例目前为 9.9%。对于正规就业职工而言，雇主和雇员各自的缴费比例均为 4.95%；个体经营者缴费比例为 9.9%。

雇主主办的养老保险计划和个人退休储蓄计划：雇主养老保险计划相当于我国的补充养老保险（企业年金），而个人退休储蓄计划类同于我国的个人储蓄型养老保险。无论是雇主养老保险计划还是个人退休储蓄计划，政府都在缴费环节给予一定的税收优惠。个人储蓄计划是自愿型项目，采取完全积累的财务模式，由公民个人支付，国家为提高个人养老意识提供相应的税收优惠，一般不得超过个人工资的 18%。

加拿大政府对它的纳税人承担养老义务，不仅是出钱，而且出力，也就是说照顾老年人的生活，伺候生活不能自理的老人。

同时，加拿大的养老金有完整的运营和管理方式，大多是以信托的方式运营，还有担保投资合同、海外共同基金、本地共同基金等，不同的运营方式有不同的管理办法，在保障养老基金安全的同时，又取得相应的经济效益，补充养老基金。《加拿大养老保障制度》《老年保障法》等法律法规为养老体系的实施提供法律保障，使养老体系公开、公正、公平、有效地运行。

(二)发达国家的医疗保障制度

当今国际上发达国家的医疗资金筹集、使用和偿付的方式,可将社会医疗保障制度分为最有代表性的四种形式:国家政府保险型、社会医疗保险型、私营性医疗保险型、储蓄医疗保险型。

1. 英国为全民保险模式

英国实施公费医疗即"全民健康服务"(NHS)。所有合法居民,哪怕是外国人,都可以在NHS所指定的医疗机构享受基本上免费的医疗服务。经费80%来自财政,一小部分(大约12%)来自国家保险基金(类似于我国的社会保险基金,主要负责失业保险和养老保险),还有一小部分来自向病人收费,因为"大体上免费"不等于什么都免费。由于英国是这一制度的鼻祖,而且最典型,这种做法被称为英国模式。

当前,英国国家卫生服务制度主要存在的问题是:①医务人员工作积极性不高,医疗服务效率也不高,这是医院由国家办,医务人员领国家固定工资,领取报酬多少与付出劳动量多少无关之故;②医疗供需矛盾较大,一般说,医院对急性病的服务是较好的,不仅免缴医药费,还免费供应伙食,但对慢性病以及疝修补术、白内障摘除术、扁桃体切除术等住院就要等很长时间;③私人医疗机构和私立医疗保险事业的发展对国家卫生服务制度的冲击越来越大,充分反映病人对医疗市场的需求。

2. 加拿大为全民保险模式

其特点是:政府直接举办医疗保险事业,老百姓纳税,政府收税后拨款给公立医院,医院直接向居民提供免费服务。

具体内容:国家立法、两级出资、省级管理,即各省医疗保险资金主要来源于联邦政府拨款和省级政府财政预算,各省和地区政府独立组织、运营省内医疗保险计划。保险内容上覆盖所有必需的医疗服务,医药适当分离。住院保险和门诊保险,除特殊规定的项目外,公众免费享受所有基本医疗保险。同时,鼓励发展覆盖非政府保险项目的商业性补充医疗保险。凡非政府保险项目均可由雇主自由投资,其所属雇员均可免费享受补充医疗保险项目。

加拿大全民医疗保险的基本做法包括供方、需方和第三方:①供方,即医院和医生,由于加拿大的医院为政府开办,医生在公立医院挂牌行医,与医院之间只有业务协作关系,无经济关系;②需方(国民),职工和雇主只要缴纳少量医疗保险费,贫穷者和丧失劳动能力的个人和家庭,可申请部分或全免医疗保险费,65岁以上老年人全部享受免费医疗保险;③第三方,直接第三方为省卫生署,负责直接管理住院医疗保险部门和门诊医疗保健计划部门;间接第三方为联邦卫生福利部。联邦政府和各省卫生署都严格执行“医院综合预算制度”,这是指医院与政府商定预算数额后,医院的费用必须限定其内,超支向上追加,省里不予保证,致使医院有强烈的控制总费用的责任心。因此加拿大是当前西方发达国家中既控制医疗费用过度增长,又解决医疗卫生服务公平性较好的管理模式,这是实行市场经济和加强政府参与管理相结合的管理模式。

3. 瑞典为全民社会福利保险制度

瑞典于 1982 年卫生立法规定每个居民有权获得相同的卫生保健服务。瑞典的卫生保健服务具有两个特点:①卫生福利事业统一由国家管理,卫生服务 90% 由国家办公立医院或公立卫生机构提供;② 1984 年起瑞典允许实施私人健康保险制度。瑞典卫生费用增长已对经济造成巨大压力,因此从 20 世纪 90 年代初开始进行改革,内容包括:①中央政府加强对省议会的卫生保健政策的指导,努力降低卫生保健费用;②国家对省所作的医疗保险基金补助按居民总人数拨款;③规定各省议会用于卫生保健费用的总额每年不得超过 175 亿瑞典克朗;④着手解决住院病人排队等候的情况,据调查有 10% 住院病人须排队等候,等候时间平均 2 个月。

4. 德国为社会保险模式

国民按收入的一定比例交纳保险金,高收入者多交,低收入者少交,但无论多交少交,有病都能得到治疗。保险金的再分配与被保险者所缴纳的保险费多少无关,体现了高收入者向低收入者的投入,无论收入多少都能得到治疗。参保人的配偶和子女可不付保险费而同样享受医疗保险待遇。劳动者、企业主、国家一起筹集保险金,体现了企业向家庭、资本家向工人的投入。在保险金的使用上,是由发病率低向发病率高的地区转移。对于月收入低于 610 马克的工人,保险费全部由雇主承担,失业者的医疗保险金大部分由劳动部门负担。18 岁以下无收入者以及家庭收入低于一定数额的,可以免交某些项目的自付费用。

德国是世界上第一个建立医疗保险制度的国家。其特点是:医疗保险基金社会统筹、互助共济,主要由雇主和雇员缴纳,政府酌情补贴。目前,世界上有上百个国家采取这种模式。

5. 日本为全民保险模式

日本实行全民医保,包括在日本居住的居民(包括外国人在内)都享有加入国民健康保险的权利。加入了国民健康保险的居民在去医院看病时,自己只需负担 30% 的医药费,其余的 70% 都由政府支付。普通居民每月需缴纳的国民健康保险金大约为 3 400 日元(约合 180 元人民币),这对于普通日本人来说并不高。而且为了尽可能让更多群体得到应有的医疗保障,日本政府会针对留学生、主妇等低收入者减免保险费,低收入群体每月只需缴纳约 1 300(约合 70 元人民币)日元的保险金。

日本的医疗保险组织有三种形式:社会医疗保险组织、医疗救助组织和公共医疗保健组织。这三种医疗保险组织中,社会医疗保险组织是核心;医疗救助组织主要对贫民提供医疗保健、产妇、职业和死亡的救助,还提供生活、教育、住房的救助;公共医疗保健组织是为了某些病种或残疾人提供的医疗保险。

日本的医疗保险的基本做法是:经费来源包括个人缴纳保险费、国家和地方政府根据各医疗保险组织的参保人数使用医疗费的情况给予的一次性补助或按比例补助;凡参加健康保险的人员有权凭证任意选择就诊医院或门诊,凡就诊后除报销医药费外,还可领取一定数量的医疗补贴,包括因病缺勤补贴、分娩补贴、失业补贴和死亡送葬补贴等,而且医疗费超过一定高额时可申请超额部分的补贴。

6. 美国为商业保险模式

美国医疗保险的形式有两大类:社会医疗保障和私人医疗保险,在私立型商业保险模式为主的情况下,医疗服务以个人消费为主,政府对特别人群(老年、残疾、低收入等)提供费用补助,或采用特殊医疗保险方式。国家仅负担医疗保险中的一小部分,大部分由患者或企业承担。

其特点:一是参保自由,灵活多样,有钱买高档的,没钱买低档的,适合需求方的多层次需求。但这种以自由医疗保险为主、按市场法则经营的、以盈利为目的制度,往往拒绝接受健康条件差、收入低的居民的投保,因此造成享受卫生保健的不公平性,全国尚有 2 700 多万人享受不到医疗保险。二是对医疗市场实行非组织化的管理体制,在全国缺乏统一有效的管理措施,如第三方付款制度易造成过度的医疗需求,这种制度是按服务项目偿付的制度,属于后付款制的偿付类型的优点是方便病人,可满足病人需求自由选择,缺点是医疗保险费难以控制,缺乏控制医疗费用的动力机制。

然而值得借鉴的是:第一,美国 2 700 万没有公费或私人医疗保险的低收入人群,可以选择购买一份大病保险,保费比较便宜,每月仅需数十美元,发生住院或者重大医疗情况时保险公司会给予报销。对于看病后确实无力支付医疗费用的人群,美国政府是全额买单的。第二,美国绝大部分医疗费用花在对患者的临终关怀上。第三,美国任何地方发生灾难,医疗急救 15 分钟之内赶到;美国市场化医疗体系让美国医疗技术水平、医疗设备技术、药品研发创新和生产技术世界一流;美国医疗服务的范围、内容、质量与我国天壤之别,这些才是美国卫生费用占 GDP18.5% 的原因。

7. 法国为全民医疗保险模式

在法国社会保险的众多项目中,最让人注目、涉及面最广、覆盖人数最多的一项保险就是医疗保险。在全国 6 000 多万人口中,医疗保险覆盖了全体国民。

具体内容：在通常情况下，投保者有权自由选择普通科医生。享受医疗服务，必须由社会保险部门认可的医生开出处方，所享受的医疗服务项目和药品都制定了严格的范围和目录。患者医疗费用的报销比例根据医疗方式（如住院或门诊）、疾病谱、药品功能的差异而有所差别。为体现国家鼓励生育、照顾危重患者、防止疫情扩散、抚恤等社会政策，患者医疗需要自理部分费用。

法国疾病社会保险制度的主要问题是：①政府对医疗费用负担过重，年增长率为10%，超过生产增长率，绝对数值也超过国家预算；②保险基金采用病人代付再补偿形式，且要相隔一段时间，对个人经济周转以及受物价影响较大。因此近几年来法国采取一系列措施降低医疗费用和减少保险赤字。

8. 澳大利亚为全民医疗保险制度

澳大利亚实行全民医疗保险制度于1975年7月1日起开始，使国民人人都有享受同等机会的医疗保险。1981年9月又对健康保险法作了进一步修改，参保人都要缴一笔人人都相同的费用作为“保险基金”，并明确政府仅补助30%的健康保险费用。这就是澳大利亚政府要求“富者多出”和“尽力而为”的思想，低工资收入阶层，可以不付医疗保险金。

澳大利亚的医疗保险明确规定：一是每个居民都必须参加医疗保险；二是所有居民都可免费在公立医院得到同等质量的基本医疗服务；三是在公立医院就诊时无权选择医生和病房，也不享受优先住院和治疗。澳大利亚除全民医疗保险以外，还有40%的居民同时购买私人医疗保险。

9. 韩国为全民医疗保险制度

在韩国，凡参加医疗保险的投保人必须缴纳医疗保险费，其占个人收入比例各不相同，企业工人类为工资的3%；政府职员和私立学校教师类自负为工资的2.3%，对政府职员政府另支付2.39%，对教师校方和政府各付1.38%和0.92%；农民和城市居民类别根据其家庭收入和土地拥有面积划分为15个档次，缴纳不同档次的保险费，其中50%由投保家庭支付，另50%由政府支付，由于此类保险基金的亏损额较大，故政府每年还予以一定的财政补贴。韩国的医疗保险制度存在政府补贴日益增加，造成风险统筹的能力很不平衡，卫生资源利用不均匀等问题。

因此，近几年来韩国主要采取了两项改革措施：一是设法逐步调整和减少计划社团的数量，以扩大其独立的收支平衡经营的风险能力；二是采取医学院校毕业生必须去农村或山区服务两年的硬性规定，否则不发行医执照。

10. 新加坡为储蓄保险模式

筹集医疗保险基金是根据法律规定，强制性地把个人消费的一部分以储蓄个人公积金的方式转化为保健基金。以保健储蓄为基础，强调个人责任的同时，又发挥社会共济、风险分担的作用。具体内容:以个人责任为基础,政府分担部分费用,国家设立中央公积金,这部分的缴交率为职工工资总额的40%,雇主和雇员分别缴纳18.5%和21.5%。实施保健双全计划,即大病保险计划。

新加坡保健储蓄计划的缴纳办法作了几次变化,在1991年,作为公积金的保健储蓄,每人每月缴纳月收入的23%,另加雇主缴纳月收入的22%,从这公积金中抽出相当于月收入的6%拨入保健储蓄账户。保健储蓄账户的"存款"可免税并获得利息,并规定其"存款"数的上限。从1992年7月1日起,对35岁以上的投保雇员的保健储蓄缴费率从6%提高到7%;1993年7月1日起,对45岁以上的投保雇员缴费率又提高到了8%。凡没有雇主的自雇者缴费率仍为3%,但每年提高1%,直到与其他缴费率(6%~8%)相同时为止;1994年1月1日起,强制规定计程车司机、小贩或店主等自雇者在申请和更换营业执照时必须出示已缴保健储蓄费用的证明书。新加坡在实行保健储蓄计划的同时还实行"保健庇护计划",这是一种适用于长期治疗严重疾病的一种医疗保险计划。一般人都愿意参加这种庇护计划。

(三)发达国家实行延缓退休年龄的改革措施

近年来发达国家大都掀起了以提高退休年龄为主要内容的改革,很多国家参考的退休年龄都在60岁到65岁之间。目前,世界各国男性平均退休年龄约为60岁,女性约为58岁。不过,发展中国家的法定退休年龄普遍低于发达国家。

英国为法定退休年龄为65岁。但为了弥补270亿英镑的巨额养老金账户亏空,英国政府2002年12月17日出台举措:鼓励"老人们"延缓退休时间。新政策称,那些愿意坚持工作到70岁的人们在退休时将获政府一次性2万英镑的"奖励"。今年7月30日,英国政府建议从明年4月起取消65岁退休的规定,拟5年内调高退休年龄至66岁。

意大利为以前法定退休年龄为妇女60岁,男子65岁。在缴足35年的分摊金后,可在55岁时提前退休,或是在缴足37年的分摊金之后提前退休,不论年龄。今年6月10日,意大利政府宣布,女性公务员退休年龄将向男性公务员看齐,从61岁提高至65岁。

法国从1982年以来,普通退休制的法定退休年龄为60岁。目前也拟将有资格领取养老金的年龄从目前的60岁提高为62岁,领足额退休金年龄从65岁提高到67岁。

希腊规定在工作37年之后可退休。今年2月,希腊政府提出,在未来5年把平均退休年龄由61岁提升至63岁。

经济合作与发展组织(OECD)的34个成员国国家和地区已有26个国家和地区实行延长退休年龄,加拿大也不例外。

（四）增加退休金额

在很多国家，退休职工领取的退休金并没有一个固定额，要视退休年龄、工作年薪和年限、供职岗位等情况的不同。少者，领不到原工资的 50%；多者，可以领到原工资的 100% 以上。

美国政府发放社会福利保障金的最低年龄是全额 65 岁左右，减额 62 岁左右，所以许多人都选择在这个岁数前后退休。但是，如果想在退休后过得舒适一些，许多人就会选择推迟退休。

法国工龄达到 40 年以上者退休后，每月可得到相当于原工资 70% 的退休金。不过，计算退休金的工资是根据年龄，按在职时工资最高的 21 年至 25 年的平均值作退休金的基数。

德国退休年龄男性 65 岁，女性 60 岁，工龄达到 45 年的退休者获得全额退休金，即工资的 70%。在职德国人每月都要将工资的 10% 上缴国家，同时雇主也要为雇员支付工资的 10% 作为退休金基金。

西班牙退休年龄 65 岁，要向国家社会保障委员会缴纳退休基金才有权领取退休金，基金必须缴纳 15 年以上。其中缴纳基金 35 年以上，可领取全额退休金。

三、“万花筒”式的养老模式

许多发达国家率先进入老龄化社会，为了满足老年人不同需求，激发老年人的生活热情，继续发挥老年人的余热，根据不同的国情、不同的生活方式、不同的社会体制，形成了不同的养老模式及养老服务内容，形式多样，内容丰富，各具特色。

（一）美国倡导活力养老模式

面对老龄化问题，美国形成了以设施养老为主的养老模式，养老社区分为四种类型：生活自理型社区（即建立自护型公寓、老年公寓）、生活协助型社区（养老院、辅助生活住房、养生社区）、特殊护理社区（特护型护理院）和持续护理退休社区（兼具其他三个类型的大型社区功能，即 Continuing Care Retirement Community，CCRC 社区）。针对健康状况和经济状况不同的老人，采取不同的养老方式。自护型公寓、老年公寓（集合住宅）和养生社区具备完善的生活设施（独立卫生间、浴室和娱乐室等），适合身体健康状况良好、完全自理老人居住；养老院和辅助生活住房不仅具有齐全的生活设施，还具有医疗护理设施，适合自理能力低或轻微病患居住；特护型护理院具备更完善的生活、医疗服务，适合部分失能和全部失能的老人居住。这些养老机构分为公立和私立两种,公立机构比较便宜,但申请人数较多,等待时间较长;私立机构价格偏高,但条件较好。

美国著名休闲养老社区——太阳城,是最为成功的养老社区之一,其发展历程堪称典范。太阳城模式的开创者是地产开发商德尔·韦布(Del Webb)公司。20 世纪 60 年代,该公司以“太阳城”(Sun City Center)命名,在亚利桑那州阳光明媚的凤凰城建立了第一个太阳城项目,并直接带动了美国养老社区的建设。

位于亚利桑那州凤凰城西北郊区 12 英里的太阳城,以毗邻海滨、全年 312 天沐浴阳光而得名,占地 37.8 km^2。经过 20 年的发展基本建成。地处海边的太阳城不仅阳光明媚,大海沙滩,而且气候干燥少雨,适合于老年人居住。此外还拥有方便老人生活的所有设施和健全的法规,已经成为全美最好的老年社区之一,以居住其中老年人活跃的生活方式而闻名,以拥有 1 200 亩的高尔夫球场,成为“高尔夫爱好者的天堂”。

太阳城的入住条件是入住这里的居民须年满 55 岁以上, 18 岁以下陪同人士居住于此,一年不能超过 30 天。

太阳城的居住环境是太阳城住宅以独栋和双拼为主,住宅均为平房或别墅,地面无障碍。新开发的西南部新区,专供退休的公司主管和老板居住,别墅群位于高尔夫球场草坪周围,空气新鲜,赏心悦目,出门就可打球。由于地处养老社区,国家给予很多赋税减免,因而房价便宜。

医疗设施完善周全。城区除拥有几所大型专为老人服务的综合性医院外,还有心脏中心、眼科中心以及数百个医疗诊所遍布大街小巷。社区护理服务类型涵盖所需,包括订餐送饭、配备保健人员进行居家护理、药品分发和服药提醒,并安装紧急呼叫系统等,老年心脏病患者的颈部都佩戴了项链式报警器,遇到紧急情况时轻轻一按,救护车就会呼啸而来。社区交通安全便捷,整个城市车辆最高时速不超过 50 km,高尔夫球车是居民合法的主要交通工具之一。

养老社区还会向周边社区或地方政府购买生产服务和包括餐饮、邮政、宗教在内的生活服务,商业物态完备。地方政府也会与社区签订养老服务购买合同,对达标社区给予财政补贴。养老社区还会接受志愿者服务以及来自基金会、教会的慈善捐助,并与医院和科研机构合作,提高医疗护理水平。

大型休闲场所的社交功能。由于意识到老人入住后,离开原来熟悉的生活环境和人际圈,孤独感加重。20 世纪 60 年代,社区就投入巨资建设大型文体康乐休闲场所,鼓励老人通过参加文体活动,既锻炼身体,又加强人际交往,使之身心愉悦,从而形成了以文体活动为社交纽带,相互关心、彼此照应的社区文化特色(见表 6-1)。

表 6-1　太阳城配套设施表

设备	7 个娱乐中心	体育活动	高尔夫和小小高尔夫	工艺和业余爱好	木工艺
	8 个高尔夫场		游泳		银器
	3 个乡村俱乐部		足球场		编制
	2 个图书馆		马场		绘画
	2 个保龄球馆		溜旱冰		中国画
	30 个教堂		网球和桌球		金属艺术
	19 个购物中心		健身房		制陶术
艺术熏陶	交响乐		手球式墙球		裁缝
	艺术博物馆		室外地滚球		宝石
	矿物和宝石博物馆		跳舞		陶瓷
	成人教育		草地保龄球		彩色玻璃
	社区大学		慢跑和竞走		书法
	音乐会		推圆盘游戏		摄影
交际活动	桥牌、纸牌和其他游戏俱乐部		垒球和篮球		针线手艺
	舞会		台球		皮革工艺
	交际俱乐部	医学设施	位于太阳城中心的 Sun Health Boswell Memorial 医院		铁路模型
	众多特别爱好的俱乐部		老年医学方面的专家		电脑

太阳城拥有 7 个娱乐中心,提供游泳、网球和工艺等活动场所;有 2 个保龄球馆, 8 个高尔夫球场, 3 个乡村俱乐部,一间美术馆和一个交响乐演奏厅。太阳城区还建有规模巨大的“sun bowl”室外剧场和“sun dome”太阳圆顶中心,能提供 7 000 个座位,常有大型表演在此举行。太阳城北边的 Lake Pleasant 地区公园,提供水上娱乐、露营和野餐的设备。西边的 White Tanks 地区公园,在那里露营、徒步旅行和野餐很受老人欢迎。

“万花筒”般的休闲、商业场所,构成了美国老年人群的社交环境,并成为主角。“太阳城”社区文化的“软件”与大型高尔夫球场等“硬件”,成为养老胜地的耀眼“卖点”。

目前全美有十多个太阳城项目,分布于亚利桑那州、加利福尼亚州、佛罗里达州等。

(二)英国推行以社区照顾为主的养老模式

英国有关社区照顾的法令明确指出,要在社区内对老年人提供服务和供养,以便使他们尽可能地过上独立的生活。其目标是在他们自己的家或“像家似的”环境中得到帮助。

这种模式的特色,一是政策引导。英国政府既制定社区照顾这一社会福利政策,又订立具体的措施,以使社区能切实地承担起这一职能。二是政府出资。英国的社区照顾在财政出资上完全体现了以政府为主的特点,很多服务设施都是由政府资助的,社区、家庭和个人的支出不多。三是依靠社区。英国的社区照顾主要是立足社区、依靠社区，以社区为依托，各种服务设施都建立在社区中，且社区照顾的方式尽量与老年人的生活相融合。四是体系完整。各种社区照顾的机构既有政府出资社区举办的非营利性的机构，也有私营的、商业性的服务机构。

以社区照顾为主的英国养老模式，分为两种形式：一种是居家照顾，老年人不用离开家庭和社区，由家人、朋友、邻居、社区志愿者为老年人提供家庭服务，老人在家安享老年生活。政府发给在家照顾、生活不能自理老人的亲属相应补贴；另一种是社区照顾，即利用社区资源包括服务设施、托老所、老年人公寓等，由专业工作人员对老年人特别是生活不能完全自理的老年人进行开放式的院舍照顾，使他们在熟悉的环境中获得供养和服务。

社区为老年人提供的老年服务有社区服务中心、家庭照顾、暂托处、老人公寓、居家服务和养老院等多种形式，并为老年人提供生活照顾、医疗护理及精神慰藉等全方位服务，以提高老年人生活质量。此外，英国政府在长期照护系统投入了大量的资金，2007 年约占全国国民生产总值（GDP）的 4.7%，并会逐渐上升到 2032 年的 6.2%。

英国养老院的规模普遍较小，当前英国共有 11 300 个养老院，养老院床位数一般只有几十个。英国 Retirement Villages 退休社区 Retirement Villages 是英国历史悠久的老年连锁社区，到现在已经成立了 30 年。主要面向 55 岁及以上年龄段客户提供养老地产的运作和养老护理服务。第一个 Retirement Village 社区建成于 1981 年。目前在英国的中部和南部已经开设了 13 家养老连锁社区。

社区主要的居所多为平房和低层建筑。配套有餐厅、酒吧、图书馆、斯诺克室、游泳池、健身房、美发室等，有的社区还设有水疗按摩池、绿地保龄球场、酒店、咖啡屋、商店、网球场、菜园、小型高尔夫球场、鲤鱼池、林间小道。

社区服务包括美容美发、工艺室、24 小时专职交通服务。社区配备护理师、护士、清洁工、维修工、行政人员、园艺工人和司机。

社区组织形式多样的活动维护老年人的身心健康，包括咖啡早茶会、晚餐俱乐部、棋牌俱乐部、手工艺活动、保龄球比赛、电影俱乐部、购物出行、景点观光、音乐鉴赏等。老年人可以通过购买或租用社区住宅的方式入住社区。

（三）日本实行居家服务的养老模式

日本的养老产业发展已较为成熟，日本政府提出了“黄金计划”，旨在打造一个可以为老年人和残疾人提供丰富而又健康生活的经济和社会环境。

面对老年人口激增，受传统习俗、家庭结构转换和经济变化的影响，日本政府提出“居家养老、居家看护”的居家养老模式,即对居家养老的老年人提供更多的经济和医疗支持,包括居家服务和社区服务。居家服务指的是被保险人大部分时间居住在自己家里接受各种养老服务,如基础生活服务、上门康复护理、日托康复护理、居家疗养指导(医生上门诊断、治疗)、日托护理、短期入住养老机构、失能失智老人生活护理、收费老人福利院护理、支付租赁及购买福利用具费用、支付住房改装费(安装扶手、拆除台阶等)等;社区服务是指被保险人入住各种养老机构的服务,如护理老人福利设施、护理老人保健设施、护理疗养型医疗设施等。养老机构分为老年医院、综合医院、诊所(小于19张病床)、牙科诊所、老年照护机构、特殊护理之家、护理之家和其他医疗机构。

根据老人意愿和身体状况选择合适的养老住所。同时,日本从2000年开始实行长期护理政策(LTCI),帮助更多的老人独立生活和减轻家庭负担。LTCI强调社区照护要多于机构照护,并减少住院时间,将节省的住院费用移至长期照护系统,使老人获得更多的社区照护。LTCI模式的应用,提高了老人的独立性和生活质量,减轻了家庭负担,极大地节约了医疗费用支出,并提高了老人养老服务满意度,导致用于健康照护的费用最低(只占GDP的7.9%)而人均生命世界最高。

日本社区养老主要分为三种类型:看护型养老,主要供身体不便和患病老人入住,由养老院下属团队提供看护服务;住宅型养老供身体状况正常的老人居住,当老人需要看护服务时,院方上门看护;健康型养老,类似面向老年人入住的宾馆,院方负责打理老人的日常家务,但不负责照顾入住者的日常起居。

日本形成了以养老设施为核心的“养老院经济”产业形态,包括医疗、看护、餐饮、用品、旅游等。

(四)澳大利亚实行养老院、社区养老多种养老模式

澳大利亚有养老院、社区养老等多种养老模式,但养老院占最主要地位。澳大利亚的养老机构主要分为两类:一是老年护理院和老年公寓;二是社区和家庭养老。养老院提供老人所需的各种服务,以确保老人生活水平和生活质量。此外,澳大利亚形成了一套相对完整的老年医疗保健管理(GEM)模式,以制订有效的出院计划、老年综合评估和多学科的集成管理为特色,为所有老年人获得连续性的医疗保健服务提供先决条件。

在澳大利亚,为尽早诊断老年人健康状况,达到机体功能退化最小化、缩短住院时间和节约医疗费用的目的,5、6级的医院要设立老年评估和管理病房。在社区鼓励建立日间照护中心和康复中心,并鼓励老年人使用传统的社区服务,包括社区老年人保健服务包(帮助洗浴、购物、烹饪、洗衣服等)和扩展的老年人居家保健服务包(临床护理、个人援助、持续管理等)。

澳大利亚养老院的收费,拥有澳洲永久居民也不代表你就可以拿到政府对你在澳洲养老的补助。你必须通过条件测试,这个条件测试一般由家庭医生、护工、医院推荐到政府养老资格评审组(以下简称 ACAT),然后由这个团队专门派人去老人家里做一个测试,你的条件得到批准以后才可以得到政府补助。

这个条件测试包括自住家庭式养老需求;暂时性养老院需求(按级分配);永久式养老院需求。以上三样也可同时批准,或者仅批准一项,主要根据个人测试的情况而定。

自住家庭式养老也分为四级(一级至四级),自住式家庭养老一级到四级分别是针对你想在家养老,或者说你还可以独自待在家里养老的情况。

对于养老院,主要是两种服务。一个是暂时性养老院服务(低护理级别或者高护理级别),对于个人来说如果你得到批准,低级别和高级别都是一个收费标准,2014 年 7 月后那就是一个基础日常养老院收费,每天 49.07 澳币,这个价格会根据澳大利亚养老金(pension)的涨幅,每年涨价两次,一次在三月,一次在九月。这个价格也是政府制定的,一般占养老金的 85%,让那些只依靠养老金过日子的人也可以去住。暂时性养老院的服务一年政府只给 52 天,超过 52 天以后需要你跟政府申请延期,一般延期一次是 21 天,然后就没有了。这个 49.07 澳币主要是包三餐,加早茶和下午茶,还有洗衣费。房费是政府支付,只有你住进养老院,政府才会通过 Centrelink 或者 Medicare,直接打进养老院公司账户。还有一种就是永久性养老院需求者,这一类收费非常复杂。原因是你要去 Centrelink 做一个叫收入资产证明,要告诉政府你名下所有收入资产。

当老人刚住进养老院的时候,有些养老院只要求收一个之前提到的基本日常养老院费用 49.07 澳币,根据澳洲福利部门的信或者根据 Medicare 给养老院的对账单确定你的收费项目。

政府支付所有养老院费用(fully supported),要求老人总资产低于 47 000 澳币,政府将全额支付养老院费用。

政府支付部分养老院费用 RAC(Refundable Accommondation Contribution),要求老人总资产 47 000~200 000 万澳币。政府支付一部分养老费补助,目前支付的最高上限是 35.9 澳币一天,根据福利部评估决定你享受的补助额,有人拿到全部上限的 35.9 澳币,有人则拿得少。

政府不支付任何养老费用 RAD(Refundable Accommondation Deposit),老人的总资产超过 20 万澳元,养老费用个人承担。如果搬出养老院,你的总资产扣除养老院产生费用,剩余资产将退还。

2017 年 3 月 20 号以后,Centerlink 确定了房子估价标准,如果你的房子超过 162 087.20 澳币,就只会计入财产这个数值。如果你的房子值 100 万澳币,也算 162 087.20

澳币。这个所谓的房费以后可以退还，也就是当老人去世或者离开养老院的时候，会收到退款。

所以一个老人，当他作为永久养老用户入住养老院时，确定为 RAD payer，他所要支付的是 RAD 或者未付的 RAD 产生的 DAP（养老院住宿日支出 Daily Accommodation Payment），这个费用有年费用上限和终生养老费用上限。年费用上限是 28 000 澳币一年，终生养老上限是 63 000 澳币，也就是说如果你交了 63 000 澳币，之后直到你死，都不需要再付这个钱了。

澳大利亚退休村。退休村住宅又称为退休村（Retirement Village），是为 55 岁以上或退休老人提供独立居住、公共活动空间和娱乐设施的生活社区。老年人居住在退休村里，既独立安全，生活又有照料。老年人可以通过购买或租用社区住宅的方式入住。

澳大利亚洲退休老人选择退休村住宅的生活方式已经很普遍。澳大利亚现有 1 850 个退休村，约有 160 000 多名老年居民生活在那里。

澳大利亚统计局（ABS）数据显示，在 85 岁到 89 岁的老人中，有超过 80% 的人生活在私人住宅里，包括住在退休村。

但和养老院不同的是，养老院属政府管理，老人享受护理的部分费用来自政府补贴。对于入住退休村的老人，政府不提供任何资助。

（五）加拿大推行以机构为主的养老模式

在传统西方文化的影响下，机构养老是加拿大主要的养老模式，也鼓励自我养老和家庭养老。养老服务机构按举办主体可以分为政府公立养老机构、非营利性养老机构和营利性养老机构，按老人护理需求可分为老年公寓（生活完全自理）、辅助公寓（每天需要 1 小时医护）、老人屋（需要日间照料）和护理安老院（完全失去生活能力）等。

护理安老院（Nursing Home），亦称长期护理中心（Long-term Care）是加拿大最高级别的养老院。这类养老院的入住者为完全丧失独立生活能力的老人，需由护工 24 小时照顾。这类养老院费用全免，既有公营的，也有教会等机构办理的，均享有政府补贴，常备护理人员收入丰厚且有保证，并有大量义工协助。不过，这类安老院的床位非常有限，申请入住的老人可能需要排队多年才能获批。

老人屋（Home for the Aged），提供老人日间护理，入住者为生活能基本自理，但没有独立生活能力的老人，饮食起居和健康状况都需要护工全天候照顾。在这里，管理和设施与安老院差别不大，但为老人提供较多活动空间，老人白天在护理中心参加各种活动和护理，晚上可以回家住。中心提供营养午餐、康乐活动、健康监察及医疗讲座。“日间护理”每天收取一定费用，但收费并无统一规定，在卑诗省为 29 加元 / 天。

辅助生活房屋（Retirement Home），亦称独立生活社区（Independent living），亦称退休公寓（Retirement Apartment）。住客大多能照料自己，但每天需要1小时的医护照顾。这类房屋里配备专职护士，每天24小时值班，医生也定期到访。这一类别基本属于集体老人公寓性质，社区医生会定期巡访。在卑诗省，房屋局会支付辅助屋的部分租金，住户最多只需要交税后收入的70%作为租金，低收入人士还会有特别的优惠。

老人公寓（Senior's Apartment），亦称活力老年社区（Active Adult Living）是加拿大最普通的养老院，55岁以上即可申请入住。公寓里各种锻炼和活动设施一应俱全，房子为一室一厅一卫一厨或二室一厅一卫一厨。前者供单身老人或老年夫妻居住，后者提供带小孩者居住。这类公寓一般都是私营，但有政府或非营利机构的补贴。服务按入住者的收入的30%收取，也有的设有底线，不得低于350加元。其费用包括房屋、水电、暖气费用，不包括电话、网费。

另外，持续护理中心（Continuing Care）则是一种综合养老服务机构。有时候，老年痴呆护理中心（Alzheimer's care）、家庭护理中心（Residential Care Homes）被单列出来，作为独立的两类养老机构。

各类养老院根据老人的不同状况，配备不同的设施和服务，包括娱乐室、餐厅、理疗室、图书馆等设施及24小时看护和安保服务、有线电视、休闲娱乐、康复锻炼及其他活动等，此外还有专业的医疗护理服务，对于生活不能自理的老人，可住在护理区域，院方提供包括临终护理服务等所有服务。

近年来开展的“医养结合”服务方式，提高了服务质量和满意度，入住比例也得到增长。除养老机构外，还有大量社会组织、义工人员在社区内提供包括居家养老的各类服务。如“联合之路”等，通过募集慈善资金，为居家老年人提供照料服务，满足了部分老人居家养老的需求。

养老机构的护理等级不同，收费标准自然也大相径庭。根据北美影响力最大的养老中介网站（APFM）统计，加拿大独立生活社区每月的收费标准在1 400～3 500加元；辅助生活护理中心每月的收费标准在1 500～5 000加元；老年痴呆护理中心每月的收费标准，在2 500～7 000加元；家庭护理中心每月的收费标准，在1500～4500加元；长期护理中心每月的收费标准，在4 000～8 000加元。可见，从独立生活中心到辅助生活护理中心，再到老年痴呆护理中心和长期护理中心，加拿大养老机构的收费标准是不断提升的。

四、新型养老方式的潮老人

国外老年人如何享受退休生活？不同的老年人有不同喜好，就会有不同的养老生活。开房车悠闲自得旅行，且行且露营，是最潮的养老模式；亲友间“抱团养老”、失伴老人同居养老，相互帮助，抱团取暖，避免孤独感；回归田园生活，享受乡村的宁静和悠闲；旅居养老，品味不同风土民情；选择适宜的生活环境，候鸟式异地养老等等。这些新潮的养老模式，满足老年人的多样化需求，值得推崇和借鉴。

（一）自驾房车、时尚养老

西方发达国家房车比较普及，退休后开着房车四处旅居比较普遍，欧美的老年人热爱室外活动的占大多数，很多人在退休后走出家门：“去看看天下”。两夫妇一起开着露营车、大房车周游列国，已经成为近年来欧美老人最时尚的旅游方式。这种房车被称为“车轮上的家”，设备一应俱全，既是车又是房，可以上路，也可以煮饭、洗浴，还能装个舒服的大床，所以很受时间充裕、喜欢自由行的老年人喜爱。

图 6-1　挪威房车露营地　　邓和　摄

意大利、法国和美国合拍的电影《爱在记忆消逝前》（*The Leisure Seeker*），改编自美国作家迈克尔·扎多里安的畅销小说。片中，一对患病的老夫妻艾拉和约翰驾驶着一辆老房车，开启了他们人生的最后一段旅程。片中，丈夫约翰是作家海明威的铁杆书迷，身为阿尔兹海默症患者的他常常连妻子的名字都记不得，却是一个整天海明威不离口的老学究。太太艾拉则性格强悍，面对癌症的疼痛却依然坚强，夫妻俩不顾儿女担忧，决心瞒着孩子开着房车从马萨诸塞州出发前往佛罗里达州基维斯特（西礁岛）海明威故居旅游。一路上二人闹出不少逗趣故事，虽不免争吵和分歧，最终却被相互包容和各自自嘲所化解。

许多退休的老人，开着他们的大房车，且行且露营，优哉游哉地把以前梦想去的地方一个一个地走过来，是旅行也是生活，颇有一种四海为家的勇气。这种"车轮上的家"很酷，不是吗？

图 6-2　笔者在挪威房车露营地留影　邓和　摄

（二）"抱团"养老、温暖互助

"抱团养老"或同居式养老你听说过吗？这个概念在国内或许陌生，但在国外却很流行。等我们老了，就搬到一个地方住在一起，"好好享受生活"，一起喝茶，种树，散步，旅行。

美国得州四对夫妇"抱团养老"的故事，启迪着全球的老人，爱人在身边，朋友在隔壁，就算老了，也要有自己的生活。来自美国的这四对夫妻，是认识超过 20 年以上的好朋友。孩子们长大后，他们就买了一块废弃的草地，建了四座小房子，住在了一起，有种回归最初的感觉。同时不乏生活情趣。

一群亲朋好友、同事同学、战友老乡、乡里乡亲因志趣相投自愿组合在一起，过起"抱团”的晚年生活。他们或将住所建在一起,或将住所买在一起,或一起住进同一养老社区,过起“抱团”的晚年生活。

可能很多人觉得这在中国不太可能,其实“抱团养老”也慢慢成为一种趋势。大家可以择邻而居,与亲密伙伴,志同道合之人生活在一起。背靠青山,山上有森林游步道,面朝大草坪和水库,既能够呼吸新鲜空气,还可以游农场,逛莓园,挑野菜,自由快乐似神仙。

(三)同居养老、有家有爱

目前,德国 60 岁以上的老年人占德国总人口的 23%。虽然德国的养老体制良好,德国人 60 岁后就可以进疗养院养老,根本不会拖累儿女,但很多老人都十分厌倦疗养院(此处插入图 6-3“同居”式养老已成为德国老人最热衷的方式)里的单调生活,于是便有一些老人因志趣相投而自愿组合在一起,过起了“同居”的老年生活。

图 6-3 “同居”式养老已成为德国老人最热衷的方式 邓和 摄

让我们看看德国人的“同居式”养老故事。德国姑父前年去世,只留下姑妈一个人守着一间大房子过生活。姑妈虽有个儿子,但在德国,子女结婚后一般都不和父母住在一起。一天早晨,一个白发苍苍的老头推门走了进来,一进门就大声说:“施密特,我们‘同居’吧?”姑妈高兴地说:“好啊,我也正有此意呢。”之后,他们又高兴地说了一会儿话。后来才知道,原来,姑妈口中的“同居”乃是现今德国老人十分追捧的一种养老模式“搭伴养老”。姑妈告诉我,他们是在老年大学里学油画时认识的,他就住在姑妈家附近,两人彼此性格也很合得来,于是便都有了“同居”的想法。

如今“同居”已经成了德国老人最热衷的方式。老人之间或老人与年轻人之间相互帮助、关心，即使老人身体出现状况也能及时被发现并得到救护，所以这里老人的平均寿命变得越来越长，德国已成为目前欧洲最“老”的国家，大概与此有关系。

现在，德国一些城市的民政局和大学服务中心，经常会介绍大学生和孤寡老人家“同居”，大学生也很乐于接受这种“新型同居”的形式。

（四）田园养老、享受闲适

西方发达国家郊区和乡村小镇环境十分优美，是退休老人们向往的养老之地，如今欧美不少老人退休后选择离开城市，搬到郊区或是乡村，回归田园生活。乡村的空气新鲜、生态环境优越、生活成本低廉。国外一些喜欢大自然的老年人退休后会选择在乡村的田园、牧场、小镇等地养老，颐养天年。很多老人一般在退休前就会把养老的地点选好，然后请设计师和建筑师为自己盖幢温馨的房子，大都是一层的，也有两三层的。等一切都就绪了，正好是退休“回乡”的时候。

图 6-4　回归自然，享受宁静和悠闲　邓和　摄

回归田园除了享受乡村的宁静和悠闲，保证有充足的睡眠、保持健康的饮食、牵着宠物（狗）散步，养花弄草，游山戏水，过着“天马行空”、独来独往的慢生活。老人还可以亲自种自己喜欢吃的蔬菜，饲养家禽。绿色蔬菜中，黄瓜、菠菜、西兰花也几乎是家家都种。种菜是很多人喜欢的劳动，既能吃到绿色食物，还能放松心情，享受播种、浇水、施肥、除草、收获的喜悦，劳动在一定程度上让人身心舒畅！

（五）旅居养老、饱览河山

国外很多老人退休后，喜欢到各地去欣赏秀美景色，体会不同的风土民情，从而在旅游过程中实现了养老。旅游机构也乐于为老年人服务，并通过与各地的养老机构合作，为老年人提供医、食、住、行、玩等一系列周到服务，使老人免除游玩中的后顾之忧。

在欧美，邮轮养老已经成为老人们晚年的一种生活方式，邮轮不仅可以给老人们提供优质的服务，同时也给了老人们更多的自由和新的选择。相比于一般的养老设施，邮轮俨然成为一种新潮的养老院。在 Crytal Serenity 邮轮，住了 9 年的老奶奶 Lee Wachtstetter 已经 89 岁，她不住养老院，常年居住在邮轮上。她来自佛罗里达，在她老公去世后，她卖掉了自己在罗德岱堡，有 5 间卧房的大公寓，搬到了奢华邮轮水晶尚宁号上，成为一名永久性的住客，过着这样毫无压力、童话一般的船上生活。已经航行了 100 多个航次和 15 次环球航程。任何带有港口的国家，都去过了。当然了，她最思念的，还是她的三个儿子和七个孙子。但在船上，她每天都能跟家人视频，邮轮靠港迈阿密之后，还会去看他们。

图 6-5　邮轮养老成为欧美时尚　邓和　提供

比如皇家加勒比上的 Super Mario（超级马里奥），66 岁的 Mario Salcedo 在过去的 20 多年里，已经航行了 950 个航次，每年航行超过 350 天。

尽管在迈阿密还拥有一套公寓，但基本也是闲置状态。日常他每天在甲板上吹吹海风，喝喝冷饮，玩玩电脑，作为一家跨国公司的财务总监，一边做投资经理，一边环游世界。而如果打算常年玩船，忠实于一家品牌，选择环球航线等长航程，往往更为实惠，他选择了皇家加勒比，一玩就是 20 多年。

（六）“候鸟”式养老四季如春

发达国家不少老年人像候鸟一样随着季节和时令的变化而变换生活地点，遵循比较优势原理，利用移入地和移出地不同地域的房价、生活费用标准等的差异或利用环境、气候等条件的差别，以移居并适度集中方式养老。这种养老方式总能使老年人享受到最好的气候条件和最优美的生活环境。如美国、澳大利亚就建立了大量的“退休新镇”“退休新村”，吸引老人移居养老。

图 6-6 国外建“退休新村”，吸引老人移居养老 邓和 摄

（七）健身养老、永葆活力

老年人平时还有一项最大的爱好就是健身。美国、北欧、加拿大、澳大利亚、新西兰土地辽阔，不少城市就是一座花园，到处提供了让人们跑步、骑车、划船、滑翔、游艇、跳伞等健身的地方。而冬天，冰雪覆盖的加拿大、北欧，人们则更热衷于室内冰球、室外滑雪、溜冰等运动。

在这些国家大型社区几乎都有高尔夫球场，打一场高尔夫球，就如同在自家门口一样方便。老人们运动也很讲究行头，比如专用的跑步衣、跑步鞋，专用的运动水壶；骑车则是专用的健身自行车，还戴着头盔。他们大都喜欢结队一起健身，健身结束后一起去喝杯咖啡，吃些点心，开心地说笑一番再离去。

图 6-7　结伴健身　邓和　摄

五、在工作中养老

在世界各个国家和地区，活跃着不少退休后仍然工作的老年人群。由于各国养老保障制度不同，他们继续工作目的有所不同。有的国家虽然有保障制度，但因老人自身因素扣除部分养老金，因此为保障生活，老人就需要继续工作；有的国家具有完善的医疗保障制度，但老人为了改善退休生活，自愿继续工作；有的则把为他人服务的时间储蓄起来，以备未来之需；有的则认为工作是与社会保持联系、实现自我价值的途径，从中获得自信、价值感和幸福感。无论出于什么目的，老人继续工作，给社会做出了很多贡献，值得敬重。以下辑录了部分国家老年人群的工作情况，以期对他国老人生活状况有所了解，并启发自己过一个与传统习俗不一样的养老生活。

1. 瑞士："时间银行"储蓄服务

"时间银行"是由瑞士联邦社会保险部开发的一个养老项目——人们把年轻时照顾老人的时间存起来，等到将来自己老了、病了或需要人照顾时，再拿出来使用。申请者必须身体健康、善于沟通和充满爱心，每天有充裕的时间去照顾需要帮助的老人，其服务时数将会存入社保系统的个人账户内。当她需要别人照顾时，可以凭着手里的"时间银行卡"去"时间银行"支取"时间和时间利息"，在信息验证通过后，"时间银行"会指派义工到医院或她家中照顾她。

在瑞士，用"时间银行"养老已蔚然成风，这不仅为国家、单位、个人节约了养老开支，解决了护理人员严重不足的问题，还解决了一些其他的社会问题。很多瑞士民众都非常支持这种养老方式，瑞士养老机构调查结果显示，有一半以上的瑞士年轻人也希望参加这类养老服务。瑞士政府还专门立法支持“时间银行”养老。

为解决护理人员的不足问题，德国政府也实施了“储存时间”制。公民年满18岁后，要利用公休日或节假日到老年公寓或老年病康复中心义务劳动，参加老年看护的义务工作时长可以累计，换取年老后他人为自己服务的时间。

2. 美国：社会对老年人一视同仁

为什么美国人要选出一个70岁的老头当总统？要知道，在人们的印象中，70岁的老人已是步履蹒跚、目光呆滞。在特朗普、希拉里的身上，不仅看不到这一点，相反两人精力之充沛、逻辑之清晰、思维之敏捷、头脑之精明，让无数年轻人所叹服。这让无数人自动忽略了他们的年龄。

为什么人们都不把他们当老人看？这其实跟美国的风气有关。在美国，随处可见自信的老人，这源于全社会对老年人的一视同仁。

①高龄雇员受欢迎。美国大多用人单位，觉得老年人诚实有经验，用着放心可靠。所以，在招聘时年龄要求只有年满18岁的下限，却没有上限，哪怕你是80岁的老人，只要你愿意做，而且能做得很好，用人单位就会爽快地聘任你。美国的许多商场、超市，七八十岁的老人与年轻人比肩而立，一样可以当收银员。在新泽西州达威尔镇，93岁的瑟兹拉老太太，每天开着名车在她儿子的公司按时上下班，她的观点是：“只要心不长皱纹，就会有年轻人一样的心态！”

②高龄空婶比比皆是。在美国的国内航线上，空中服务员，不像中国那样，是清一色年轻漂亮而苗条的“空姐”，而是五大三粗、壮壮实实的“空嫂”“空婶”“空大娘”！美国的电台、电视台节目主持人，不少是年迈者。康州诺沃克市电视台新闻主持已年过八旬，但观众对他的节目非常感兴趣，说他成熟有经验，说话可靠，令人信服。

美国人普遍认为，70岁以上才算进入老年人行列。有近一半的80岁老人心理上还不认为自己是老年人；即使他已病倒在床，也不认为自己是因为年老体弱而病倒的。

3. 日本：“老有所养”到“老有所为”

日本劳动部一项有关老龄社会的意识调查结果显示，在问到“认为多大年纪算老年人”时，回答“70岁以上”的人最多，达到41.1%。

①愿雇佣老人。日本人爱工作是出了名的，2015年日本有730万年龄超过65岁的公民继续就业，占全国这一年龄段居民总数的21.7%。为什么日本很多公司愿意雇佣老人？老板们的普遍回答是：“年纪越大，工作经验就越多，他们可以将经验代代相传。”

②工作使人幸福。相比闲在家里，工作更能让日本的老年人获得幸福感。一位92岁的日本糕点师的观点很有代表性。他做了一辈子日本传统糕点，现在仍奋战在糕点房：

“如果我不每天工作，就感到身体不舒服。”他说：“如果顾客说我们的糕点好吃，我就感到很幸福。”返聘去工作，很有成就感！

③政府鼓励“再就业”“发挥余热”。日本的“高龄雇佣保险法”特别加强了对大量雇佣高龄者的企业进行奖励的制度，对工资低于60岁退休时工资的高龄受雇者给予一定的补助。另外，日本政府还采取鼓励延长企业职工退休年龄等措施，引导老年人由“老有所养”转变为“老有所为”。许多人觉得退休了，自己没有价值了，这种“继续发挥余热”的工作让许多人重新找到了自信，感觉自己还是建设社会的一分子。

4. 英国老人在创业中实现自我价值

英国老人喜欢独来独往，子女成年后都离家自立，不仅与父母分居，而且为了谋职，常常迁居异地。年迈的老人，身边没有儿孙绕膝，不少人富有创新精神。他们除了参加志愿性的慈善机构外，不少人退休后还开创新事业，做力所能及的事，例如开咖啡馆、小饭店、家庭旅馆或是做企业顾问、办咨询公司等，工作给他们带来了成就感和价值感，身心更健康，生活更充实。

六、精彩奇招点燃老人生活激情

国外一些老人结合自身条件和需要想出奇招，与青年人互换资源，相得益彰；一些养老机构创设“职业情景”，点燃了老人参与活动的激情。老人与年轻人、幼儿的互动，不仅双方受益，老人也排除了孤独无助等心理障碍，获得了价值感和尊严感，促进了身心健康。由此减少了社会对老人的护理成本，社会、个人皆受益。

空房借少年，互助两相宜。荷兰一家叫 Humanitas home 的养老院，为孤独的老人们想出了一个特别的办法：把院里空闲的房间租给当地大学生，且完全免费！而大学生们的代价就是，要付出他们的时间。

近年来荷兰房价不停上涨，大学生们承担的租金是一笔不小的负担，免费居住的大学生每个月至少要花30个小时陪伴这里的老人们，也就相当于每天花一个小时。这段时间里，学生们可以带老人们出去散步、教他们用电脑、一起看电视，带老人一起赶个时髦，给他们讲个笑话，分享好听的音乐，或者听他们发发牢骚，也可以让他们讲讲自己过去的故事……只需要付出一点点耐心和一点点时间，就像对待自己的爷爷奶奶那样。

一个叫 Patrick 的27岁学生，与89岁的老人 Harry 现在已经成为无话不说的好朋友。他感慨道：“开始的时候我只是打算看能不能帮点什么忙，但后来相处下来，我发现这种情感比我们想象的还要深厚。”

在德国，除了年轻人入住养老院外，一些心态年轻的老人还喜欢与年轻人一起“同居”。德国的出租屋很稀缺，房租也贵得吓人，青年人普遍遭遇“找房难”。于是，一些老人甘愿把自己的房子低价或免费提供给年轻人和他一起住，前提是年轻人必须承担部分照顾老人的义务，比如，陪老人聊天、打扫花园、外出采购等。

“养老院+幼儿园”，代际学习中心。美国西雅图的一个机构，将养老院和幼儿园开在了一起，组成了“代际学习中心”，就是跨代交流学习的中心。中心每个星期向孩子们开放五天。孩子们可以选择全日制、半日制或每周两三天。

孩子们走进养老院后，给老人们的生活带来了翻天覆地的变化，一个个活泼的小天使，为他们枯燥、孤独的晚年生活带去了新的乐趣。孩子们在“代际学习中心”里，会跟老人们一起吃饭，玩闹，还会一起做活动，比如唱歌、跳舞、画画、做饭、做游戏……

老爷爷老奶奶将无私的爱全都倾注到了这些可爱的孩子们身上。他们组成了一个快乐的大家庭，“合理搭配”后的结果，就是其乐融融。一年多后，很多孩子的父母发现，自己的小孩跟老人相处后，收获实在太大了！这种模式让孩子们学会了许多在普通幼儿园里无法学到的东西。

而将养老院和幼儿园开在一起的模式，治愈了老人的孤独感。这种模式越来越受欢迎，目前全美已有大约500个“养老院+幼儿园”联办场所。

“尊重+人性化”，老人开心颜。尊重、人性化，是澳大利亚照护理念的突出特色。总部位于墨尔本的蓝宝石控股集团（Sapphire Holdings Group）是澳大利亚知名的高端连锁养老品牌，有着14年成熟先进的运营经验，运营水平位列澳大利亚行业顶尖10%。旗下分为Sapphire Care和Blue Cross两条产品线，服务以高级护理和老年失智护理为特色。以下两个故事可见一斑。

故事一：有一位长者，随着失智困扰越来越严重，情绪变得越来越激动，每天凌晨三四点钟就吵着闹着要出门，在蓝宝石，Life style（生活方式）专员了解到老人年轻的时候自己经营农场，每天早上天不亮就得去捡鸡蛋，很多年都保持着这个习惯。于是就有了老人凌晨捡鸡蛋的场景设计，也就有了老人捡完鸡蛋高兴地回去休息的结果。他给人们的启示是——以人为本，通过完整的服务体系，为老人提供悉心服务，注重精神文化和高品质生活方式的提高。

故事二：在蓝宝石的Brossard Court社区，其Life style（生活方式）员工了解到几位男性住户对铁路模型十分感兴趣，便协助他们成立了一个创作小组，帮他们寻求全澳铁路模型协会的技术支持、采购物品、组织技术交流会，还联系了澳洲失智照护训练中心，获得他们的支持，以便在铁路模型项目中融合失智照护的理念和实践，让失智的长者也能参与其中。最终，这些老人的作品在当地铁路模型展览会上参展，赢得盛赞。蓝宝石也因此获得澳大利亚政府颁发的养老业最佳实践大奖。

每一位住户入驻，澳大利亚蓝宝石的 Brossard Court 社区，都会有一个评估组先期全程为其服务：评估组与住户本人、住户家属沟通，对入住长者进行人生经历、价值取向、爱好、禁忌、身体状况等多方面的评估，最后写出一本评估报告，交给负责照护的专员，由他具体执行。感觉就像到医院看病，医生拟写的医嘱交由护士具体实施一样。

在养老社区，工作人员进入老年人的空间就是在别人家里，必须要遵守相应的礼节和规程。这样长者有家的感觉和自主意识。“员工要有一种在他人家中工作的意识”。

蓝宝石的核心服务理念是“以人为本”，通过完整的服务体系，为老人提供悉心服务，尤其重视住户的个人权利和想法，以尊重他们的意志为先，注重精神文化和高品质生活方式的提高。Life style（生活方式）服务是澳洲模式的一大特色。

“能挣会花”模式，点燃活动激情。在日本爱知县，有这样一家逆天养老院，不用子女苦口婆心地劝说，老人们都抢着去。

这家名叫“蒲公英介护中心”的养老院，被人盛赞为“老人迪士尼”。在这里，跳舞、插花、享受大餐、聚众开黑、唱卡拉 OK，都是基本操作，没事吃个下午茶，定期召开运动会，也不罕见。作为日本规模最大的养老院之一，相比于业内 30 名老人的水准，它集合了 250 多位老人，由 90 多名员工负责照看。类似于夏天练水上芭蕾，冬天泡温泉这类娱乐活动，多达 250 余种。而每位老人，在这座“超级游乐园”里，日均花费仅为 43 元。不管是老人还是员工，在这过得都非常开心，脸上满满的幸福感。

然而最初这座养老院，跟大部分看护中心别无二致，不管看护人员怎么调动、引导，老人们始终无精打采，日常活动能躲则躲，康复训练，则权当没看见，说好听点叫“丧失生活热情”，难听点就是“混吃等死”。养老院绞尽脑汁，策划各种活动，但颓丧的氛围，却始终无法改观。

直到“SEED”币的出现，才神奇地逆转这一局面。“SEED”币是什么？其实它就是养老院自己发行的货币。每人发 500SEED 的初始资金，只要积极参加康复训练，或者配合护工工作，就可以获得几百到上千元。比如散步 100 米，获得 100SEED；自己刮胡子、洗头，也能获得几百 SEED，赚钱的方式多种多样。而这一设计的灵感，源自在陪护的过程中，院长了解到，老人毕生的储蓄全交由子女保管，自己衣食无忧，退休后赋闲，导致他们产生强烈的自身价值感缺失。

但如果让人们熟悉的“赚钱、存钱、花钱”模式回归，老人们的激情瞬间点燃。生活一下子有了目标，重新找到了奋斗的动力。很多之前事事需要照顾的老人，开始主动要求自己做事，很简单，因为这样有钱赚；而曾经躺在床上不愿动的老人，也开始坚持每天下床走个 500 米。至于那些高收入的康复项目，则出现了排长龙的局面，人人都动了起来，老人的精神面貌和健康状况明显改善。痴呆的患病率更是大大降低。

攒下一定的SEED币后,老人们有很多机会可以做自己想做的事。比如买喜欢吃的糖果、零食,糖果100SEED,零食200SEED。等你攒了十几万SEED,就可以购买外出行程,扫墓5万SEED,逛街购物12万SEED。一句话,只要你有钱,在不违法的前提下,什么都能干。

这一史无前例的创新很快被媒体报道,火遍日本。许多老人也慕名前来,参观后强烈要求儿女把自己送到这儿来。很多感觉人生失去意义的老人,重新找到了自身的价值感。如今他们想的是努力攒钱,实现一个个小目标。

连院长筒井健一郎也不由得感叹:“充分尊重每个人的意愿和选择,平等地帮助每一个人,让他们从心底感到开心幸福,感到对生活的期待以及作为人的价值,这才是真正的看护啊!”

钱,是体现人生价值的一种方式,但人活着绝不是为了钱。个人尊严与价值实现,是人生的起点,亦是终点。

七、综述:少些“被管理”,多些“滋养”

发达国家在生存得到满足的基础上,老年人的需求向更高层次发展,城乡老年人消费结构已经转型升级,从支出结构来看,日常生活支出所占比例已经逐步缩小,不仅限于满足吃、住、行生活基本需求,更多地向有品质的养老生活发展。比如对文化旅游活动的需求越来越多。从生存消费需求向健康医疗服务、照护、工作事业支配、公共活动参与、精神文化生活、旅游旅居、居住环境适老化、求知交往、亲情和睦尊敬、爱情依存求偶、安静安全方便等高层次需求发展。这就催生了发达国家多样化的养老模式,离开老家来到大型持续护理养老社区;实现退休前的梦想开着大房车周游列国;一些单身老人因志趣相投而自愿组合在一起,过起了“同居”的老年生活;回归田园享受宁静和悠闲乡村生活;在不同美景、不同风土民情的旅居中品味人生。

日本爱知县“蒲公英介护中心”针对老人的退休后的失落感,激发其价值感。老年人在退休赋闲后,产生强烈的自身价值感缺失,生活一下子没有了目标,丧失了生活热情。“蒲公英介护中心”通过自己发行“SEED”币,神奇地逆转这一局面,让人们熟悉的“赚钱、存钱、花钱”模式回归,老人们的激情瞬间点燃。让他们从心底感到开心幸福,感到对生活的期待以及作为人的价值,生活一下子有了目标,重新找到了奋斗的动力。这一史无前例的创新对世界各国养老事业的发展都具有普遍的借鉴意义。

来到了人生的最后一段时光,放下了自己的事业,告别了熟悉的工作岗位,远离了同事朋友,老人的压抑和孤独感油然而生。《美国医学会杂志》曾刊登一篇文章,研究者为了观察孤独症对60岁以上老人的影响，对4.5万人先后进行了长达10年的研究。结果显示，孤独的老人患高血压、糖尿病、心脏病、抑郁症的概率高，死亡率也更高。孤独症还会影响人的免疫系统。发达国家老人退休后一群亲朋好友、乡里乡亲因志趣相投自愿组合在一起，过起“抱团”的晚年生活；美国西雅图的一个机构，将养老院和幼儿园开在了一起，组成了“代际学习中心”；美国、日本全社会注重发挥老人放心可靠、阅历丰富、智慧经验的余热，在用工招聘中对老年人的一视同仁。这些为老人的余生带去了乐趣，让老人再次融入社会，让老人重新发现并肯定了自我价值，轻松驱赶走了老人的孤独和压抑。养老，是一个人人都得面对的问题。想到以后身边的若干好友在一起，与年轻人在一起，与儿童在一起，一道晒太阳、散步、聊八卦……想想都会笑起来，突然间觉得，“老”也不是那么可怕了。

人老了真可怜，可怜之处在于人们那种居高临下的“问询”与“关切”；可怜之处在于统一管理制度的约束逼迫你去改变长期以来自由自在的习性；可怜之处在于千篇一律的照护规则，让人感到窒息或郁闷。很多老人不愿意搬进养老机构，就是担心“被管理”，失去自主性，丧失生活的尊严感。澳大利亚养老院 Life style（生活方式）服务是澳洲模式的一大特色，通过完整的服务体系，为老人提供悉心服务，为住户提供情感支持，让老人保持最大限度地生活独立、尊重隐私，让尊严、文化、精神、宗教诉求得到满足、最大限度保留老人的选择权和决策权等，以尊重他们的意志为先，注重精神文化和高品质生活方式的改变。

第七章　人物专访

一、为老人造福，同子女尽孝，帮政府分忧

——访四川青城山“老易养”董事长杨晓峰

图 7-1　“老易养”养老机构董事长杨晓峰　老易养　提供

四川青城山“老易养”养老机构董事长的办公室陈设很简单，一张办公桌，一把转椅，一套沙发和茶几。但墙上却挂满旌旗：“敬老助人扬美德，倾情奉爱胜亲人。”“敬老爱老的典范，康养延寿之福地。”在最醒目的位置上挂了一幅字画“简单真诚”，这四个字也是“老易养”领导和员工的口头禅。

怎么理解“简单真诚”？在没有一张宣传单的情况下，短短三年间，如何吸引了近 6 000 位老人入住？这里面有什么奥秘？2018 年早春二月，笔者走访了“老易养”董事长杨晓峰。

来自四川雅安天全县一个贫困山村的杨晓峰，今年 32 岁，身材伟岸，皮肤黝黑，一双眼睛炯炯有神。虽然在城市待了 20 多年，大学毕业后，还当了几年教师，但那朴实的本色依然没有褪去，从他为老人们解决一个又一个问题的故事中，可以找到答案。

笔者开门见山地问道：“听说你在一家医药企业当过高管，后来创办了这家养老机构。

你放下安稳的工作来创业,其动因是什么?"

杨晓峰略一思考,讲了一个故事:"我是家里的独生子,一次从成都回家探望父母,见他们生活无人照应,十分担忧。再看很多乡亲都是留守老人,再看城市的空巢老人比比皆是。父辈经历过国家三年自然灾害;城市里空巢老人,还下乡当过知青,进城当过工人,下岗创业,未富先老,退休领社保。他们一生命运多舛,却用青春推动了国家的建设。现在他们老了,理应得到社会关爱和照顾。自己作为一个企业高管,能为老人做些什么呢?"

从他的讲述中得知,早在2014年,杨晓峰在一家医药企业做高管时就关注到,联合国预测21世纪末期,中国将有5亿人口超过60岁;到2020年我国老年人口将达到2.48亿,占总人口比重将达到17%。如何让这庞大的人群安度晚年,不仅是家庭,更是社会的问题;老龄危机化解不好,不仅是中国的问题,也是世界的问题。这是国家的责任,也是匹夫之责。作为企业管理人士,从中看到了养老产业展现出的广阔的市场前景。深受儒家思想熏陶的杨晓峰,"齐家、治国、平天下"的大丈夫豪情在胸中涌动,使命感油然而生,再也不能在朝九晚五的安逸生活中虚度年华,辞职、创办养老机构,以自己绵薄之力,既为国家分忧,也为民生解难;既为万千家庭,也为天下老人解决养老问题。

杨晓峰说道:"2014年我创办了'老易养'养老机构。当时从成都载满老人的大巴车一趟趟地开到青城山脚下,愿意留下来养老的老人寥寥无几。满腔的热情,被市场风雨无情地冲刷着。在留下来的几十号老人中,还有我的父母和岳父母。我用真心真情,为他们服务。当时我们租用的是村民的房子。对每一间寝室的布置,每一张床的舒适度,每一餐饭的口味、菜品搭配,我要亲自查看。白天忙完工作,晚上常常陪老人聊天,关心他们的生活,倾听他们的意见,按照他们想法改进完善设施和服务,让老人满意。渐渐地,来的人稍有增加。"

他站起身踱步到窗边,看着窗外细雨裹挟着漫天雪花,在湖面、阁楼亭台间飞舞,继续分析道:"我从《中国家庭发展报告(2015年)》中了解到,我国家庭规模呈小型化,单人家庭、空巢家庭不断涌现。空巢老人占老年人总数近一半,其中独居老人约占老年人总数的10%,与配偶共同居住的老人占41.9%。伴随着空巢家庭的持续增长,居家养老模式难以使老人得到周到照料,老人不安全,子女不放心,这就需要机构养老来分忧。如今社会养老机构已经开办起来,为什么更多的老人和子女却不肯来呢?与老人的聊天中,从新闻报道中,我茅塞顿开:社会养老机构鱼龙混杂,借养老的噱头诈骗老人钱财的现象不时发生。老人们虽然来了,但还有更多的老人们及子女仍在观望:会不会上当受骗?为了打消他们的顾虑,我咬紧牙关,克服资金的困难,在2016年以1 800万元买下了这家酒店。老人们一传十,十传百,'老易养'重资产摆在这里,是实实在在做养老。

老人们渐渐放心了。

图 7-2　笔者采访董事长杨晓峰　付媛婷　摄

仅两年多的时间，入住的老人呈几何倍的大增，同时也有人出资 3 000 万元要买这笔资产。如果图赚钱，我可以立马变现走人，但我的初衷是：不办赚钱的企业，而是办值钱的企业。资产增值，证明方向正确。我高兴，老人们比我还开心：跟对人了，靠得住！”

“更多的老人来了，让他们安享晚年是我的责任。”杨晓峰继续说道。根据老人特点，我对酒店做了‘适老化’改造。标准间的照明、冲马桶的声音等都会关乎另一个人的睡眠质量与相处和谐。因此，我又挤出资金对照明、抽水马桶等进行改造，并在卫生间、过道安装扶手，尽可把台阶改成缓坡让老人住得安全、安心、舒适。笔者从他七尺大男儿的细心中，不难看出他“老吾老以及人之老”的拳拳孝心。

“我与老人聊天中了解到，老人与儿女一起住，吃饭不合口味；独居，吃剩饭菜是家常便饭。老人来‘老易养’，我就要让他们吃上新鲜、软和、多品种的老年营养餐。我聘请了营养师，建立了绿色蔬菜基地，实行了分餐制，老人喜欢吃什么，吃多少，自己选取，每个人的餐盘、座位固定，用餐后由工作人员统一回收、清洗、消毒，既卫生，又不浪费，还减少老人负担，增加了安全性。”

“还是在与老人聊天中，老人们对我说，杨总啊，‘老易养’啥都好，就是回家那 1 公里路恼火！老人把‘老易养’视为‘家’，我作为‘长子’，解忧，责无旁贷。”杨晓峰介绍道：“成都到青城山的高铁虽早已开通，但距离‘老易养’，还有 1 公里多路。老人要么步行，要么坐非法营运的火三轮，如遇下雨，存在很多安全隐患。我决定买三台大巴车，每天对开,增加工作人员,在成都设置接待站,配置沙发、饮水设备等,让老人舒服、体面等车,在成都上车,在'老易养'门口下车,并对所有会员及家属实行免费乘车。虽然增加了营运成本,但老人出行安全、方便了。"

图 7-3 老人们在"老易养"花园中颐养天年 老易养 提供

老有所养的问题解决了,如何让老人们老有所乐呢?

喜欢读书的杨晓峰告诉笔者:"孔子在《论语》中说道,如果只是让父母吃饱穿暖,不算孝敬,因为我们对宠物也是养啊!和颜悦色地面对父母,让父母精神愉悦才是孝敬。"他分析道:"来这里的老人,大多有房、有子女、有退休金、能自理。为什么要来养老机构呢?我了解到,有的老人一年到头没有与儿女一起吃过一顿饭,在家孤独;一日三餐耗尽了老人的时间。来到老易养后,他们一日三餐有保障,此外还可以有更多时间参加娱乐活动。"

杨晓峰给老人们创办了一所老年大学,从琴棋书画到健身活动的场所、设施设备一应俱全。来到活动区域,乒乓球的节奏声,手风琴韵律声、歌声合着欢声笑语敲打耳膜,眼里到处是老人健身、跳舞、散步、钓鱼的身影。笔者还看到了 90 岁的陈婆婆跳探戈舞蹈呢!

杨晓峰说:"各种文体活动的组织者、老师都是老人自发产生的。有特长的老人也乐于当志愿者,不收一分钱,把自己的特长分享给大家,也实现了自我价值。大家在分享中增加了解,在学习中建立了友谊,充实了老人的精神生活。"

快乐的环境,会让人更健康。杨晓峰介绍道:"有的老人才来时,不愿意与人交往,孤僻、抑郁。自就读老年大学后,活动多,朋友多,性格变开朗了。儿女们看见父母的变化,发自内心地给我写来感谢信,送来锦旗。"说着他打开一个柜子,里面堆满了花样信封和一卷卷锦旗。

满足了吃住行乐,老人们的想法又传到了杨晓峰耳里:"别的老人如候鸟一样抱团东飞西飞,我们也能这样多好啊!"据了解,老易养会员近6 000人,年龄分布情况是:百岁老人3位,90岁以上60余人,80岁以上1 000余人,70岁以上2 000余人,其余均60岁以上,最年轻的才50多岁,老人平均年龄70岁。这些活力老人,不甘静养。杨晓峰对他们说:"我们也可以旅居呀!"于是,除了青城山以外,他先后开辟了街子古镇、米易、阆中、雅安、龙池旅居养老基地,对会员实行"一卡通",老人们愿去哪儿就去哪儿,走到哪儿玩到哪儿。不仅如此,杨晓峰还时常给老人们提供免费旅居。

图7-4　杨晓峰与百岁老人张鸿海在一起　老易养　提供

老人们又有想法了:嫌走的范围太小了,想去看世界。"好,我来圆梦!"杨晓峰与旅行社合作,并派工作人员随行,沿途照顾老人生活,让老人们在人生地不熟的地方,找到了有组织的归属感和安全感。他们已经开心游览了新马泰,坐过动车、高铁、飞机、游艇和游轮,也可谓见过世面了。

得到真诚呵护的老人们产生了"一生都离不开老易养"的依赖感:"将来我们病了、动不了怎么办?"

其实,杨晓峰早就考虑到了这个问题。2015年,李克强总理召开国务院会议,提出推进医疗卫生与养老服务结合。这意味着医疗机构要与养老机构深度合作。他说道:"我们与邻近的各级医疗机构合作,开通生命急救通道,当养老机构的老年人突发疾病、大病时,可以第一时间到邻近的医院得到专业便捷的救治。具体来说,我们打造了三层医疗保护屏障:一是与都江堰市三甲医院合作,并对接华西医院的生命绿色通道,分别在20分钟和60分钟车程可达;二是以社区卫生服务机构为主导,与青城山镇卫生院、仁爱医院合作,建立了老易养健康管理咨询公司，为老人提供健康咨询、康复理疗、体检等服务，分别在10至20分钟、1分钟车程可达。三是设立了老易养医务室，由合作医院派驻医生和护士各1名，对老人健康进行24小时监管。有的老人住院，子女不能及时赶到，我们就抽2至3人去医院轮班照顾，不收一分钱护理费。有的需要输血，我们的员工还主动义务献血。三层医疗屏障，让老人们小病在养老院医务室诊治，急危重病送往卫生院、医院优先治疗，快速安排入院，病情好转或痊愈再回到老易养生活，实现了医疗、养老无缝衔接。此外，我们出资，除了给将入住的老人进行体检外，每年还为已入住的老人进行体检，并给每个老人都买了意外保险。"

目前，"老易养"已与都江堰一家养老机构合作，现有200个床位，供半失能、失能老人养老及临终关怀。针对老年常见病，引进了先进医疗、康复设备，组建医疗专家队伍，并从省市卫校选拔优秀人才，使老人能够得到专业护理人员的精心照顾，体现生命的尊严。

老人们"担心身后事，又不想给子女添麻烦，希望'老易养'为之料理"的心思被杨晓峰知道了，他对老人们已有深厚的情意，希望老人们在自己创造的乐园里，熟悉的人文环境中，开心地玩儿，安心地颐养天年，走好生命的最后旅程。他对老人们说："安心快乐地生活吧，后顾之忧我来解决。"他与殡葬、墓地机构合作，把老人的忧和儿女的难一并纳入服务链中。

在为老人服务的四年中，杨晓峰有两个创举。

第一个创举是定期举行"亲子见面会"。杨晓峰发现，老人们在养老机构享受到了工作人员胜过儿女的细心照料，当看见别人的子女来看老人时，就会想念自己的子女，有的还为此病倒。因此，他体会到："老人养老离不开机构的专业性服务，更离不开家庭的温暖。"针对老人的"心病"，开出了独特方子："每年12月，举行一次亲子见面会。儿女都要来与父母见面，慰藉那颗思念、慈爱之心"。他还看到，中国新24孝中写道："子女要不定期带父母重温曾经工作的地方。"老人与原单位的老同事见面后，精神愉悦，信心倍增。他决定把"亲子见面会"扩大到欢迎老人的故友参加，安抚老人的"相思病"。

第二个创举是定期举行"家庭见面会"。杨晓峰说："老人们视'老易养'为自己的家。但有的老人嫌饭硬，不向我们反映，而是四处说，于事无补。在'老易养'家庭见面会上，我请大家畅所欲言提意见。老人们响应，反映的问题也很快得到了解决。"

杨晓峰还透露一个秘密："每月举行四次家庭会，也有让老人们见见我，让他们放心的目的。"原来，'老易养'实行会员制，入会要预交两万元，然后按照实际居住天数，按一天80元扣取费用。为彻底打消有些老人"老板卷款走人"的担忧。除了每月家庭见面会出场四次，杨晓峰还在家乡开辟了一个旅居养老基地，真心诚意地告诉老人："我是这里的人，跑得了和尚，跑不了庙。"真心换真情，老人自发地宣传企业，来的人愈来愈多。

与此同时，杨晓峰还在老家创办了一个 80 亩的蔬菜基地。每天向‘老易养’供应农家蔬菜、猪肉和禽类食品。既支持了家乡的建设，也保证了“老易养”的供给。

图 7-5　杨晓峰与老人一起钓鱼　卢艾琳　摄

有人奇怪，一个管有几千人的堂堂企业董事长，怎么把老人鸡毛蒜皮的事情记得那么清楚？原来，杨晓峰不仅每月向老人公开一次自己的手机号，而且随时都在老人们身边忙碌着。他说：“有事情，找晓峰”。但老人们可心疼他了，从不肯轻易打扰。杨晓峰正是把老人的一件件小事、一个个担忧都放在心上，真诚地逐一解决，‘老易养’才在短短三年间后来居上，蓬勃发展。

俗话说：“时间用在哪里，成就就在哪里。心中有什么，就会看到什么。”杨晓峰真心诚意地待人做事，事业发展也进入快车道。他说：“我干养老事业，并没有遇到大的波折。才开始，竞争对手与我较劲，但我只一门心思干实事。后来发展很顺，每当我需要什么人才，我身边就会出现这样的人才。”

杨晓峰开办养老机构，不仅成就了自己，还为当地经济做出了五大贡献。

一是为政府分忧。青城山村民背靠青城山，利用住宅开办农家乐，但存在违章搭建、相关手续不完善、拖欠水电气费和税款等现状，政府头痛，村民无奈。“老易养”大量租用后，代其积极完善手续，代缴拖欠的款项，为政府和村民理顺了很多棘手问题。

二是净化市场。青城山村民自营农家乐 1 万多家，由于服务意识差，宰客欺客现象严重，恶性竞争不仅导致经营者生意滑坡，债台高筑，而且不良声誉严重影响了青城山招商引资环境和旅游业的发展。杨晓峰见状，主动为政府分忧，根据企业的发展需要，继之前租用村民 41 家农家乐之后，迅速增加到目前的 70 多家，且规模将持续扩大，租期也从短期发展到 20 至 40 年。集中而长期地经营，既减少了当地餐饮行业的竞争对手，也挽救了那些坐以待毙的经营者。更为重要的是，逐渐改善了青城山餐饮、旅游、招商生态环境，为政府形象增光添彩，企业实现了可持续发展，村民还获得了稳定收益。

图 7-6 杨晓峰与老人们在一起 老易养 提供

三是促进了当地旅游餐饮业提升硬件设施和服务水平。“青城天下幽”的美名吸引众多来自全国各地的旅游爱好者前来，加之“老易养”带来了大量的城市客源，塑造青城镇的良好形象是当务之急。杨晓峰积极协助政府改善环境，出资、出力、派车送当地村民农家乐和餐饮经营者去米易学习，回来后经营场地旧貌换新颜，服务人员理念有了逐步变化，软硬环境得到改善，社会效益和经济效益也节节攀高。

四是给当地经营者带了稳定的客源。“老易养”近 6 000 老人轮流在此居住，其子女、亲友的往来，给当地各行各业经营者带来了生机，大家明显感到：“这年头，生意好做了！”2018 年除夕，青城山镇理发店人头攒动，理发师傅高兴地说：“往年此时已收摊回家过年了，现在‘老易养’的老人及家属、员工排队剪头，生意好得搞不赢。”

五是为当地人解决了就业问题。“老易养”除在当地招聘 400 名员工外，还带动了青城山镇一大批为之配套服务单位，随着经营规模扩大，对人力资源的需求持续增加。为青城山政府和村民及子女大大缓解了就业难问题，并且在一定程度上为社会治安做出了重要的贡献。

杨晓峰事业有成，“老易养”当之无愧地被政府评为“养生山庄”“健康无烟企业”，所属的酒店也跻身年营业额过 200 万元之榜，并赢得了政府奖励。他积极为当地做贡献，也得到了社会的认可，他不仅担任了都江堰市乡村旅游协会副会长，青城山旅游协会的会长，还被家乡百姓拥戴为“天全好人”……还有些什么荣誉、称号，杨晓峰都记不清了，他却牢记一件事:继续为社会做一些有意义的事情。

“针对社会上一些老人抱怨:养老机构收费高。我正在为广大城市工薪阶层探索‘低成本舒适养老’之路。我认为这既是中国社会‘未富先老’的现实需要,也是中国养老产业的发展方向。我国人口老龄化以不可阻挡之势汹涌袭来,最近十多年来,国家为破解社会养老问题,积极引导和支持民间养老机构的发展,出台了很多有利于产业发展的政策,既对养老产业的布局与发展予以指导,又对深化和规范养老机构起到了导向作用,通过不懈努力,四川省近年来,已经初步建成了由居家养老、社区养老和机构养老三大部分构成的养老服务体系。我省的民营养老机构也从无到有,由少到多地逐步发展起来。但不得不说的是,收费价格超出了城市普通居民的承受能力。尽管各级政府给予养老机构很多优惠政策,予以补贴,但补贴杯水车薪,此外申办手续很繁复,一些机构只能望洋兴叹,我也是其中之一。我认为为此花时间和精力不划算,因此至今我没有拿过国家一分钱政策性补贴。由此,我正在为中国养老产业探索低成本经营之路:即便没有政府补贴,养老机构也可以做到微利。我愿意把自己探索的经验,与有责任感的企业家分享,让更多的人一起来为中国老龄化事业做贡献,让老人们的晚年生活更加价廉物美,幸福美好！这才是利在当代、功在千秋的品牌企业。”

图 7-7　杨晓峰:为老人造福,同儿女尽孝,为政府分忧　老易养　提供

杨晓峰用博爱的胸怀向社会传递着大爱无疆的正能量,他坚守“简单真诚”的质朴,不忘初心:“为老人造福,同儿女尽孝,为政府分忧;不做赚钱的企业,只做值钱的企业。”

二、开创中国老年人品质尊严的新生活

——访“保险＋医养”养老社区泰康之家·蜀园

题记:

我在做与健康和幸福有关的事业,它可以改变中国老年人的生命态度。

——陈东升

7月,在大自然进入全年热度巅峰之际,泰康保险集团以240.58亿美元的营业收入问

鼎世界企业巅峰——《财富》2018 年世界 500 强。

图 7-8 泰康保险集团股份有限公司董事长兼首席执行官陈东升先生 蜀园 提供

巅峰上的泰康，回望来路，保险业务是其如坚的磐石，也是问鼎之路的每一级厚重石阶。近年来，泰康形成了一个独特的产业模式，保险、资管、医养三大业务板块协同发展，通过虚拟保险产品与实体医养服务的跨界融合，整合健康产业链，以“保险 + 医养”的模式，开创了中国养老方式的变革。

（一）巨资佳作——创造高品质养老生活

提到老人，人们脑海便会浮现面容苍老，佝偻萎缩、孤苦伶仃的形象；提到养老，人们便会想到环境破败，低矮阴暗的平房，简陋杂乱的物品。然而，今天在泰康之家看到的老人，童颜鹤发，容光焕发，精神矍铄，儒雅知性；看到的养老社区，川西院落式民居建筑风格与现代化高楼大厦交相辉映，老人沿着紫红色塑胶走廊，漫步绿绒般的草坪，欣赏奇花异草，观虫鸟觅食；步入老人居室，卧室、客厅窗明几净，厨房、卫生间功能齐全，家电、家具智能、安全而现代。

走过高端大气的多彩大厅，来到文化活动区域，见一间间装修考究而不失简约的琴房、书画室、阅览室、手工坊、健身房、游泳馆，老人们或读书弹琴，挥毫泼墨，或剪纸插花、或游泳散步，怡然自得，一派祥和。步入餐厅，恍若来到了五星级酒店的餐厅，通透宽大的落地玻璃，展现着窗外的草坪、小桥流水，华灯通明，台布洁白，餐具考究，自助餐菜品达 20 多种，着白衣、戴口罩的工作人员正忙碌着。

老人形象的变化，养老环境的变化，养老事业的华丽转身始于哪里？

泰康的创始人陈东升讲述了一个故事：2008 年 2 月 24 日，我去参观了美国海边一个著名的大型海滨养老社区，一进去我就被震惊了。

图 7-9　泰康之家·蜀园的川西院落式民居建筑　蜀园　提供

在强烈的震撼后，便萌发了把美国先进、科学的养老社区“搬来”中国，服务中国老年人的念头。2009 年泰康率先获得银保监会批准，成为全国首个用保险资金投资医疗养老的试点保险机构。接着，泰康依托保险，全力打造“建一个养老社区，配套一个医院”医养结合的全新养老模式。北京燕园、上海申园、广东粤园先后建成，崭新的养老方式和环境，让社会、让老人们看到，老年人的生活不是灰暗的，而是阳光的、多彩的。

2018 年伊始，西南地区首个高端养老社区——泰康之家·蜀园在成都正式落成，这是泰康 23 亿元的投资，在西南复制的一个以“医养结合”为特色的养老社区，它有别于其他三个养老社区，其亮点是，第一次推出了高端大型水疗康复设施和设备，把老人的康养水平提升到了一个全新的高度，这意味着西南地区拥有了国际标准的高品质养老社区。

“我当初在美国被震撼到的那个养老院的模样，现在已经在泰康之家重现，而且青出于蓝胜于蓝。”陈东升说道。

（二）医养结合——生命安全的保障

在泰康之家·蜀园门口，一对欲入住的老人夫妇正打听情况，门卫告诉他们：“蜀园第一期工程已经建成，200 个床位售罄；第二期工程刚刚开工，床位已预订一空；第三期工程尚未开工，床位预定已排到 2021 年了。”

蜀园为什么“一床难求”？已入住的老人们认为：“除了高品质的生活外，最看重社区医疗配套和专业服务。突发疾病有人送医，有人救助。”

老人们看重的，恰恰是泰康集团倾力打造，努力实现的目标。泰康之家·蜀园之所以让老人们安心，是因为它拥有获得国际JCI认证、与国际医养标准同步、医养融合的蜀园医院。

泰康保险集团副总裁兼泰康之家首席执行官刘挺军表示，蜀园引入国际标准的CCRC持续照料养老模式，除了为老人提供独立生活环境外，还提供协助生活、专业护理、记忆障碍照护等服务，覆盖老年人自理、半自理到不能自理的各个阶段，当老人身体状况发生变化时，均能够在自己熟悉的环境、熟悉的人帮助下，得到相宜的专业照顾。

刘挺军说道，蜀园创新“一个社区，一家医院”的医养融合理念，所配建的蜀园医院，以康复和老年病为特色，着力发展老年康复、老年全科、老年急救三大学科，以长期健康管理为目标，以老年医学为中枢，整合急症转诊、长期护理、预防保健及康复治疗的医养康护体系，形成“急救—慢病管理—康复”三重防线，为老人们提供全方位全周期的医疗保障。此外，蜀园医院还与成都市多家知名医院签订了双向转诊协议，开通了绿色急救与转诊通道，为入住老人的生命安全提供了厚实的保护屏障。

（三）泰康蜀园——快乐老人的精神家园

在蜀园所见到的老人，一个个慈眉善目，儒雅知性、精神矍铄、谈笑风生。一问年龄，都比实际要年轻得多；再一问以前的职业，令人肃然起敬。据了解，入住蜀园的老人平均年龄为78岁，80%以上是大学教授、科研工作者、企业高管和退休干部。他们不仅注重生活的品质，更重视精神的愉悦。

高级工程师罗先生说道：“我加入了蜀园乐泰学院的诗歌俱乐部和书法俱乐部，作品常见诸报端，圆了我的少年梦。我老伴也参加了合唱、插花等俱乐部。我俩忙得不亦乐乎！”

蜀园为西南地区的中产人群带来了全新的养老方式。刘挺军介绍道：“我们正在做的是一个颠覆传统的养老院，蜀园不单单解决老年人最基本的养老需求，还要关注和重视老年人的精神需求。蜀园通过提供全新的生活模式、开放式的老年大学、配套的娱乐运动设施和综合性专业化的医疗保健中心，让老年人实现高品质、舒适、有尊严的老年生活。”

刘挺军说道，蜀园社区配套高品质全功能会所，由国际著名的建筑设计师操刀设计，采用川西民居院落式建筑风格，充分满足四川人“慢、耍、泡”的生活方式。为了丰富老人的社交与文化生活，蜀园乐泰学院还规划了游泳、合唱、舞蹈、台球、国画、健身、瑜伽等十几个俱乐部，其中独具巴蜀文化特色的麻将社及西南民族舞蹈社格外引人注目。蜀园还开设了书法、手工制作、健身操等大学课程，除了邀请园区以外大学教授、民间高手来授课外，老人们中不乏文学、文艺专家，他们分享各自专业技艺特长，不仅给大家带来欢乐，也实现了自身价值。蜀园高品质的文体活动，让老人真正实现了"老有所养，老有所乐。"

炎热的夏天，北京燕园的好些"候鸟"们飞来蜀园避暑啦，蜀园的"候鸟"们也期待着冬天飞往广州粤园去过冬。泰康之家首席执行官刘挺军笑着说："下一步我们还将为泰康之家的所有老人提供候鸟连锁、文化养老、居民自治的特色生活。"

（四）保险为本——全国布局医养结合

泰康保险集团副总裁兼泰康之家首席执行官刘挺军，踱步到办公室一幅颇有气势的《泰康发展规划蓝图》前，指点着说道，自2009年泰康率先获得银保监会批准，成为第一个用保险资金投资医疗养老的试点之后，今已在北京、上海、广州、成都、武汉、三亚、苏州、杭州、南昌、厦门、沈阳等11个核心城市投资建设规模洪大、功能齐全、国际标准的医养社区，配建医疗机构，形成全国十一城市联动布局，全面覆盖华北、华东、华中、华南、西南、东北等各区域，成为国内最大的连锁养老机构。

据了解，随着泰康保险集团不断加大"大健康"产业的投入，泰康"医养"板块发展步伐更加迅猛。在四川，除了已经落成的蜀园和蜀园医院外，泰康还将在天府新区打造集医教研于一体的泰康西南医学中心，并按照国内三级甲等综合医院设置标准和国际JCI认证标准，采用国际领先的"综合门急诊＋专科中心集群"模式建设和运营，规划床位不低于600张，预计于2021年落成，服务成都、辐射西南。

走访结束，体会颇深：进入泰康之家，老人生命安全有保障，生活品质有保证，老人安心，子女放心。

图7-10 乐观曲 林雪 摄

图 7-11　入住泰康的老人正在开心地交流　蜀园　提供

扫一扫

后 记

俯瞰湛蓝的大海,时有白浪翻卷。一朵朵浪花,恰如席卷当今世界的银发浪潮。走在熙熙攘攘的街上,不时会与迎面而来的银发老人擦肩而过。我国老龄办发布的数据显示,截至2018年底,我国60岁及以上的老年人口有2.5亿人。这已经大大超过了联合国颁布的人口老龄化标准,毫无疑问,我国已经迈入了老龄化社会。

人类社会的时代列车,从高生育率和高死亡率所形成的“青壮年”时代,驶入低生育率和低死亡率的“老龄”时代。人口年龄结构的变化,社会养老观、养老方式的转变,会产生什么样的影响?政府采取了什么策略?面临什么困境?身处其中的老年人群有什么感受?家庭有什么变化?其子女有什么想法?作为曾经从事新闻工作的媒体人,如今在大学任教的教师,笔者敏感地意识到,记录身边那些有儿有女、有耕地、有住房、有社保的农村和城市“空巢老人”,在社会转型期面临养老观念、养老方式、经济保障、健康、医疗、家庭结构和伦理的变化时,所呈现出的现实问题和心理困惑,透过微观表象深入肌理,反映蕴含其中的社会养老观、家庭伦理观、经济观、价值观的变化,折射老龄化社会带来的人口政策、经济政策、资源配置等问题很有意义。既实录社会生活,又为政府帮助百姓解决养老社会问题提供决策参考和依据;此外还期望启迪老年人群转变传统养老观念,努力探寻社区机构、社会养老机构等多种路径,找到适合自己的养老方式来安度晚年。

市场上研究老龄问题的专著和文章委实不少,内容丰富,理论完备,研究深刻,见仁见智,各抒己见。《新时代空巢老人》有别于这些书籍的特点在于,在表现角度方面,以一个新闻人和学者的视角,在充满生活气息的社会场景中捕捉市井人物的生活故事,既有对事件的细节描写,注重情节的生动性、可读性,又通过表象透析其成因,进行理性思考,由表及里,揭示事物的本质;在研究方法方面,不仅运用传统的新闻访谈、实录、口述、回忆等方法,而且运用田野调查、观察法、个案研究法、比较研究法、文献研究法、跨学科研究法，全方位、多侧面地研究事物；在表现手法方面，把传统的文字、图片表现形式结合新媒体手段，通过二维码，以音频、视频等方式展现摄影、摄像、录音和图片等影像资料，全方位、立体式地传播，给读者创造了不受时空限制、可移动的全新阅读体验。

寒冬酷暑，在为时一年多撰写《新时代空巢老人》的过程中，笔者带领学生辗转多地，日夜兼程，深入农村、企业、养老机构、医院和政府部门进行访谈，最难忘的是在2017年寒冬，笔者与2014级新媒体专业的学生付媛婷一起，由兄长宋伟中驾车去青城山养老机构采访，途中忽遇大雪纷飞，那天我们在大雪中完成了采访，寒冷与温暖并存。在近40摄氏度的高温下，我与2016级新闻专业的学生林雪四处奔波，风雨兼程，采访各家养老机构，汗水与雨水在心田激扬成一个个方块字。在一年来的采写中，我们得到了社会各界热心公益事业的人士的大力帮助和支持。其中天津大学出版社的崔成山编辑和四川青城山“老易养”养老机构的杨晓峰董事长为本书顺利出版给予了鼎力支持，在此衷心地鸣谢其知遇之恩！此外“老易养”的张蓉、罗鹏等小伙伴和秦大姐、袁素贤、蒋宏恩等也给予了积极支持；泰康之家·蜀园、人北社区等养老机构的工作人员及老人们为采写提供了丰富的素材，向博经理、刘芳女士为采访、出版的事宜不辞劳苦，四处奔波；大学的同学们、先生的校友和同学们提供了很多素材、影像资料，特别是廖云龙同学具有水准的摄影图片，远足到香港也不忘拍摄；“老易养”的会员、成都老年模特高世忠，“川大知识群”的王育英等老年朋友接受了采访，并提供了很多图片；四川大学锦城学院文传学院的领导给予了支持，四川大学的博导黄存勋老师提出了具有建设性的宝贵意见，王大江教授、周平教授、谢天开教授、高强教授对本书的体例、表现手法等方面无私地提供了宝贵经验，谢天开教授还热心地为此书作序。还有文传学院的学生们，在寒冬飞雪、烈日当空的寒暑假中分别与笔者一同前往青城山、成都周边区县，或独自到东北等地进行异地采访，从采写、录音，到摄影、摄像，再到后期剪辑，利用假期和课余时间，不辞辛苦、夜以继日、任劳任怨地辛勤工作。其中，2014级新媒体专业的学生付媛婷录制人物专访录音3小时，为后期剪辑作品做好了铺垫工作；2015级新闻学专业的学生李颂玲录制、剪辑并发表人物专访视频《不在天堂，胜似天堂》；2016级新闻学专业的学生林雪采访、摄影、摄像、剪辑并发表人物专访《夕阳照风采》《抱团养老》《关爱老人心理》《金牛社区养老院张慧芳老人访谈录》等视频作品和《乐观曲》等多幅图片；2016级新闻学专业的学生卢艾琳采写并发表文章《把自己送进养老机构》，采编并发表人物专访《不办赚钱的企业，只办值钱的企业——访老易养董事长杨晓峰》《北京老人的美舞》《90岁潮老人之拉丁舞》等视频作品和多幅图片，发表人物专访《"老易养"的潮老人》等录音作品，发表图片20余幅；2016级新闻学专业的学生及班长韩宇利用假期在东北老家和成都分别采写并发表人物专访《夕阳品质生活》《一隅独居，自在杖朝》；2016级新闻学专业的学生李佳叡编辑整理人物访谈《百岁老人刘爷爷对保姆的看法》《养老机构照顾周到——人北社区黄婆婆访谈》等录音，录制、编辑并发表人物访谈视频《夕照品质生活——蜀园·赵阿姨访谈》，还发表图片近10幅。本书还得到了热心的老年朋友、同学和同事的热情支持，他们提供了很多照片、视频，在征得提供者的同意后，本书采用了一部分。老年朋友和我的亲人还提供了大量人物采访线索、素材、影像资料，创造了交通出行等便利条件。我们将铭记大家为《新时代空巢老人》所付出的辛劳，是大家一路的鼓励、热忱帮助和全力支持让我们完成了此书的编撰，在此向各位领导、老年朋友、同学、同事和学生道出我们诚挚的心声：辛苦了！万分感谢，永远铭记！

在匆忙中完成此书，由于水平所限，是否达到预期目标，有待实践检验。读者是最有资格的评论家和批评家，欢迎大家提出中肯的宝贵意见。

宋小英　邓和

2019年于成都

参考文献

[1] 朱犁. 中国城市老年人口养老方式的转变与选择 [J]. 中国老年学杂志，2009，29（23）：3159-3161.

[2] 国务院办公厅. 国务院办公厅关于城市公立医院综合改革试点的指导意见 [R]. 北京：国务院办公厅，2015.

[3] 邬沧萍. 从人口学到老年学 [M]. 北京：首都师范大学出版社，2010.

[4] 陈力，王砾. 谈老年人的社会价值 [J]. 黑龙江电力，2010（6）：165.

[5] 石海芹. 抱团养老，另类夕阳红 [J]. 工会博览，2016（26）.

[6] 王忠国. 发达国家的新潮养老方式 [J]. 家庭医药·快乐养生，2018（01）.

[7] 佟才录. 德国"同居式"养老 [J]. 家庭医药·快乐养生，2015（12）.

[8] Jennebaby. 不受"养儿防老"观念束缚 外国人养老享受自我 [EB/OL].[2014-05-10].

[9] 李立. 在瑞士"时间银行"能养老 [EB/OL].[2017-10-28].

[10] 沈沉. 瑞士人"攒时间"养老 [J]. 共产党员，2015（16）.

[11] 朱银玲. 阿里年薪 40 万招的 60 岁老人 [N]. 钱江晚报，2018-01-17.

[12] 佚名. 目前国外正流行的三种养老院新模式，也许可以开启你的思路 [EB/OL].[2017-06-24].

[13] 雷钟哲. 有关养老的几个话题 [J]. 标准生活，2017（2）.

[14] 佟才录. 德国"同居式"养老 [J]. 家庭医药·快乐养生，2015（12）.

[15] 佚名. 把养老院和幼儿园开在一起 奇妙的事情发生了 [N]. 市场星报，2016-09-08（16）.

[16] Shupei Chen，澳大利亚贸易投资委员会，商务经理（医疗健康养老行业）. 澳大利亚养老体系观察之机构养老 [EB/OL].[2018-04-30].

[17] 借鉴澳洲养老模式探寻满足中国老人独立自主诉求的新路 [EB/OL].[2017-12-17].

[18] 艺不凡. 把养老院开成游乐园 [J]. 老同志之友，2018-09（下）.